儀禮復原研究叢刊

士昏禮服飾考

（陳瑞庚著）

先秦喪服制度考

（章景明著）

中華書局印行

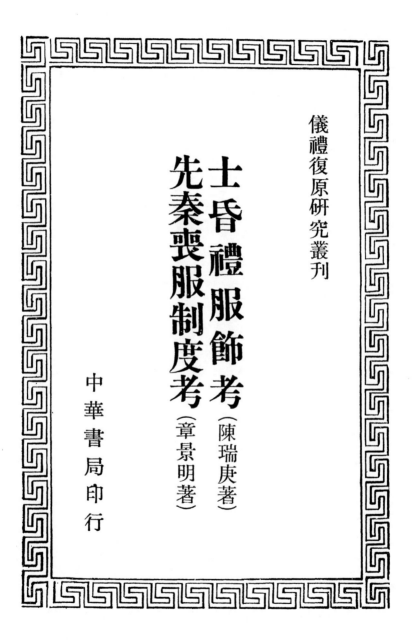

儀禮復原研究叢刊序

儀禮一書，爲我國先秦有關禮制、社會習俗，最重要而對於儀節敘述最詳盡的一部書。它是經儒家傳授，源流有自。其內容或不免雜有儒者的思想成分和主張；但是這類有關社會習俗、制度等等的著作，不可能毫無實事根據或歷史傳說，而全然憑空臆造。況且儒家是保存、傳授古代典籍的專家，由他們手中流傳下來的典籍，其中必然有一大部份是它以前，或當時的史實。因此，尤其在史闕有間的今天，這部書不能不算是我國先秦禮俗史上最詳細的史料。可是因爲其儀節的繁複，文法的奇特，句讀的難讀，所以專門來研究它的人，愈來愈少。李濟博士有鑒於此，特倡導用復原實驗的方法，由東亞學會撥予專款，由臺灣大學中文系、考古系同學成立小組，從事集體研討。由臺靜農先生任召集人，由德成指導。

儀禮一書自鄭康成以來，注解者雖名家輩出，但囿於時代之關係，其所用之方法及資料，由今以觀，似乎尚覺方面過少。故此次之研究，各分專題，運用考古學、民俗學、古器物學，參互比較文獻上材料，以及歷代學者研究之心得，詳愼考證，納爲結論，然後將每一動作，以電影寫實的方法表達出來；使讀是書者，觀其文而參其行，可得事半功倍之效。

惟此種方法，爲我國研究古史第一次采用的方法，嘗試之作，疏陋在所難免。影片除另製作外，茲將專題報告，各印成書，集爲叢刊，以備影片參考之需。指導者旣感學植之翦陋；執筆者或亦覺其學之難以濟志。尚希海內通儒達人，不吝敎之，幸甚！幸甚！

最後對於李濟博士提倡學術之意，致崇敬之忱；幷致最深誠摯之謝意。

中華民國五十八年十二月十八日

孔德成序

士昏禮服飾考

（陳瑞庚著）

前言

士昏禮篇中言及服飾之文字，計有：玄端；爵弁、纁裳、緇袘；〔女〕次、純衣纁袡；纚、笄、宵衣；〔女從者畢袗〕玄、潁黼；纓、衿、帨、鞶等十餘見；此十數物究竟如何，儀禮全書少有記載，故非參以本書歷代注疏、禮記、周禮、詩、書，以至先秦兩漢之文獻，及近年考古學上出土之資料，士昏禮之服飾研究，殆無從做起；然文獻記載，每多相異；而出土資料，亦未必卽儀禮所稱者，其間去從取捨，殊非易事。本文之作，旨在對士昏禮服飾之復原，是以討論辨證，極力從簡，僅於新郎所戴之爵弁略舉異說，以見一斑，餘皆但舉筆者以爲近是之說，以作復原之依據。至去從取捨之得當與否，筆者未敢以此爲定論也。

本文內容略分爲三部分：首章爲爵弁服考。——以此章冠於篇首者，乃欲使讀者對整套服制有一概括之觀念。其次爲士昏禮出現人物之順序，三爲士昏禮人物之服飾考訂。其間如有重複者，則但加按語說明，不復贅述。

又本文寫作期間，蒐集到相當多考古學上之圖片資料，除極少部分采用於正文外，其餘皆對本文無太大之參考價值，其原因約有如下數點：一、圖片糢糊。二、原物形制過於簡陋抽象。三、不同文化系統（如楚文化自成系統）、或階級性之差異（如陶、木俑每爲僕役階級），而無法與儀禮之記載相配合。四、時代不同。此部分資料雖對士昏禮服飾之復原無大裨益，其對古代服制之考訂，則仍有相當的參考價値。是以本文將此部分資料選樣附後，以供讀者參考。

士昏禮服飾考目次

士昏禮服飾考

壹　士昏禮爵弁服考

爵弁蓋以爵色韋爲之，狀如兩手相合抃時也。士無璪飾。

士冠禮「爵弁服」注：『爵弁者，冕之次；其色赤而微黑，如爵頭然，或謂之緅。其布三十升。』疏：『云爵弁者冕之次者：凡冕以木爲體，長尺六寸，廣八寸，績麻三十升布；上以玄，下以纁；前後有旒。其爵弁制大同，唯無旒又爲爵色爲異。又名冕者：俛也。低前一寸二分，故得冕稱，其爵弁則前後平，故不得冕名。以其尊卑次於冕，故得云爵弁冕之次也。其色赤而微黑，如爵頭然，或謂之緅者：七入爲緇；若以纁入黑則爲紺，以紺入黑則爲緅，是三入赤，再入黑，故云其色赤而微黑也。云如爵頭然者：以目驗爵頭赤多黑少，故以爵頭爲喻也；以緅入黑汁與爵同，故取鍾氏緅色解之；故鄭注鍾氏云：今禮俗文作爵，言如爵頭色也。玄此言赤者，對文爲赤，若將緅比纁，則又黑多矣。故淮南子云：以涅染紺則黑於涅。況更一入黑爲緅乎？故巾車云雀飾，鄭注云：雀，黑多赤少之色。是也。』

士冠禮「爵弁皮弁緇布冠各一匴。」注：『爵弁者，制如冕，黑色，但無繅耳。』

按：「爵色」，鄭注一說：『赤而微黑，如爵頭然，或謂之緅。』一說：『黑色。』二說不同。前說賈疏釋之甚詳；後說蓋鄭氏以爵弁與冕對舉，恐讀者誤以爲爵弁與冕同爲上玄下纁，故言『黑色』

以示區別，非謂爵弁色黑也。

又按：爵色當是較赭石色稍黑之色。

顧命：『二人雀弁執惠，立於畢門內。』傳：『士衞殯與在廟同，故雀韋弁。』

釋名：『弁如兩手相合抃時也；以爵韋爲之，謂之爵弁；以鹿皮爲之，謂之皮弁；以韎韋爲之，謂之韋弁也。』

按：爵弁之形制，據鄭注、賈疏，則其制與冕大同，唯無旒，前後延平，以布爲之爲異。據僞孔傳，釋名說，則凡弁之制皆如兩手相合抃時之形，以爵韋爲之，謂之爵弁。二說殊異。清人任大椿弁服釋例爵弁服條云：『然則（據釋名）此三弁皆作合手狀矣，其延下當上銳下圓。又考後漢輿服志、冕制皆前圓後方，則與下圓上銳者異。疑爵弁與冕雖同有上延，而爵弁延下則爲合手之形，與冕狀別。』按任氏此說，殆將鄭賈之說與僞孔劉熙之說參合爲一。竊以爲二說不同，宜當分別觀之，合必兩失，不如擇一而從，任氏之強作調人，恐不足取。

又按：爵弁之形制，鄭注但云：『爵弁者，冕之次。』『爵弁者，制如冕，黑色，但無繅耳。』至『凡冕以木爲體，……前後有旒。其爵弁制大同，唯無旒又爲爵色爲異。又名冕者，俛也，低前一寸二分，故得冕稱；其爵弁則前後平，故不得冕名』云云，皆賈疏說也。

士冠禮記「周弁、殷冔、夏收。」疏：『案，漢禮器制度弁冕，周禮弁師相參考之，冕以木爲體，廣八寸，長尺六寸，績麻三十升布爲之；上以玄，下以纁，前後有旒，尊卑各有差等。（庚按：左氏桓公二年傳疏引阮諶三禮圖：『漢禮器制度云：冕制皆長尺六寸，廣八寸；天子以下皆同。』）

按：此則賈疏自言其冕制之所本。至何以知『爵弁當如冕，無旒，前後延平。』則賈疏又有說：

弁師：『諸侯及孤卿大夫之冕、韋弁，皮弁、弁絰，各以其等爲之。』注：『一命之大夫，冕而無旒，士變冕爲爵弁。』疏：『一命之大夫冕而無旒，此亦無文，而鄭知然者，凡冕旒可以爲文飾，一命若有，則止一旒一玉而已非華美。又見一命大夫衣無章，士又避之，變冕爲爵弁。若一命大夫有旒，士則不須變冕爲爵弁，直服無旒之冕矣。故知一命大夫無旒也。若然，爵弁制如冕，但無旒爲異，則無旒之冕亦與爵弁不殊。得謂之冕者，但無旒亦前低一寸餘；故亦不得冕名。』

按：賈疏爵弁之說，其持論本此。其根據鄭注：『一命之大夫冕而無旒，士變冕爲爵弁。』『爵弁者，制如冕，黑色，但無璪爲異。』以立說，似無可議之處。然而吾人今日所見到之漢代石刻（如武梁祠刻石等），凡冕，皆與賈疏說相反——非前低後高，而是前高後低；而此形屢見不爽，則賈疏冕說，即合於鄭注，恐亦非冕之古制也。

又按：『弁』其形，以字形考之，說文弁，籀文作[illegible]，毛公鼎銘『[illegible]』，吳大澂釋爲『絲弁』。韋弁、皮弁、或只言弁者，形不似冕，則爵弁既以弁名，當亦不似冕矣。至其用：周禮司服云：『士之服自皮弁而下』，無爵弁之稱；司服弁之次第，皮弁之上爲韋弁，故有以爵弁即韋弁之說（如陳祥道、鄭鍔、易祓等），此說當否，固不敢必；然爵弁韎韐、詩瞻彼洛矣：『韎韐有奭，以作六師。』（鄭箋說不俱辨），是韐爲兵服之韠；司服云：『兵事韋弁服。』則陳、鄭、易諸說，庶或近之。然士自皮弁而下，其得服爵弁者，（如爵弁卽韋弁。）禮盛也。蓋爵弁之形與他弁同，其質可能用韋，至釋名以三種不同之皮以釋三種不同之弁，其可信程度，亦不敢必。而說文謂『士無市，有韐。』或許氏見士冠、士昏、士喪爵弁曰韐，而冕服始有市（士無冕服），故爲是說歟？然則，爵弁之制，當依劉熙說，其質或以絲，或以皮也。

弁師：『諸侯及孤卿大夫之冕、韋弁、皮弁、弁絰，各以其等爲之。』注：『士變冕爲爵弁、其韋弁、皮弁之會無結飾。』

按：據鄭注此說，韋弁、皮弁無璂飾，爵弁當亦同之。

又按：聶崇義三禮圖云：『皮弁高尺二寸。』且附皮弁之形制圖，其說是否本自舊說，不得而知。姑錄其皮弁之形於下，以供參考。

聶崇義三禮圖之皮弁

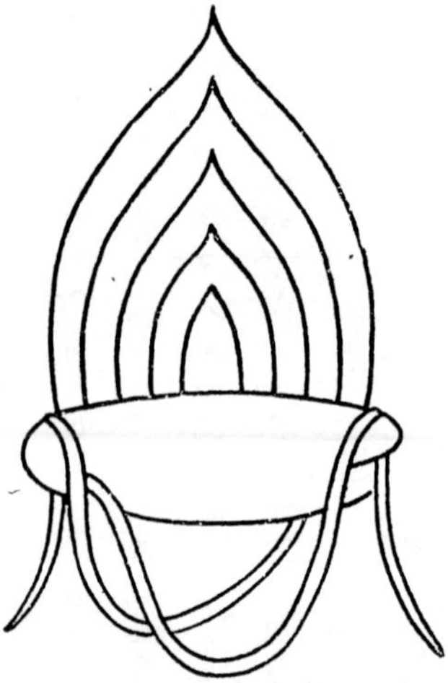

圖一

【附一】爵弁傳統說法，深入人心，爲使讀者方便起見，姑列爵弁形制之舊說如下，以供參考：

爵弁以爵色三十升布爲之，其制如冕——以木爲體，廣八寸，長尺六寸——無旒，前後延平。（說皆見前，此不贅述。）

【附二】冕及爵弁之尺寸，傳述各異，無從定其是非，姑臚列筆者蒐集所及之說如下，以廣博聞：

左桓二年傳：『衮冕黻珽。』疏：『阮諶三禮圖漢禮器制度云：冕制皆長尺六寸，廣八寸；天子以下皆同。沈引董巴輿服志云：廣七寸，長尺二寸。應劭漢官儀云：廣七寸，長八寸。沈又云：廣八寸，長尺六寸者，天子之冕；廣七寸，長尺二寸者，諸侯之冕；廣七寸，長八寸者，大夫之冕。』

後漢志、獨斷、晉志並云：『爵弁高八寸，長尺二寸。』

初學記引董巴輿服志：『爵弁廣八寸，長尺二寸。』

象笄，長尺二寸。

說文：『笄、旡（簪）也。』（從段本）

又：『旡、首笄也。』

士冠禮：『皮弁笄，爵弁笄。』注：『笄，今之簪。』

喪服傳：『吉笄尺二寸。』

又：『吉笄者，象笄也。』

按：士冠禮爵弁有笄，知此亦應有笄也。又，禮記喪服小記鄭注：『笄，所以卷髮也。』內則疏有『非固冠之笄』，並引熊氏說『安髻之笄』。按古者髮皆卷之，非笄無以安，則安髻似應有笄，然此與固冠之笄有別。士冠禮言爵弁笄、皮弁笄、而緇布冠不言弁：爵弁皮弁言笄者，蓋笄屬於冠，當即固冠之笄；以其與冠有連帶關係，故連弁言之；未著弁前，當不加于首，故陳於篋也。緇布冠以其形推之，無所用固冠之笄，故不另陳。然髮既卷，非笄無以安，但安髻之笄早在首上，與陳設無關，故不言笄也。

又：笄出土傳世者甚多，形狀大小均無定式。如安陽殷墓出土者，從圖片比例推之，有長達二十八公分者，有短至十六公分者；殷代遺址出土二支已殘折，未知其本來長度。上村嶺虢國墓地出土者長約十公分，恐非固冠之笄；蓋固冠之笄必須貫穿冠弁，長度當在二十公分以上故也。至於士冠禮疏謂『笄貫武』，非也；武爲冠卷，何以貫笄？不辨亦知其誤矣。此不贅。

緇組紘，纁邊。

士冠禮：『皮弁笄，爵弁笄，緇組紘，纁邊。』注：『組側赤也。』

按：組紘當是織成：

左桓二年傳『衡紞紘綖』疏：『魯語稱公侯夫人織紘綖，知紘亦織而爲之。』

朱駿聲說文通訓定聲：『組，織然有文，以爲綬纓之用者也；濶者曰組，爲帶綬；陿者曰條，爲冠纓。』

又按：紘當一條由下而上，屬兩端於笄：

說文：『紘，冠卷維也。』（從段本）

韋昭國語注：『從下而上，不結。』

左昭二年傳杜注：『纓下而上者。』

詩葛覃釋文：『從下仰屬於冠。』

雜記注：『紘在纓處，兩端上屬，下不結。』

弁師注：『紘一條屬兩端於武。』

按：士冠禮鄭注：『有笄者，屈組爲紘，垂爲飾；無笄者，纓而結其絛。』雜記注：『有笄者爲紘，無笄者爲纓。』蓋本周禮弁師：『冕，弁曰紘，有五等。』及士冠禮爵弁，皮弁言笄，緇布冠不言笄二說以爲說也。至釋文謂：『紘，纓之無緌。』據玉藻：『緇布冠繢緌。』按士冠禮緇布冠有纓，玉藻謂其繢緌。蓋爵弁皮弁有笄，故紘一條上屬於笄；緇布冠無笄，故纓二條上屬於武，下結於頤下，垂緌爲飾也。士冠禮鄭注說近是。

純衣——黑絲衣。

士冠禮：『爵弁服、纁裳、純衣、緇帶、靺韐。』注：『純衣，絲衣也；餘衣皆用布，惟冕與爵弁服用絲衣耳。先裳後衣者，欲令下近緇，明衣與帶同色。』

按：鄭所以知爵弁爲絲衣者，以其言『純衣』故也。

又按：據夏鼐新疆發現的古代絲織品一文報告，中國古代絲織品，遠較吾人今日所想像爲進步：遠在殷商，已有方形幾何圖形之花紋；東漢之錦及刺繡，亦不遜於晚近之產品。以此言之，儀禮存在之時代，其衣飾花紋亦當甚考究；惜文獻殘闕，出土亦少，在此無法臆說，只好從略。

又按：古代服制之尺寸及裁剪方法，始終爲研究三禮者之一大難題，文獻記載，僅見於喪服、玉藻、深衣諸篇之零碎資料，而清儒所致力者，亦僅在此極少資料中推敲輳合，其可信程度，亦甚可商榷；然迄今猶未見更完備之出土資料用供參考，故此文仍暫據清儒舊說，僅於其不當諸點稍予修訂而已：

喪服記：『衣帶下，尺；袵，二尺有五寸；袂，屬幅；衣，二尺有二寸；袪，尺二寸。』

注：『衣帶下尺者，要也；廣尺，足以掩裳上際也。袵，所以掩裳際也；二尺五寸，與有司紳齊也；上正一尺，燕尾二尺五寸，凡用布三尺五寸。屬，猶連也；連幅，謂不削；此謂袂中也。言衣者，明與身三齊，二尺二寸，其袖足容中人之肱也；衣自領至要，二尺二寸，倍之四尺四寸，加濶中八寸，而又倍之，凡衣用布一丈四寸。袪，袖口也；尺二寸，足以容中人之併兩手也。』

按：圖一爲王國維先生釋幣，據喪服推定端衣之圖式。其中應予修訂者有二：其一爲衣領，清儒所製端衣之圖，其衣領皆據深衣『曲袷如矩以應方』而裁成一正方形，其中蓋有誤會，蓋吾人今日可見之先秦兩漢之陶、木、俑或漆器等之人物圖像，皆未見有一件如清儒所製衣領之狀；深衣所謂『曲袷如矩以應方』，蓋指衣領相交之處如矩之形；方者，「應」而已，非謂衣領成方形也，若呈方形，則裁縫之際恐亦難成此形也。其次爲衣袂：鄭注司服云：『其袪尺二寸，大夫以上侈之；侈之者，蓋半而益一焉；半而益一，則其袂三尺三寸，袪尺八寸。』大夫以上侈袂固然；然從出土之土木俑、石刻、圖像等觀之，士之袂卽不侈，亦必不如清儒所畫之削直，深衣云：『袂圜以應規。』

鄭注：『謂胡下也。』按說文：『胡，牛顄垂也。』鄭注謂胡下者，正指衣袂下呈弧形如牛頸下顄垂之肉也。基於上述二點理由，故筆者對清儒舊圖作如圖二所示之修訂。

衣

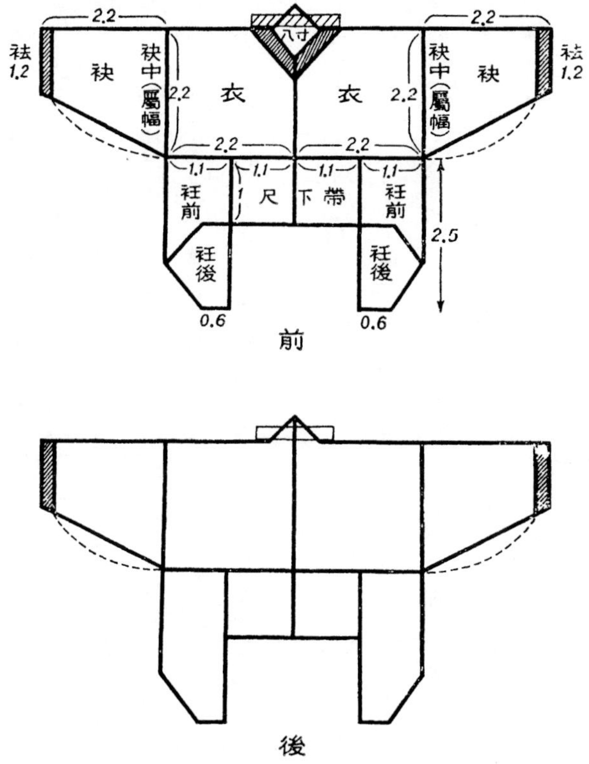

圖二

緇帶，以黑繒爲之，廣二寸，襌末，紐約用組，紳長三尺。在革帶之上。

士冠禮：『爵弁服，纁裳、純衣、緇帶、韎韐。』

士喪禮：『爵弁服，純衣……緇帶。』注：『黑繒之帶。』

按：玉藻云：『士練帶。』蓋指士之本服而言；此爵弁服乃盛服，故鄭云：『黑繒之帶』也。

玉藻：『而素帶終辟，大夫素帶辟垂，士練帶率下辟，居士錦帶，弟子縞帶；並紐約用組。』注：『率，繂也；士以下皆禪不合而繂積，如今作幓頭爲之也。辟讀如裨冕之裨，裨謂以繒采飾其側；人君充之，大夫裨其紐及末，士裨其末而已。』疏：『繂謂緶緝也。』

玉藻又云：『大夫大帶四寸；雜帶君朱綠，大夫玄華，士緇辟，二寸，再繚四寸；凡帶有率無箴功。』注：『士以練，廣二寸，再繚之。』疏：『謂用單練廣二寸繚繞也，再度繞要亦四寸也。』

玉藻又云：『三寸，長齊於帶，紳帶長制，士三尺，有司二尺有五寸；子游曰：「參分帶下紳居二焉。」紳韠結三齊。』注：『三寸，謂約帶紐組之廣也；長齊於帶，與紳齊也。紳，帶之垂者也；言其屈而重之也。論語曰：「子張書諸紳。」有司，府史之屬也。三分帶下而三尺，則帶高於中也。結，約餘也。此文脫亂在此，宜承「約用組」結或爲「衿」。』疏：『知三寸約帶組之廣者，以帶廣四寸，此云「三寸，長齊於帶」，承上紐約用組之下，故知是紐廣也。』又：『「紳韠結三齊」者，紳謂紳帶，韠謂蔽膝，結謂約餘組；三者俱長三尺，故云三齊也。』

按：注疏此說已詳，不必贅述。

內則：『端韠紳。』疏：『冠畢然後服玄端，著韠，又加大帶。』

雜記：『申加大帶於上。』注：『申，重也。重於革帶也。革帶以佩韍。必言重加大帶者，明雖有變，必備此二帶。』

按：雜記鄭注已明言大帶在革帶之上，內則疏說同。至左桓二年傳「鞶厲游纓」疏云：『上帶爲革帶』，蓋偶誤也，詳見任大椿弁服釋例爵弁服。

纁裳緇袘。

士昏禮：『主人爵弁，纁裳，緇袘。』注：『袘，謂緣；袘之言施，以緇緣裳，象陽氣下施。』（按：此與下文引疏『象十二月』皆陰陽五行之說，原意未必如此。）

士冠禮：『爵弁服，纁裳。』注：『纁裳，淺絳裳。凡染絳，一入謂之縓，再入謂之赬，三入謂之纁；朱則四入與？』疏：『絳則一染至三染同云淺絳，詩云：「我朱孔陽。」毛傳云：「朱，深纁也。」故從一染至三染皆謂之淺絳也。云朱則四入與者：爾雅及鍾氏皆無四入之文，經有朱色，故鄭約之；若以纁入黑則爲紺，若以纁入赤則爲朱；無正文，故云與以疑之也。』

按：裳之形制，亦無明文，惟喪服注中略及之。今試據喪服及鄭注，既夕禮記，深衣等之記載推定之：

喪服：『凡衰外削幅，裳內削幅，幅三袧。』注：『祭服，朝服辟積無數。凡裳前三幅，後四幅也。』疏：『凡服唯深衣、長衣之等，六幅破爲十二幅，狹頭向上，不須辟積；其實腰間以外，皆辟積無數。凡裳前三幅後四幅者，前爲陽，後爲陰，故前三後四，各象陰陽也；唯深衣之等連衣裳，十二幅以象十二月也。』

玉藻：『深衣三袪，縫齊倍要。』注：『紩下齊倍要中齊，丈四尺四寸。』

按：據鄭注，紩下齊倍要中齊，爲丈四尺四寸，則裳前三後四，前後各佔七尺二寸；前幅每寬二尺四寸，後幅每寬尺八寸也。

玉藻：『韠，長三尺。』

又：『子游曰：「三分帶下紳居二焉。」紳韠結三齊。』

按：據玉藻『韠長三尺。』『紳韠結三齊。』則韠長三尺，紳亦長三尺；紳長三尺，居帶下三分之二，則帶下長四尺五寸也。深衣云：『短毋見膚，長毋被土』，以中人之長言之，此則近之。

既夕禮記：『縓綼緆。』注：『飾裳在幅曰綼，在下曰緆。』疏：『案深衣云：「純袂緣，純邊。」注云：「純謂緣之也。緣邊衣裳之側廣各寸半，則表裏共三寸矣。」此在幅，亦衣裳之側，緣法如彼也。』

按：據玉藻推得裳長四尺五寸。至下齊丈四尺四寸雖指深衣而言，端衣之裳，當或同之。玆據上文所述，試作裳之形制圖如圖三：

韎韐：其制似韠，合韋爲之，染以茅蒐，無繪飾。

說文：『韐，帢或从韋。』

又：『市，韠也。』

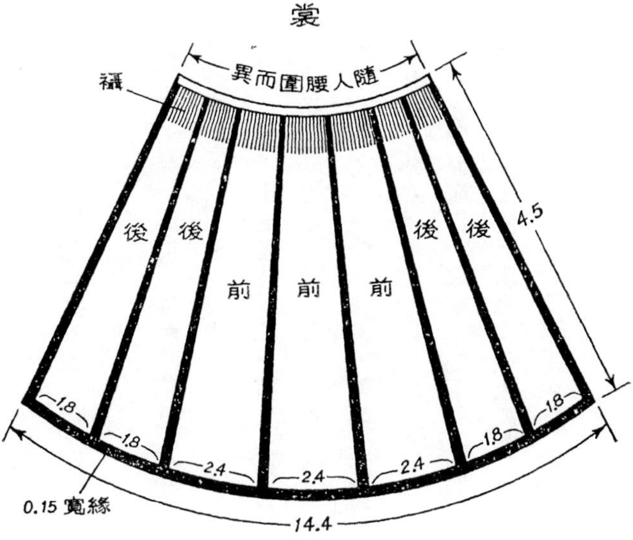

圖三

又：『韐，士無市，有韐。』

士冠禮：『爵弁服，纁裳、純衣、緇帶、韎韐。』注：『韎韐，縕韍也。士縕韍而幽衡；合韋爲之，士染以茅蒐，因以名焉。今齊人名蒨爲韎韐（按：韐字衍，見後。）韍之制似韠。』

詩瞻彼洛矣：『韎韐有奭，以作六師。』傳：『韎韐者，茅蒐染草也。一曰：韎韐，所以代韠也。』箋：『韎韐，祭服之韠，合韋爲之，其服爵弁服，紂衣，纁裳也。』

按：據右引諸條，知所謂韎韐，是爵弁服之韠也，以二片韋相合爲之。韠之形制於下文詳述之，此暫從略。

國語韋昭注：『茅蒐，今絳草也；急疾呼茅蒐成韎也。茅蒐，今之蒨也。』

按：韋昭此條釋茅蒐爲最清楚。韎字禮經傳注往往衍韐字，遂成『茅蒐，韎韐聲也。』其誤固不足辨，然此種錯誤卻甚普遍，如：士冠禮注：『今齊人名蒨爲韎韐。』阮元校勘記云：『集釋校云：「疏云周公時名蒨草爲韎草，以此韎染韋，合之爲韐，因名韍爲韎韐。是蒨一名韎，而韍名韎韐，蒨不得名爲韎韐也。韐字乃衍文。」按：韎者，茅蒐之別名也；韐者，所以代韠也。自後人誤讀毛傳，妄改鄭箋，遂併此注而亦誤矣。戴侗六書故卷十八韎字下引鄭氏曰：「齊人謂蒨爲韎。」又韐字下引鄭康成曰：「韐韍之制似韠。」以韐字屬下句，與疏不合；其讀上句卻正與疏合。錄此以見宋儒亦有覺其誤而改讀者。』——阮元所謂『後人誤讀毛傳，妄改鄭箋』者，即詩瞻彼洛矣：『韎韐有奭，以作六師。』傳：『韎韐者，茅蒐染草也。』箋：』韎韐者，茅蒐染草也；茅蒐，韎韐（韐字衍）聲也。』

又：疏引駁異義：『韎，艸名，齊魯之間，言韎韐（韐字衍），聲如茅蒐。字當作韎，陳留人謂之蒨。』爾雅釋草：『茹藘，茅蒐。』注：『今之蒨也，可以染絳。』山海經：『釐山其陰多蒐。』注：『今之蒨草。』玉藻注：『今齊人名蒨爲韎。』說文：『蒐：茅蒐，茹藘，可以染絳。』總合此數條觀之，亦可證衍韐字之誤也。

玉藻注：『韎，赤黃之間色。』

說文：『蒐，可以染絳。』

爾雅注：『（茅蒐）今之蒨也，可以染絳。』

說文：『絳，大赤也。』段注：『今俗之所謂大紅色。』

廣雅：『絳，赤也。』

急就篇注：『絳，古謂之纁。』

按：古人對顏色之深淺，多言其大概而已。今據本草圖經：『茜根，一作蒨。』釋草文李巡曰：『茅蒐一名茜。』則所謂茅蒐，即吾人今日所稱之茜草也。辭海茜草條云：『根色黃赤，可充紅色染料。』然則茅蒐之色，當如玉藻注所謂『赤黃之間色』也。

明堂位：『有虞氏服韍，夏后氏山，殷火，周龍章。』注：『韍，冕服之韠也；舜始作之，以尊祭服，……諸侯火而下卿大夫山，士韎韋而已。』疏：『案：士冠禮士韎韐，是士無飾；推此即尊者飾多。此有四等：天子至士亦四等；故知卿大夫加山，諸侯加火，天子加龍。』

按：據鄭注孔疏說，則士之韎韐蓋無繪飾也。

玉藻：『韠：君朱，大夫素，士爵韋。圜殺直：天子直，公侯前後方，大夫前方後挫角，士前後正。韠下廣二尺，上廣一尺，長三尺，其頸五寸，肩革帶博二寸。……一命縕韍幽衡，再命赤韍幽衡，三命赤韍葱衡。』注：『此玄端服之韠也。韠之言蔽也。凡韠以韋爲之，必象裳色：則天子諸侯玄端朱裳、大夫素裳、士玄裳、黃裳、雜裳也。皮弁服皆素韠。目韠制：(天子)四角直無圜殺。(公侯)殺四角使之方，變於天子也；所殺者，去上下各五寸。(大夫)圜其上角，變於君也。韠以下爲前，以上爲後。士賤，與君同不嫌也；正、直與方之間語也，天子之士則直，諸侯之士則方。頸五寸，亦謂廣也；頸中央，肩兩角，皆上接革帶以繫之。肩與革帶廣同。』

雜記：『韠長三尺，下廣二尺，上廣一尺。會去上五寸，紕以爵韋六寸；不至下五寸，純以素，紃以五采。』注：『會，謂領上縫也；領之所用，蓋與紕同；在旁曰紕，在下曰純。素，生帛也。純六寸者，中執之，表裏各三寸也。純紕所不至者五寸，與會去上同。紃皆施諸縫中，若今時絛也。』疏：『韠旁緣謂之紕，上緣謂之會，以其在上揔會之處，故謂之爲會。此上緣緣韠之上畔，其縫廣狹去上畔五寸也。云領之所用，蓋與紕同者，紕既用爵韋，會之所用無文；會、紕同類，故知會之所用與紕同也。云純紕所不至者五寸者：純，緣也；緣之所施，是兩旁之紕不至下五寸之處，以素緣之。云與會去上同者，純之上畔去韠下畔五寸，會之下畔去韠之上畔五寸，以其俱五寸，故云與會去上同。』

內則：『織紝組紃。』注：『紃：絛。』

按：據玉藻，雜記之經、注、疏所述，試作韠之形制圖如圖四：

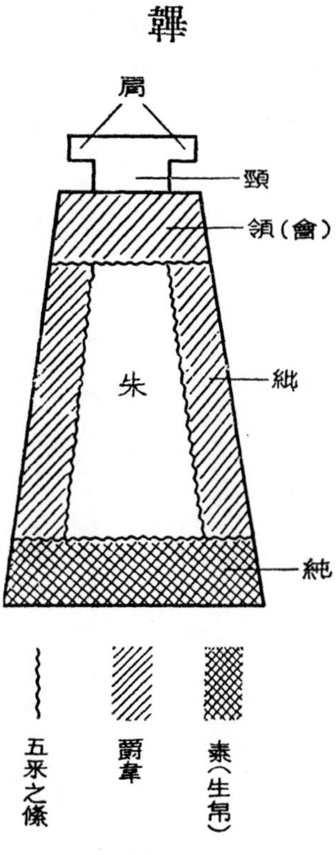

圖四

又按：鄭注但云：『韍之制似韠。』至於韎韐之領、紕、純、紃是否與韠同則無明文，未便臆測，在此從略。

又按：據內則文，知紃亦織成，蓋與組相類也。

革帶，廣二寸，所以佩韠佩玉者也。

玉藻：『肩，革帶博二寸。』注：『（韠之）頸中央，肩兩角皆上接革帶以繫之。肩與革帶廣同。凡佩繫於革帶。』

士喪禮：『設韐帶搢笏。』注：『韐帶：韎韐緇帶。不言韎緇者，省文，亦欲見韐自有帶。』

韐帶用革。』

周禮典瑞：『王晉大圭。』疏：『大夫用素，士用練，即紳也。又有革帶，所以佩玉之等。』

按：據此數條，亦知當有革帶也。至士冠禮之爵弁、皮弁、玄端諸服，皆只及緇帶而未言革帶者，疏云：『大帶所以束衣，革帶所以佩韠及佩玉之等，不言革者，舉韠則有帶可知。』至革帶之形制，以文獻不足，在此只好從略。

又按：上村嶺虢國墓地曾出土三組腰帶飾：『一、玉石質裝飾品：㈠……㈥腰帶飾：一組六件。其中圓形的四件，三角形的一件，方形的一件，都有穿孔；出土時成一橫列，位於人架腰部。二、其他質地裝飾品：㈠銅腰帶飾：一組八件。其中六件作圓形，一件作方環形，一件作三角形，都有穿孔。㈡蚌腰帶飾：一組七件，其中六件是蚌質，圓形；一件是石質，三角形；都有穿孔。這里的銅、蚌質腰帶飾和上面的石質腰帶飾的出土位置大致相同，主要器形也相同。』此種裝飾品皆未見文獻記載；虢國墓地約當春秋初期，儀禮時代是否仍有此種飾物不得而知。如有，則可能縫綴於大帶或革帶之上者也。

纁屨，黑絇繶純，純博寸。——屨夏用葛，冬用皮。

周禮天官：『屨人掌王及后之服屨。』注：『複下曰舄，禪下曰屨。』疏：『下謂底。』

釋名：『複其下曰舄。舄者，腊也；行禮久立，地或泥濕，故複其末下使乾腊也。』

古今注：『舄以木置屨下，乾腊不畏泥濕也。』

按：據此，知屨者，單層底之履也。

周禮屨人注：『玄謂凡屨舄各象其裳之色；士冠禮曰：「玄端黑屨青絇繶純，素積白屨緇絇繶純，爵弁纁屨黑絇繶純。」是也。』

按：凌廷堪禮經釋例云：『亦有裳與韠不同色者，如注既以朝服爲素裳，而特牲記之朝服則緇韠是也。亦有屨與裳不同色者，玄端黑屨，而裳有玄裳、黃裳、雜裳是也。』鄭注以爲凡屨舄各象其裳之色者，蓋此爲正則，凌氏則舉其特例也。

士冠禮：『爵弁纁屨，黑絇繶純，純博寸。』注：『絇之言拘也，以爲行戒，狀如刀衣鼻，在屨頭；繶，縫中紃；純，緣也；博，廣也。』疏：『云狀如刀衣鼻在屨頭者，此以漢法言之，今之屨頭見有下鼻似刀衣鼻，故以爲況也。云繶，縫中紃也者，謂牙底相接之縫中有條紃也。云純緣也者，謂繞口緣邊也。』

內則：『偪屨著綦。』注：『綦，屨繫也。』

士喪禮：『組綦繫於踵。』

按：屨之形制，亦不見記載，後人所製圖式恐皆以意爲之，不足據也。至絇，則今之華北一帶農夫所著之「鏟鞋」。高麗之白屨，日本皇室及神官所著之禮屨，鞋端皆有鉤形，蓋古屨絇之遺制也。宋聶崇義之禮圖，清張惠言儀禮圖皆繪有屨之形制，姑錄於此，以供參考。

又按：士冠禮云：『屨，夏用葛，……冬，皮屨可也。』故知其質有葛、皮二種，隨冬夏不同而用之也。

屨

聶崇義三禮圖

張惠言儀禮圖

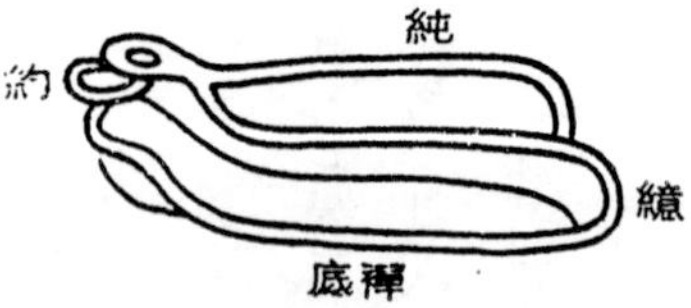

圖五

【附】前此各項皆儀禮本經明文提及者；至中衣、瑱、佩等，皆所當有而未言者也。茲據其他資料推定如下：

中衣用素。

郊特牲：『繡黼丹朱中衣，大夫之僭禮也。』疏：『謂冕及爵弁之中衣。……案玉藻云：「以帛裏布，非禮也。」此素衣是絲，當爲冕及爵弁之中衣。』

深衣陸引鄭目錄：『名曰深衣者，謂衣裳而純之以采也；有表則謂之中衣。』疏：『其吉服中衣亦以采緣；其諸侯綃黼爲領，丹朱爲緣；郊特牲云：「繡黼丹朱中衣，大夫之僭禮也。」則知大夫士不用綃黼丹朱，但用采純而已矣。』

按：據鄭目錄，則中衣之形制，蓋與深衣同。深衣形制，清儒亦有考訂，最著者當推江永深衣考誤。然其所據資料，仍是深衣、玉藻、喪服諸條之零星記載，欲知其詳，可參原文。筆者據其他證據，對江氏所推定深衣形制略予修訂者計有三：一爲衣領，次爲袂，說已見前緇衣條。三爲下裳之裁法；江氏以爲舊說『六幅皆用交解』之法爲非，其裁法應前後各四幅居中，二幅斜裁當旁。然據江氏所述之法縫成之深衣，頗不合理，深衣云：『下齊如權衡。』江氏所云，非獨裁時不齊，著之於身當更不齊；不如舊說『六幅皆用交解』，裁成如今之女子所習穿之圓裙狀爲合理也。故下裳裁法，筆者以爲舊說近是。然深衣『衽當旁』一語仍不得其解。此點暫時存疑可也。茲將修訂後之深衣形制附後，以供參考。

深衣

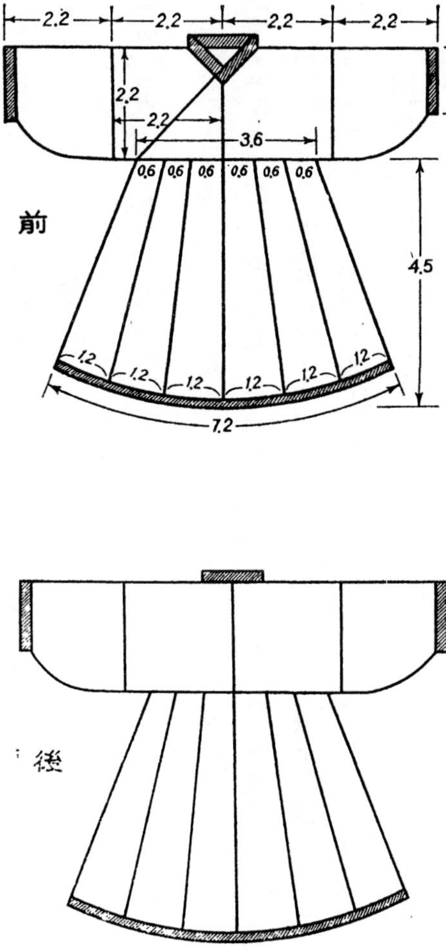

圖六

又按：中衣相當於今之襯衣，其外尚有表衣；據漢畫石刻等，中衣之領、袪、袂似皆較表衣略小。至其究應小若干，以無明文，暫時從略可也。

瑱用石（或說用象骨）懸之以紞。

任大椿弁服釋例爵弁服「士瑱用石」條云：『考著詩：「俟我於著乎而！充耳以素乎而！尚之以瓊華乎而！」傳：「瓊華，美石；士之服也。」箋：「充耳，謂所以縣瑱者，或名爲紞。」又云：「飾之以瓊華者，謂縣紞之末，所謂瑱也。」小序以此詩爲陳親迎之禮；傳以首章言士親迎；親迎服爵弁服而有充耳瓊華。又士喪禮「瑱用白纊」。爲褻言之也；以褻服爵弁、皮弁、褖衣皆有瑱，則知士生時爵弁以下服皆有瑱矣。………檀弓：「練衣、黃裏、縓緣、葛要絰、繩屨無絇、角瑱。」疏：「吉時君大夫士皆有瑱。………。」又考著詩箋謂：「瑱，士用石，天子用玉，諸侯大夫玉石雜。」毛傳謂「士瑱用象」。士喪禮注謂「人臣用象」與毛傳合，與箋互異。』

按：禮家或有以爵弁服象瑱者，蓋本毛傳說也。

左桓二年傳「衡紞紘綖。」注：『紞，冠之垂者。』疏：『紞者，縣瑱之繩，垂於冠之兩旁，故云冠之垂者。』

按：據此，知縣瑱用紞也。

又按：上村嶺虢國墓地考古報告：『玦二九〇件，可分三式：Ⅰ式二八一件，片狀。Ⅱ式六件，片狀，有穿孔。Ⅲ式三件，柱形。這三種型式的玦，一般都出在人架耳部，每邊一件，缺口方向不定；個別的出於口中、頭下，或胸腹部分。』此種發現，筆者頗疑即文獻記載所謂之瑱。其出土時之位置及大小比例略如下圖。然士喪禮「爵弁服純衣」下注云：『死者不冠。』若此，則依出土時玦之位置，仍未知其究縣於何處也。

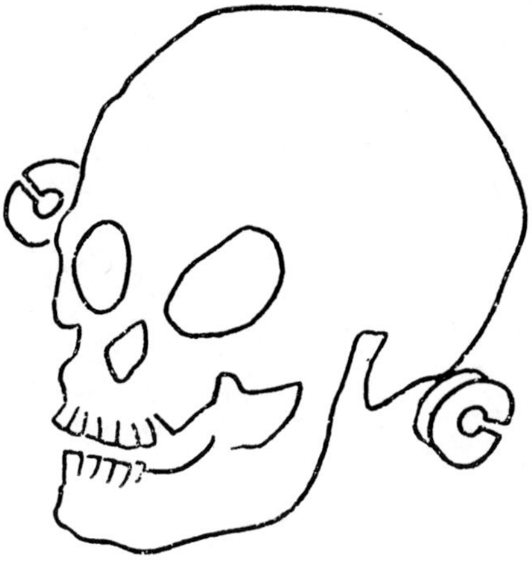

圖七

佩用衡、璜、瑀、琚、衝牙；蠙珠以納其間。士佩瓀玟縕組綬，一命幽衡。

詩女曰雞鳴：『雜佩以贈之。』傳：『雜佩者：珩、璜、瑀、琚、衝牙之類。』

周禮玉府「共王之服玉、佩玉、珠玉。」注引詩傳曰：『佩玉上有葱珩，（詩采芑：『有瑲葱珩。』珩即玉藻之衡。）下有雙璜、衝牙、蠙珠以納其間。』

大戴禮保傅篇：『玭珠以納其間，瑀琚以雜之。』注以瑀琚皆珠也。

續漢志引纂要：『瑀琚所以納間，今白珠也。』

按：河南博物館刊廿六年六月第十集，許敬參先生說玉器一文載有河南輝縣出土之玉珮二具，如圖八：（此圖承　那志良先生見示，謹此致謝。）

佩

（一）　（二）

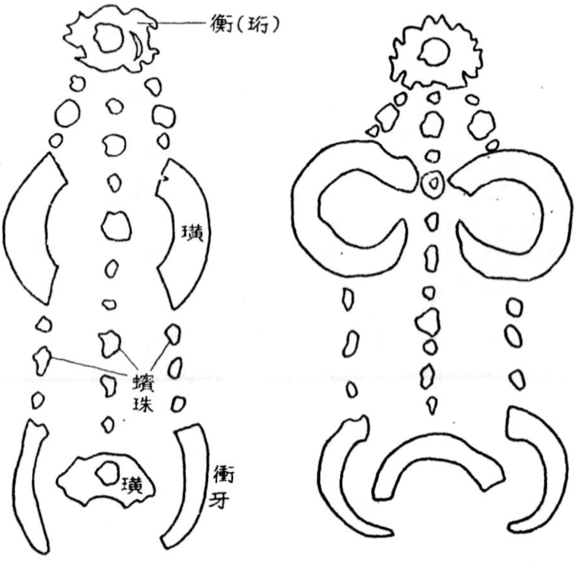

圖八

以此實物，證前人所述串佩之法，除玉府鄭注引韓詩傳所述稍近之外，其餘諸說殆爲臆測之辭，詳見任大椿弁服釋例，此不俱辨。

又按：瑀琚二字从玉，必爲玉質，其曰蠙珠者，蓋有以珠爲之；至於玉爲之者，其形蓋亦圓似珠，故玉府言珠玉，言其玉似珠也。

玉藻：『天子佩白玉而玄組綬，公侯佩山玄玉而朱組綬，大夫佩水蒼玉而純組綬，世子佩瑜玉而綦組綬，士佩瓀玫而縕組綬。』注：『綬者所以貫佩玉相承受者也。』疏：『瓀玫，石次玉者，賤，故士佩之。』

玉藻又云：『一命縕韍幽衡，再命赤韍幽衡，三命赤韍葱衡。』注：『縕，赤黃之間色，所謂韎也。衡，佩玉之衡；幽，讀爲黝，黑謂之黝；青謂之葱。周禮：「公侯伯之卿三命，其大夫再命，其士一命；子男之卿再命，其大夫一命，其士不命。」』

按：瓀玫，淺赤石也。任大椿爵弁服釋例考之甚詳，此不俱引。

又按：玉藻云：『古之君子必佩玉，右徵角，左宮羽。』又云：『君在不佩玉，左結佩，右設佩。』據此，明左右皆有佩也。

（爵弁服考終）

貳　士昏禮出現之人物

納采：

一、主人。（注：『女父也。』）

二、使者。（注：『夫家之屬，若羣吏，使往來者。』）

三、擯者。（注：『有司佐禮者。』）

四、老。（注：『羣吏之尊者。』）

醴賓：

五、贊。（注：『佐也；佐主人酌事也。』）

六、人。（注：『謂使者從者。』）

親迎：

七、主人。（注：『婿也。』）

八、從者。（注：『有司也，乘貳車從行者也。』）

九、執燭前馬。（注：『使從役持炬火，居前炤道。』）

十、主人。（注：『女父也。』）

十一、女。（庚按：新婦。）

十二、姆。（注：『婦人年五十無子，出而不復嫁，能以婦道教人者，若今時乳母。』）

十三、女從者。（注：『謂姪娣也。』）

十四、御者。（庚按：駕車者，與下媵、御之御不同。）

成禮：

媵。（注：『謂女從者也。』庚按：即十三。）

御。（注：『謂婿從者也。』庚按：即八。）

十五、舉者。（庚按：舉鼎除鼏之人。）

婦見舅姑：

十六、舅。

十七、姑。

十八、人。（注：『有司。』）

婦饋舅姑：

娣。（庚按：即十三、中之娣。）

舅姑饗婦：

十九、婦氏人。（注：『丈夫送婦者。』）

饗送者：

送者。（庚按：即前之十二、十三、十九也。注：『女家有司也。』）

婦廟見：

二十、祝。

叁　士昏禮出現人物服飾考

一、主人

士昏禮：『主人。』注：『主人，女父也。』

又：『使者玄端至，………主人如賓服。』

按：據此，主人亦玄端也。玄端服考附後。

士昏禮玄端服考

玄端服冠用玄冠。玄冠一名委貌，爲較小之冠。冠廣二寸，緣邊。冠質用繒，綦組纓。

士冠禮：『乃易服，服玄冠，玄端、爵韠。』

特牲饋食禮：『及筮日，主人冠端玄。』

後漢書輿服志引石渠論「玄冠朝服」戴聖曰：『玄冠，委貌也。』

士冠禮：『主人玄冠。』注：『玄冠，委貌也。』

士冠禮記：『委貌，周道也。章甫，殷道也。毋追，夏后氏之道也。』注：『或謂委貌爲玄冠；委，猶安也，言所以安正容貌。』

白虎通：『士冠經曰：「委貌周道，章甫殷道，毋追夏后氏之道。」所以謂之委貌何？周統十一月爲正，萬物始萌，小；故爲冠飾最小，故曰委貌；委貌者，言委曲有貌也。殷統十二月爲正，其飾微大，故曰章甫；章甫者，尙未與極其本相當也。夏統十三月爲正，其飾最大，故曰毋追；毋追者，言其追大也。』

按：士冠禮三加玄端緇布冠；冠者見君，鄉大夫、鄉先生時，則玄冠玄端。士冠冠義：『始冠，緇布之冠也，……冠而敝之可也。』（禮記郊特牲同）禮記玉藻：『始冠，緇布冠，自諸侯下達，冠而敝之可也。』則玄端服冠時冠緇布冠，惟冠畢則不復用之，蓋平時則冠玄冠也。其名稱：後漢書輿服志引石渠論「玄冠朝服」戴聖曰：『玄冠，委貌也。』鄭玄士冠禮注同。左傳、國語言『端委』，旣端委連言，則端似爲玄端，委似爲委貌，戴鄭之說蓋是；然則玄冠卽委貌矣。惟蔡邕獨斷云：『緇布冠卽委貌冠。』則玄冠（委貌）卽緇布冠矣；然按士冠禮三加緇布冠而玄端服，主人玄冠而朝服，（特牲記亦云朝服玄冠。）則緇布冠與玄冠當有別矣；漢人謂二而一者，又何解邪？清人又以其質別之者，如任大椿是也；又以其形別之者，如戴震、張惠言是也；戴張之說恐非是，故此不引辨，任謂緇布冠以布、玄冠以繒，其說見弁服釋例，任氏以後漢書輿服志謂『委貌以皁繒爲之』，及引玉藻：『縞冠玄武，玄冠縞武。』『縞冠素紕。』爲據，若玉藻所言之『縞冠』確指玄冠，則其說自有據。然以論語『麻冕禮也，今也純儉』（鄉黨），則緇布冠，太古制也，後世易以繒，亦所宜矣。至『端冕』（大戴記踐阼篇，禮記樂記篇）則端而冕者，其冠旣異，且周禮司服又有「素端」，則冕而端者，不能定其爲「玄端」抑「素端」也。本所言，以士冠及玉藻，定此玄端其冠玄冠。以士冠、喪服注，及淸人之說定其形質。

喪服傳：『冠六升，外畢。』疏：『冠廣二寸（聶崇義三禮圖引「二」作「三」。張惠言曰「凡冠皆謂梁。」），落頂（謂縱著於武）前後，兩頭皆在武下。』

既夕疏：『若吉冠，則從上鄉內縫之，縪餘在內，謂之內縪。』

檀弓：『古者冠縮縫，今也橫縫，故喪冠之反吉，非古也。』

按：吉冠喪冠並舉，並皆言縫，則吉冠與喪冠其制爲近。喪服傳云：『冠六升，外畢。』既夕記：『冠六升，外縪，纓條屬厭。』注：『外畢者，冠前後屈，而出縫於武。』古之吉凶多反，疏言吉冠『內縫』，蓋是也。

玉藻：『玄冠縞武。』注：『武，冠卷也。古者冠、卷殊。』

喪大記注：『武，吉冠之卷也。』

玉藻：『居冠屬武。』

按：士冠禮：『緇布冠，缺項，青組纓屬於缺，……同篋。』又：『賓右手執項，左手執前，進容，乃祝，坐如初，乃冠。』又：『受皮弁，右執項。』又：『爵弁、皮弁、緇布冠各一匴。』由此數條見各冠所盛之器不同，則知「缺項」與緇布冠不屬。張爾岐曰：『此所陳者，盛冠之物，非謂冠也。』其說是矣。缺，鄭玄改讀見士冠注，其說當否此姑不論；惟經文『屬於缺』，則缺爲冠之附件甚明。又缺項連言，緇布冠有項，皮弁亦有項，則項蓋爲冠弁之下緣，故以手執之；然則缺、項必有連屬之關係在也。缺項與冠不屬（『冠、卷殊。』）而武與冠亦不屬，緇布冠與玄冠又同制：甚疑玄冠之武卽緇布冠之缺?!又：項亦可名武：弁師注：『紘一條屬兩端於武。』鄭此注之武，當即皮弁之項，此蓋又武之廣義也。由玉藻言『縞冠玄武』，『玄冠縞武』爲某種情況下特別之冠制，則普通之冠、武蓋同材也。至疏解注之『冠、卷殊』爲其材不同，恐不爾也。

玉藻：『縞冠素紕，既祥之冠也。』注：『紕，緣邊也；紕讀如埤益之埤。』疏：『緣邊者，謂冠兩邊及冠卷之下畔，其冠與卷皆用縞，但以素緣耳。』

按：玉藻所稱爲凶冠。然凶冠尚有緣，則吉冠有緣可知也。惟究如何緣法則未見記載，疏云『緣邊者謂冠兩邊及冠卷之下畔。』未詳所據。

玉藻：『縞冠玄武。』

又：『玄冠縞武。』

任大椿弁服釋例朝服：『案：玄冠，繒冠也。後漢志委貌以皁繒爲之，最合古制。士冠禮及郊特牲皆言：「緇布冠，既冠而敝。」則知士常冠不用緇布矣。玉藻：「縞冠玄武，子姓之冠也；玄冠縞武，不齒之服也。」廣雅：「縞，細繒也。」縞冠玄武：冠用白繒，則武用黑繒明矣；玄冠縞武，武用白縞，則冠用黑繒明矣。以冠武不異質也。』

按：據玉藻，玄冠殆用黑繒，任說是也。

玉藻：『玄冠朱組纓，天子之冠也。玄冠丹組纓，諸侯之齊冠也。玄冠綦組纓，士之齊冠也。』

說文：『纓，冠系也。』

釋名：『纓，頸飾也，自上而下繫於頸也。』

按：士冠禮之『緇布冠缺項，青組纓，屬於缺。』缺卽武也，說已見前。然則纓蓋上屬於武。

顧命：『四人綦弁。』疏：『鄭康成云：「青黑曰綦。」王肅云：「綦，赤黑色也。」』

詩出其東門：『縞衣綦巾。』傳：『綦巾，蒼艾色，女服也。』疏：『蒼卽青也；艾謂青而微白，爲艾草之色也。』

說文：『綦，綼或从其。』

又：『綼，帛蒼艾色也。』

玉藻釋文：『綦，雜色也。』

按：綦色各家說法不同，蓋青黑色近是。

玉藻：『玄冠紫緌，自魯桓公始也。』

又：『垂緌五寸，惰游之士也。』

又：『居冠屬武，自天子下達，有事然後緌。』

內則：『子事父母，……冠緌纓。』注：『緌者，纓之飾也。』疏：『結纓頷下以固冠，結之餘者散而下垂謂之緌。』

檀弓：『范則冠，而蟬有緌。』注：『緌謂蜩喙長在腹下。』

說文：『緌，系冠纓垂者。』

按：纓之下垂爲飾者曰緌。冠必有纓，但不必有緌：玉藻云：『有事然後緌』又云：『大帛不緌。』士冠禮之「緇布冠」有「纓」，而玉藻云：『緇布冠繢緌，諸侯之冠也。孔子云：「其緌也，吾未之間也。」』則緌似別爲一物，而屬於纓者也。疏云：『餘者散而下垂謂之緌。』恐不確。至士之玄冠既與緇布冠同制，而玉藻云：『緇布冠繢緌，諸侯之冠也。』注云：『尊者飾也。』則士之玄冠，似不必有緌也。茲試繪玄冠之示意圖如圖九，以供參考。

玄冠

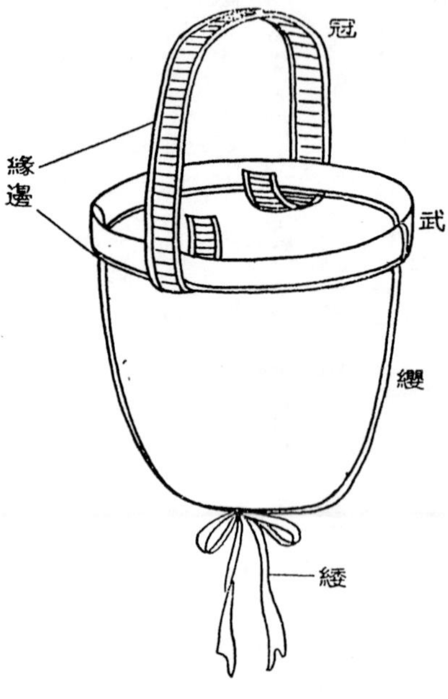

圖九

衣用十五升黑布爲之，裳有玄、黃、雜三色。

雜記：『朝服十五升。』

士冠禮：『玄端、玄裳、黃裳、雜裳可也。』注：『玄端卽朝服之衣易其裳耳。上士玄裳，中士黃裳，下士雜裳。（此蓋鄭玄強爲之分，恐不足據。）雜裳者，前玄後黃。易曰：「夫玄黃者天地之雜也，天玄而地黃。」』

士冠禮：『主人玄冠朝服。』注：『朝服者十五升，布衣而素裳也。知朝服十五升者：雜記文；知用布者：雜記云：「朝服十五升，去其半而緦。」故知布也。』

司服：『其齊服有玄端，素端。』注：『鄭司農云：衣有襦裳者爲端玄；謂端者，取其正也。士之衣袂皆二尺二寸而屬幅，是廣袤等也。其袪尺二寸，大夫以上侈之；侈之者，蓋半而益一，則其袪三尺三寸，袂尺八寸。』

按：端衣之形制及尺寸已見爵弁服，此不贅論。

緇帶，爵韠。

按：緇帶已見爵弁服，此从略。

士冠禮：『玄端：玄裳、黃裳、雜裳可也；緇帶、爵韠。』注：『士皆爵韋爲韠。玉藻曰：「韠：君朱，大夫素，士爵韋。」』疏：『所引玉藻之文，彼注以爲玄端之韠。韠同裳色：士裳三等，爵亦雜色，故同用之。』

玉藻：『韠：君朱、大夫素、士爵韋。』注：『此玄端服之韠也。韠之言蔽也。凡韠以韋爲之，必象裳色。（按：此不盡然，說詳爵弁服。）』

按：韠制已詳爵弁服，此从略。

革帶、佩、綬。

按：似應同爵弁服，此从略。

黑屨、靑絇、繶、純，純博寸。

士冠禮：『玄端黑屨、靑絇、繶、純，純博寸。』注：『屨者，順裳色；玄端黑屨，以玄裳爲正也。』

按：屨之形制已見爵弁服，此从略。

【附】

有安髻之笄，無固冠之笄。有纚。

問喪：『親始死雞斯。』注：『雞斯當爲笄纚，聲之誤也。親始死，去冠；二日，乃去笄纚括髮也。今時始喪者邪巾貊頭，笄纚之存象也。』

士冠禮：『緇布冠，缺項，靑組纓，屬於缺；緇纚，廣終幅，長六尺。』注：『纚，今之幘梁也；終，充也；纚一幅長六尺，足以韜髮而結之矣。』

按：緇布冠有安髻之笄（說見爵弁服象笄條），有纚，則玄冠亦應有之，問喪注云：『親始死去冠，二日，乃去笄纚括髮也。』其所去，玄冠也；然則玄冠有笄纚明矣。笄制見爵弁服。纚，士冠禮明文『廣終幅，長六尺。』

有緫。

內則：『子事父母，鷄初鳴，咸盥漱櫛，縰笄緫。』注：『縰：韜髮者也；緫：束髮者也，垂後爲飾。』疏：『緫者，裂繒爲之，束髮之本，垂餘於髻後。』

按：緫之用，在用縰韜髮後以之束髮也。玄端旣有纚，則其有緫可知也。喪服傳謂緫『長六寸』，鄭注云：『長六寸，謂出紒後所垂爲飾也。』其言乃指喪服之緫，吉服之緫蓋亦近之。疏說是也。

有瑱，瑱用石。

按：似應同爵弁服，此从略。

中衣用布。

玉藻：『以帛裹布，非禮也。』注：『中外宜相稱也；冕服，絲衣也，中衣用素，皮弁服、朝服，玄端，麻衣也，中衣用布。』

按：中衣形制已見爵弁服，此从略。

（玄端服考終）

二、使者

士昏禮：『使者玄端至。』注：『使者，夫家之屬，若羣吏，使往來者。』

按：玄端服見前。

三、擯者

士昏禮：『擯者出請事。』注：『擯者，有司佐禮者。』

士冠禮：『擯者請期。』注：『擯者，有司佐禮者：在主人曰擯，在客曰介。』

又：『主人（將冠者之父兄）（玄冠）玄端爵韠立于阼階下，直東序，西面。兄弟畢袗玄，立于洗東，西面，北上。擯者玄端，負東塾。』

按：士昏禮，士冠禮「擯者」，鄭注皆謂「有司佐禮者。」是士昏之擯者，蓋與士冠之擯者相當。士冠之擯者服玄端，則士昏之擯者蓋亦服玄端也。

又按：士冠禮：『主人（將冠者之父兄）玄冠，朝服，緇帶，素韠，………有司如主人服。』特牲禮：『主人冠端玄，………子姓兄弟如主人之服，………有司羣執事如兄弟之服。』據此二條，知有司皆與主人同服；士昏之擯者亦有司也，士昏主人（女父）服玄端，則擯者亦當同主人服玄端也。玄端服見前。

四、老

士昏禮：『授老鴈。』注：『老，羣吏之尊者。』

特牲饋食禮：『有司羣執事。』注：『有司，士之屬吏也。』

士冠禮「有司。」注：『有司，羣吏有事者，謂主人之吏。所自辟除府史以下；今時卒吏，假吏是也。』疏：『案：周禮三百六十官之下皆有府史胥徒；不得君命，主人自辟除去役賦補置之是也。又案：周禮皆云府史，此云羣吏，吏史亦一也；故舉漢法爲證。………又此註以有司爲羣吏；不同者，言羣吏，則爲府吏胥徒，言屬吏則謂君命之士。』

按：疏解鄭注，殆強爲之說，此姑置不論。士冠禮「有司」注謂「羣吏有事者。」此老爲羣吏（有司）之尊者，介乎主人、有司之間；據上條，主人有司皆服玄端，則老殆亦服玄端矣。玄端服見前。

五、贊

士昏禮：『贊者酌醴。』注：『贊，佐也；佐主人酌事也。』

又：『贊者撤尊冪，………贊者設醬，………贊設黍，………贊啓會，………贊告具，………贊爾黍，………贊洗酌。』

士冠禮：『宿贊冠者一人。』注：『贊冠者，佐賓爲冠事者，謂賓若他官之屬，中士若下士也。』

又：『主人玄冠爵韠，………賓如主人服，贊者玄端從之。』

又：『主人迎，出門左，西面再拜，賓答拜；主人揖贊者，與賓揖，先入。』注：『贊者賤，揖之而已。』

又：『主人之贊者。』注：『主人之贊者，其屬中士若下士。』

按：據右引諸條，知贊者亦士也；其服亦玄端。其性質乃助主人或賓以行禮者，故其地位較主人或賓稍低，大抵主人及賓爲上士，則贊爲中士；主人及賓爲中士，則贊爲下士；主人及賓爲下士，則贊亦下士，士冠禮疏云：『禮窮則同也。』

又按：士虞，特牲之『佐食』之職，蓋相當於士昏之贊者。特牲記云：『唯尸、祝、佐食：玄端；玄裳、黃裳、雜裳可也。』佐食服玄端，亦可見士昏之贊蓋亦服玄端也。玄端服見前。

六、人

士昏禮：『賓降，授人脯。』注：『人，謂使者從者。』

又：『主人（婿）爵弁、纁裳、緇袘；從者畢玄端。乘墨車，從車三乘，執燭前馬。』

按：此「人」之服飾無明文。然婿之從者服玄端；且此處之「人」其性質蓋與士冠禮中主人之「擯者」，賓之「贊」相當，皆爲相行禮者；彼皆服玄端，疑此亦當服玄端也。玄端服見前。

七、主人

士昏禮：『主人爵弁、纁裳、緇袘。』注：『主人，婿也。』

按：婿服爵弁服。爵弁服見前。

八、從者

士昏禮：『(婿)從者畢玄端。……從車二乘。』注：『從者，有司也，乘貳車從行者也。』

按：玄端服見前。

九、執燭前馬

士昏禮：『主人（婿）………乘墨車，從車二乘。執燭前馬。』注：『執燭前馬，使從役持炬火，居前炤道。』

按：執燭前馬（從役）之服飾，文獻資料未見記載。然據出土資料，漢代之勞動階級，其服式皆較短窄，蓋為工作時便利也。如：四川寶成路出土之漢代農民俑（見圖十），四川成都鳳凰山出土之畫象甎（見圖十一上）等是。此外，遼寧金縣營城子漢墓壁畫，繪有守墓室之門衛二人，其身份已

圖十：四川寶成路出土之漢代農民俑

與執燭前馬頗爲相近（見圖十二）。又河北望都漢墓前室東壁之壁畫中，有所謂「辟車伍佰八人」（見圖十一下），據原說明謂此是墓主出門時車前護衛開道之兵卒。山東濟寧慈雲寺天王殿畫象石

上：四川成都鳳凰山出土畫象甎。

下：河北望都漢墓壁畫（前室東壁）辟車伍佰八人。

圖十一

圖十二：遼寧金縣營城子漢墓壁畫中之守護墓室門衛。

圖十三：山東濟寧慈雲寺天王殿畫象石第一石中圖。

第一石亦有二車前開道之護衛（見圖十三），此類人物，殆卽士昏禮所稱之執燭前馬也。此外，山東沂南古畫象拓片第三十八幅中室北壁上橫額西段之右方，及第三十九幅中室北壁上橫額東段圖中，每輛馬車之前皆有兩騎馬之從役，其與上述爲同類人物固無可疑，然此資料的時間稍晚（可能爲魏晉以後），故不擬採用，而僅將此二圖附於本文附錄（圖五十八），以供參考。

十、主人

士昏禮：『主人筵于戶西。……主人玄端迎於門外。』注：『主人，女父也。』

按：玄端服見前。

十一、女

士昏禮：『女（新婦）次，純衣纁袡，立于房中，南面。』

按：玆爲敍述方便起見，先按士昏禮篇中述及新婦之服飾逐一考訂如下，而以當補各點附後。

次

士昏禮：『女次。』注：『首飾也；今時髲也。』

周禮天官追師：『掌王后之首服，爲副編次。』注：『次，次第髮長短爲之，所謂髲髢，……

……詩云：「玼兮玼兮！其之翟也，鬒髮如雲，不屑髢也。……」是之謂也。……少牢饋食禮曰：「主婦髲鬄，（按：簡本及今本皆作『被錫』，以少牢注證之，鄭本亦作『被錫』，惟易其讀耳。）衣侈袂。」特牲饋食禮曰：「主婦纚笄綃衣。」是也，昏禮女次純衣，攝盛服耳。』

少牢饋食禮：『主婦被錫，衣侈袂。』注：『被錫，讀爲髲鬄，古者或剔賤者刑者之髮，以被婦人之紒爲飾，因名髲鬄焉。此周禮所謂次也。不纚笄者，大夫妻尊。』疏：『案：哀公十七年左傳說衞莊公登城望戎州，見己氏之妻髮美，使髡之以爲呂姜髢；是其取賤者髮爲鬄之事

圖十四：楚文物展覽圖錄載湖南長沙陳家大山出土之假髮。

也。』

詩鄘風君子偕老：『鬒髮如雲，不屑髢也。』箋：『髢，髲也。』疏：『言人髮少，聚他人髮益之。』

召南采蘩：『被之僮僮。』傳：『被，首飾也。』

說文：『鬄，髢也。髢，鬄或从也聲。』

又：『髲，益髮也。』

按：少牢之『被錫』，此不具論。然據少牢注，知已有髲鬄(次)，則不復用纚笄矣。次之制無考，此从闕。

又按：湖南長沙陳家大山曾出土假髮一束，長約七十七公分(見十四圖)，蓋卽文獻所謂髲鬄也。惜出土後已鬆散，無從考察其形制矣。

純衣纁袡

士昏禮：『女次，純衣纁袡。』注：『純衣，絲衣。』

按：士冠禮爵弁服『純衣』，注云：『純衣，絲衣也。』喪大記：『士妻以稅衣。』周禮內司服注引作「褖衣」，並云：『言褖者甚衆，字或作稅。……男子之褖衣黑，則是亦黑也。』此純衣或卽稅衣，亦卽褖衣。雜記云：『子羔之襲也，繭衣裳與稅衣纁袡爲一；曾子曰：「不襲婦服。」』注云：『稅衣若玄端而連衣裳者。』又內司服『緣衣』注云：『婦人尙專一德，無所兼連，衣裳不異其色。』故士昏禮「女次純衣」疏云：『不言裳者，以婦人之服不殊裳，是以內司服皆不殊裳，彼注云：「婦人尚專一德，無所兼連，衣裳不異色。」是也。』據此，則新婦之純衣色皆黑而衣裳不殊也。

少牢饋食禮：『主婦被錫，衣侈袂。』注：『大夫妻尊，亦衣綃衣而侈其袂耳。侈者，蓋半士妻之袂以益之，衣三尺三寸，袂尺八寸。』

按：據少牢注推之，則士妻衣二尺二寸，袂尺二寸。又純衣（稅衣）據鄭注若玄端而連衣裳；玄端之制已見前，此从略。

爾雅釋器：『衣蔽前謂之襜。』郭注：『今蔽膝也。』

方言四：『蔽膝，齊魯之郊謂之袡。』

說文：『襜，衣蔽前。』（按：說文無「衻」字。）

雜記：『子羔之襲也，繭衣裳與稅衣纁袡爲一。』釋文：『王肅云：「（袡）婦人蔽膝也。」』

喪大記：『婦人復，不以袡。』注：『袡，嫁時上服。』鄭鍔云：『凡婦人不常施袡之衣，盛昏禮爲此服耳；復衣不以袡，明非常也。』

按：士昏禮鄭注云：『衻，亦緣也。』蓋誤。

釋名：『韠以蔽前，婦人蔽膝亦如之。』

按：據釋名，則衻之制蓋與韠同。韠制已見前爵弁服。又纁衻之「纁色」，亦已見爵弁服「纁裳」條，此皆不贅。

景

士昏禮：『姆加景。』

按：景卽絅，禮記中庸：『衣錦尙絅，惡其文之著也。』釋文：『絅，本又作顈，詩作褧。』詩衞風碩人：『衣錦褧衣，裳錦褧裳。』箋：『褧，襌也。』禮記玉藻亦云：『襌爲絅。』注云：『有衣裳而無裏。』則其制蓋如正衣裳也，鄭注謂：『加之以爲行道禦塵。』其說近是。至謂『景之制蓋如明衣。』按：明衣爲親體之衣（士喪禮『明衣裳』注：『所以親身。』）當與表衣有別，鄭說恐非。其確實形制如何，以無明文，不得而知矣。

纓

士昏禮：『主人入，親說婦之纓。』注：『婦人十五許嫁，笄而禮之，因著纓，明有繫也；蓋以五采爲之，其制未聞。』

曲禮：『女子許嫁纓。』

內則：『男女未冠笄者……衿纓。』

又：『婦事舅姑，如事父母，……衿纓綦屨。』注：『衿，猶結也；婦人有纓，示繫屬也。』

按：此纓非冠纓之纓，王筠以爲卽「賏」字，說文：『賏，頸飾。』相當今日之項鍊也。

衿

士昏禮記：『母施衿結帨。』

按：衿之爲物有二：一爲衣領也：如詩青青子衿之衿。一爲衣小帶也：爾雅釋名：『衿謂之袸。』注：『衣小帶。』今按此云『施衿』，且與『結帨』連言，則其非衣領甚明。又按：內則云：『子事父母，……左右佩用：左佩紛帨，……右佩……。』又云：『婦事舅姑，如事父母，……左佩紛帨，……右佩……。』男女之帨皆結於左，則此衿殆亦施於左矣，疑當結於衣帶之左。其制未聞。

帨

士昏禮記：『母施衿結帨。』注：『帨，佩巾。』

內則：『左佩紛帨。』注：『紛帨，拭物之佩巾也；今齊人有言紛者。』

按：據上條引內則文，知帨男女並佩於左也，其制未聞。

鞶

士昏禮記：『庶母及門內，施鞶，申之以父母之命，命曰：「敬恭聽，宗爾父母之言，夙夜無愆，視諸衿鞶。」』注：『鞶，鞶囊也；男鞶革，女鞶絲，所以盛帨巾之屬，爲謹敬。』

內則：『婦事舅姑，如事父母，……左佩……右佩箴管線纊，施縏袠，大觿，木燧。』注：『縏，小囊也；縏袠言施，明爲箴管線纊有之。』

又：『子能食，食教以右手；能言：男唯，女俞；男鞶革，女鞶絲。』注：『鞶，小囊盛帨巾者。男用韋，女用繒；有飾緣之，則鞶裂與？』疏：『言男女鞶囊之外，更有繒帛之物飾而緣之，則是春秋桓二年所稱鞶裂者與？疑而未定，故稱與。按：傳作鞶厲，……厲裂義同。』

按：鞶，鄭說近是；杜預謂是革帶，恐非。衿鞶者，蓋自少父母之教也；是以庶母以事舅姑如事父母之義，命之視衿鞶而識父母之教也。

又按：據內則，則此鞶乃佩於右；疑與衿帨同佩於衣帶上也。其制未聞。

【附】

笄、紞、瑱。

周禮天官追師：『掌王后之首服，爲副編次，追衡笄。』注：『鄭司農云：「……衡，維持冠者，春秋傳曰：衡紞紘綖。」玄謂……追，猶治也；詩云：「追琢其章。」王后之衡笄皆以玉爲之；唯祭服有衡，垂於副之兩旁當耳，其下以紞縣瑱。』

喪服：『布總、箭笄、髽、衰、三年。』傳：『箭笄長尺，吉笄尺二寸。』

喪服傳：『吉笄者，象笄也。』

內則：『婦事舅姑，……縰、笄、總、衣、紳。』

按：王后有衡笄，士妻亦有笄。然因次之形制未詳，故笄當如何加於首亦不可知矣。笄制見前爵弁服。

又按：據鄭注：王后有紞、瑱；丈夫自天子、君、大夫、士亦皆有紞、瑱，則婦人似亦當有之。

又按：鄭注追師誤以衡與笄爲二物，前人已多辨之，此不贅。

帶

內則：『婦事舅姑，……縰、笄、總、衣、紳。』注：『衣紳，衣而著紳。』

喪服：『喪服，斬衰裳，……絞帶……。妻爲夫，妾爲君，女子子在室爲父。』傳：『絞帶者，繩帶也。』

按：據此知婦人亦有帶也；其制未聞。疑與丈夫之大帶相類。大帶已見爵弁服。

佩

按：無明文，婦人似亦當有之。

屨

周禮天官屨人：『辨內外命夫、命婦之命屨、功屨、散屨。』注：『女御、士妻，命屨而已。士及士妻謂再命受服者。』

按：士冠禮鄭注：『屨，順裳色。』據此，則婦人褖衣，其色黑，其屨色亦黑矣。屨制參爵弁服屨條。

中衣

周禮天官內司服：『掌王后之六服：禕衣、揄狄、闕狄、鞠衣、展衣、緣衣、素沙。』注：『素沙者，今之白縳也。六服皆袍制，以白縳爲裏，使之張顯，今世有沙縠者，名出于此。』

又：『辨外內命婦之服：鞠衣、展衣、緣衣、素沙。』注：『其夫士也則服緣衣。』

雜記：『夫人稅衣、揄狄、狄稅、素沙。內子以鞠衣、襃衣、素沙。下大夫以禮衣，其餘如士。』注：『士妻稅衣而已。素沙，若今紗縠之帛也。六服皆袍制，不禪，以素沙裹（當作「裏」。）之，如今袿袍襈重繒矣。』

按：女子之中衣無明文。然士妻服褖衣，尙是袍制，以素沙爲裏；則其有中衣可知也。疑女子中衣制與丈夫同。參爵弁服中衣條。

（新婦服飾考終）

十二、姆

士昏禮：『姆纚笄宵衣，在其後。』注：『纚，縚髮；笄，今時簪也。纚亦廣充幅，長六尺。宵，讀爲詩「素衣朱綃」之綃；魯詩以綃爲綺屬也。姆亦玄衣，以綃爲領，因以爲名，且相別耳。』

特牲饋食禮：『主婦纚笄綃衣。』

玉藻：『玄綃衣以裼之。』

按：纚、笄並見玄端服。宵衣鄭注以爲玄衣以綃爲領。

又按：鄭注：『姆，年五十無子，出而不復嫁，能以婦道教人者，若今時乳母。』則姆是否仍著纓、施衿、結帨，以無明文，未便臆測。

又：餘條並同前新婦之服，此不贅。

十三、女從者

士昏禮：『女從者畢袗玄，纚笄，被穎黼，在其後。』注：『女從者，謂姪娣也：詩：「諸娣從之，祁祁如雲。」袗，同也，同玄者，上下皆玄也。』

按：女從者，媵也。下文謂『雖無娣，媵先。』是也。

又按：士冠禮：『兄弟畢袗玄。』鄭注：『古文袗爲均也。』隸定當作『袀』。鄭注「袗」云：『同也。同玄者，上下皆玄也。』呂覽悔過注：『同也；兵服上下無別，故曰袀服。』左僖五年傳：『均服振振。』服注：『均服黑服也。』獨斷云：『袀，紺繒也。』是畢袗玄者，其服上下同黑色，其質繒也。

又按：士昏禮鄭注：『穎，襌也。』鄭引詩『素衣朱襮』並據爾雅釋器『黼領謂之襮。』疏云：『此讀如詩云褧衣之褧，故爲襌也。』按：穎黼卽黼領之絅也，說已見新婦景條，此不贅。

又按：周禮考工記云：『青與赤謂之文，赤與白謂之章，白與黑謂之黼，黑與青謂之黻，五采備謂之繡。』爾雅釋器云：『斧謂之黼。』僞孔傳謂：『黼若斧形，黻爲兩己相背。』（按：當爲亞形。）蓋周禮言其色，僞孔傳言其形也。

又按：纚笄已見姆條，餘詳新婦諸服。

十四、御者

士昏禮：『婿御婦車，……乃驅，御者代。』

按：御車者服飾無明文。漢代石刻畫像御者雖多，然皆因坐於車中，無法辨認其服爲何。疑亦玄端也。玄端服見前。

十五、舉者

士昏禮：『舉者盥、出、除鼏、舉鼎入，陳于阼階南，西面。』

特牲饋食禮：『主人在右，及佐食舉牲鼎，賓長在右，及執事舉魚臘鼎，除鼏，宗人執畢先入，當阼階，南面。鼎西面錯。……佐食升肵俎，鼏之，設于西階。……』

按：士昏禮舉者之服無明文。特牲之『佐食』，其工作與士昏禮之『舉者』頗相近；據特牲記云：『唯尸、祝、佐食、玄端、玄裳、黃裳、雜裳可也，皆爵韠。』則此之舉者，蓋亦服玄端爵韠也。玄端服見前。

十六、舅

士昏禮：『質明，贊見婦于舅姑。』

按：舅之服飾無明文。然其身份與女父相當，女父服玄端，則舅蓋亦服玄端也。玄端服見前。

十七、姑

士昏禮：『質明，贊見婦于舅姑。』

按：姑之服亦無明文，竊疑纚笄宵衣近之。纚笄宵衣見姆條。

十八、人

士昏禮：『降階、受笄服脩，升、進、北面拜，奠于席；姑坐舉以興，拜、授人。』注：『人，有司。』

按：此有司亦無明文，疑應與前之：「三、擯者」，「五、贊」，「六、人」等相埒，當亦玄端也。玄端服見前。

十九、婦氏人

士昏禮：『歸婦俎于婦氏人。』注：『婦氏人，丈夫送婦者。使有司歸以婦俎，當以反命於女之父母，明其得禮。』

按：此丈夫送婦者服亦無明文，疑亦玄端也。玄端服見前。又：下文『若異邦則贈丈夫送者以束錦。』之丈夫送者同此，不另。

又按：贊者醴婦節云：『婦……北面坐取脯，降、出授人于門外。』及『姑饗婦人送者』節之人及婦人送者皆指前之「十二、姆」，及「十三、女從者」也，不另。

二十、祝

士昏禮：『祝盥。』

特牲饋食禮記：『唯尸、祝、佐食，玄端、玄裳、黃裳、雜裳可也，皆爵韠。』

按：據特牲記，則祝服玄端也，玄端服見前。

（士昏禮出現人物服飾考終）

附錄　圖片資料

(一)對本文畧有參考價值部分

1. 四川漢畫像磚——傳經圖

按：本圖下方三人，(尤其中央者)其首上所戴，頗似士冠禮所謂之『緇布冠，缺項』亦似本文考定之玄冠。

圖十五

2. 燕下都遺址出土戰國時銅人像

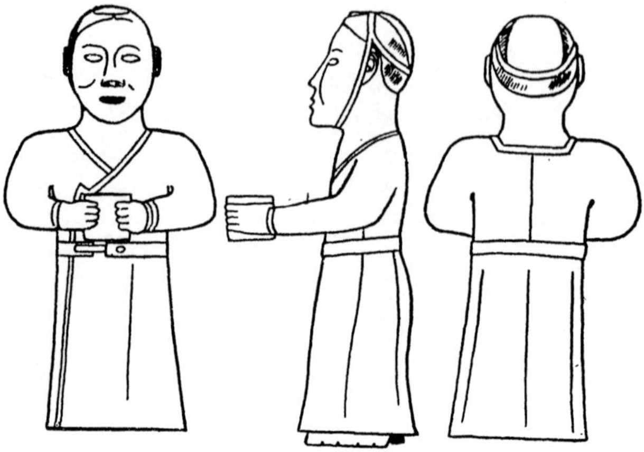

圖十六　銅人象正、側、背面圖

按：據原發掘報告說明：『銅人象保存完好，……前額上髮分左右向後梳，髮紋尚清晰可辨。頭頂一巾，前窄後寬，垂于腦後；自頭頂以帶壓住繫于頦下，有紅色八字形帶結。……身穿右衽尖領窄袖長袍，下垂至地而不見足部，衣紋生動自然，後領口作方形。後頸及背上部袒露于外，衣領衣邊皆塗有朱色，腰帶也作朱紅，腰帶有長條形圓頭帶鉤連接腰帶兩端。……初步推斷它是戰國中晚期的遺物。』

大致言之，此銅人象頭上所戴，頗類玄端服之玄冠；然與玄冠相異之處亦甚多，疑不能決也。其領後方作凹入之方形，頗爲少見。其服大致如深衣，然裳無十二幅之分，且袖管甚窄，亦與文獻記載不合。腰間所繫當是革帶；然儀禮未言及帶鉤，故此革帶是否即儀禮時代所用者，仍待研討也。

3.長沙仰天湖第二五號木槨墓出土之皮帶

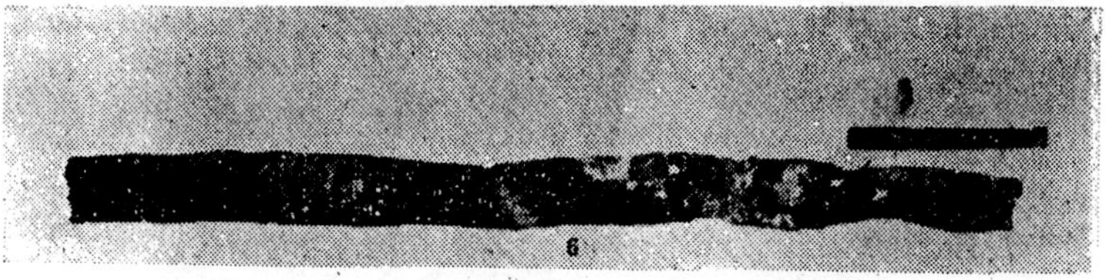

圖十七

按：據原發掘報告：『皮帶殘長約二六厘米，寬六厘米，由兩層皮革合製而成，皮帶的邊緣，有縫合的針孔。帶的外層似塗有黃的顏色，惟大部已剝蝕脫落，出土時僅留有極少的黃色殘痕。』

按此墓初步推斷爲戰國晚期，且皮帶寬六厘米，與禮記記載之革帶廣二寸(約合四．六厘米)不同。然此皮帶之出土，對皮帶之縫製方法，尚有參考之價值。

又：長沙發掘報告，戰國墓葬亦有皮帶出土：『皮帶（四〇六：〇三一）已殘爲三段，外面塗黑漆，漆面有龜裂痕，有些地方漆已剝落。帶寬六．二厘米，厚〇．二厘米，一段長八．五厘米，一段長六．五厘米，一段長一．九五厘米。帶上附豎插的象頭形小帶鉤一個，是在皮帶上豎割一孔將帶鉤插入的，象頭的長鼻向外，而帶鉤的座則由上伸入皮帶的另一面，正好卡住。』此帶據稱出土在內槨之外東北角，即原來放置兵器之處；故此帶極可能爲佩兵器用之革帶。

4.山西侯馬莊東周陶范

圖十八

按：此陶范人像之服飾，無法與儀禮之服飾之文獻記載相配合；然其衣帶之結法極爲清楚，對大帶之結法，頗有參考價值。

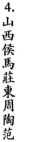

5.長沙市出土之屨

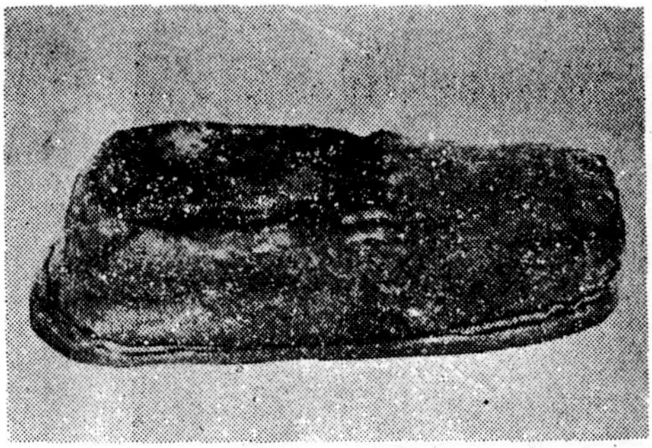

圖　十九

按本圖爲楚文物展覽圖錄所載長沙市出土之戰國革履，履長二四・六厘米；由於文獻記載履之資料頗爲簡略，故無法確定儀禮所用之屨是否與此相近。

又：據商承祚長沙古物聞見記：『革履，二十七年三月出北門外喻家冲楚墓。側高四公分五公厘，後高六公分一公厘，厚一公厘，首作扁方形，寬七公分八公厘，深六公分，口長十四公分，外底長二十公分，前寬十一公分，後寬七公分；履面及右下旁合紉，兩側近首處各有大鍼孔十餘，殆附帛面後綴珠玉以爲飾。革褐黃色，裏有毛，辨爲牛皮。底一面相連，下折而紉于左，復有底一沿向內卷，革圍圈一，縚作兩層，寬七公厘，略大于底口，底口沿及圈皆有紉孔，合于上底，中空二公分強，……見席帛相間殘塊，長七公分七公厘，寬九公分四公厘，厚一公分九公厘，……此履薦也，納履中，與首小大洽合，殘餘三之一矣。………』商氏所稱，未知即附圖十九之履否。商氏則以所稱之履，即士冠禮之屨，原文頗長，此不具引。

6.樓蘭古織品之殘餘物（漢代）

按：左圖采自斯坦因西域考古記。（原書未加說明）

圖 二十

7. 中國邊境守衛處掘出之古代器具（漢代）

按：左圖采自斯坦因西域考古記。（原書未加說明）

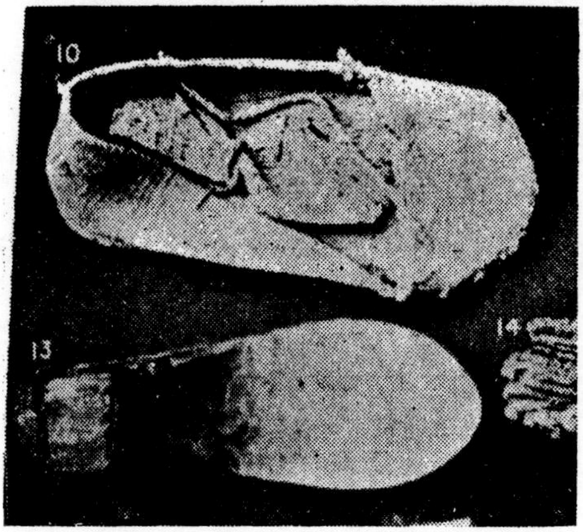

圖　二十一

8.長沙市出土之戰國革囊。

圖二十二

按：上圖采自楚文物展覽圖錄，據原說明，該革囊高四〇·五厘米。

又按：長沙發掘報告戰國墓葬：『二、皮囊一件（四〇六：〇四九）。黑褐色，已朽縮成一團，看不出原來的形狀，……在邊和角的地方，有針線孔，知道原來曾經縫合過，也可能是革囊一類的東西，和上面的皮帶均出土在內槨外面的東北角，即原來放置兵器的地方。』未知此文所述，即上圖之革囊否。然上圖之皮囊，體積頗大；長沙發掘報告之皮囊，則又與兵器同時出土，當爲武事所用之鞶囊。其究對士昏禮新婦之鞶究有若何參考價値，未便臆測。

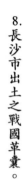

9. 戰國及東漢之絲織品

按：我國自古以絲織品著稱，茲僅就蒐集所及，略舉數例以見一斑。

左圖：楚文物展覽圖錄載湖南長沙陳家大山出土之戰國絲繩。（長二一〇公分）絲帶（長七三・五公分）。

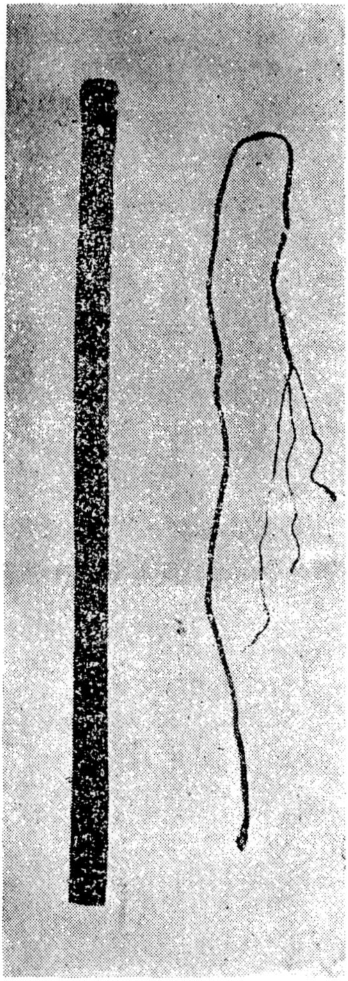

圖　二十三

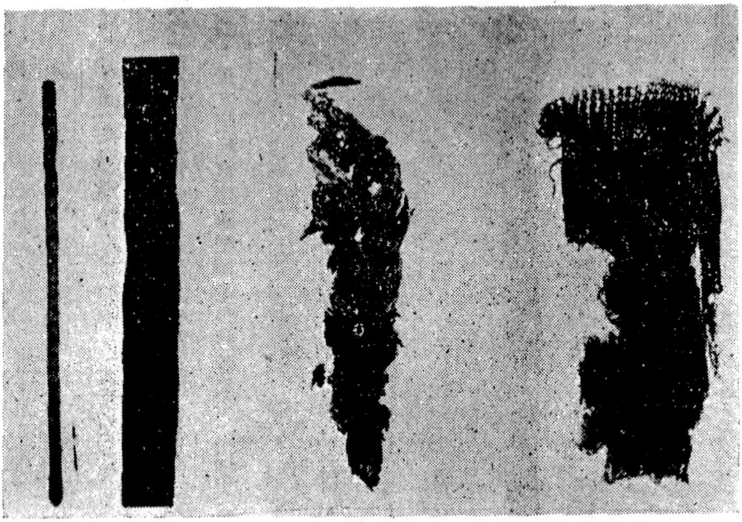

絲帶及部分　　棺上殘繩索　　絲織網絡殘片

圖二十四　戰國墓(406號)出土絲、麻織品

按：采自長沙發掘報告。

①②殘絹片　③綢片
④細紗片　⑤綿被
⑥麻布片

二十五　戰國墓(406號)出土絲織品

按：采自長沙發掘報告

按：采自長沙發掘報告。

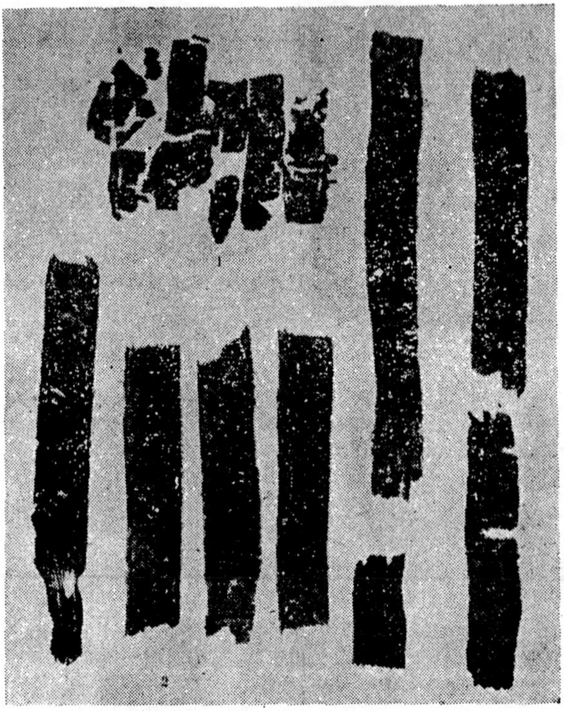

①殘絹片

②③絲織縹帶殘片

圖二十六　戰國墓(406號)出土絲織品

新疆民豐北大沙漠出土東漢織錦。

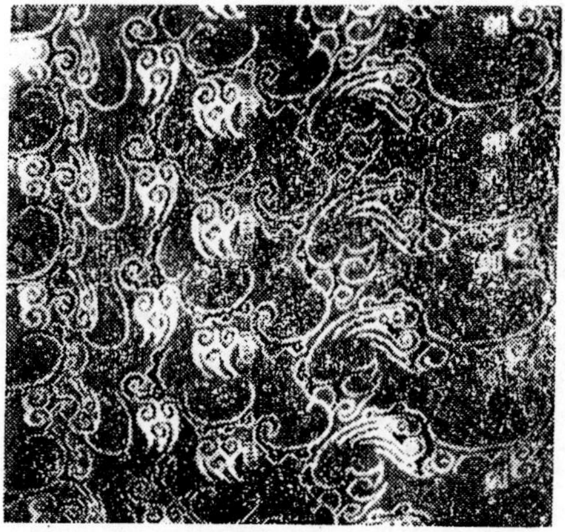

圖　二十七

10長沙仰天湖第二五號木槨墓戰國晚期木俑

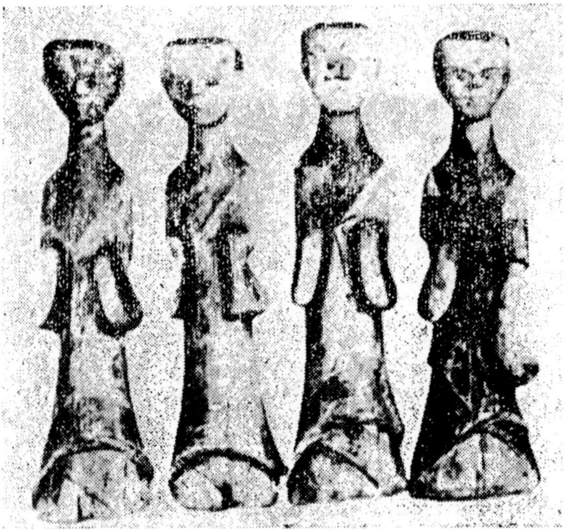

(原物)

圖二十八　女侍俑的衣飾(摹本)

11長沙出土戰國木俑

按：采自長沙發掘報告。

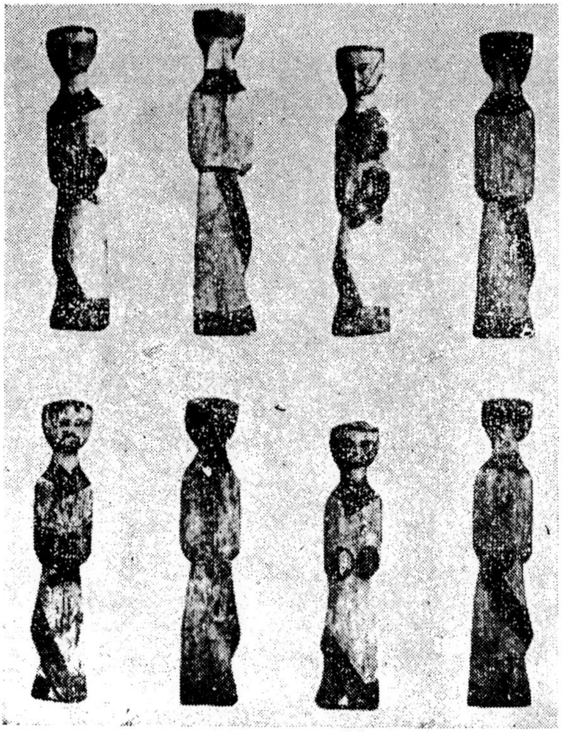

圖二十九　戰國墓出土木俑

12長沙市出土之戰國木俑

按：采自楚文物展覽圖錄。

圖 三十

13湖南長沙陳家大山出土戰國人物帛畫

圖三十一

按：采自楚文物展覽圖錄。

又按：自10至13圖，皆出土於楚之舊地，其人物服飾，大致統一，而與文獻記載之服飾頗不相類，此殆楚文化所有之特徵也。

14秦始皇陵出土之陶俑

按：據原發掘報告，此爲少見之秦代陶俑之一。其所穿之服飾，頗似文獻記載之深衣。

秦始皇陵出土陶俑(正面)

秦始皇陵出土陶俑(側面)

圖三十二

15 洛陽西漢墓出土粉繪陶俑

按：原說明：『男俑……頭梳桶狀髮髻，身著長袍，袒胸，……。女俑……頭梳後髻，……身著小襖，袒胸，……。』

男陶俑(左)、女陶俑(右)

陶俑背面

圖三十三

16 山西孝義張家庄漢墓出土女俑

女俑正面　　女俑側面

圖三十四

17遼寧金縣營城子漢墓壁畫（部分）

圖三十五

18河南洛陽八里臺漢墓壁畫。

圖三十六

按：自圖13、14、15、16、所見之女俑，皆梳後髻，獨17圖之女髮髻於頂，此圖雖模糊不清，然其髮髻於頂，仍隱約可見。是以筆者疑髮髻於頂者，即少牢禮所謂主婦髲髢，亦即士昏禮新婦之次也。至士昏禮之姆及女從等，纚笄是否如前諸圖之後髻，則不得而知矣。

(二)對本文無參考價值部分：

1. 楊家灣M〇〇六號墓內發現之木俑

圖三十七

2. 長沙出土楚漆器圖錄：漢代車馬奩三面觀

圖三十八

圖三十九

圖四十　車馬奩展示圖

3.長沙出土楚漆器圖錄漢代舞女奩及展示圖

圖四十一

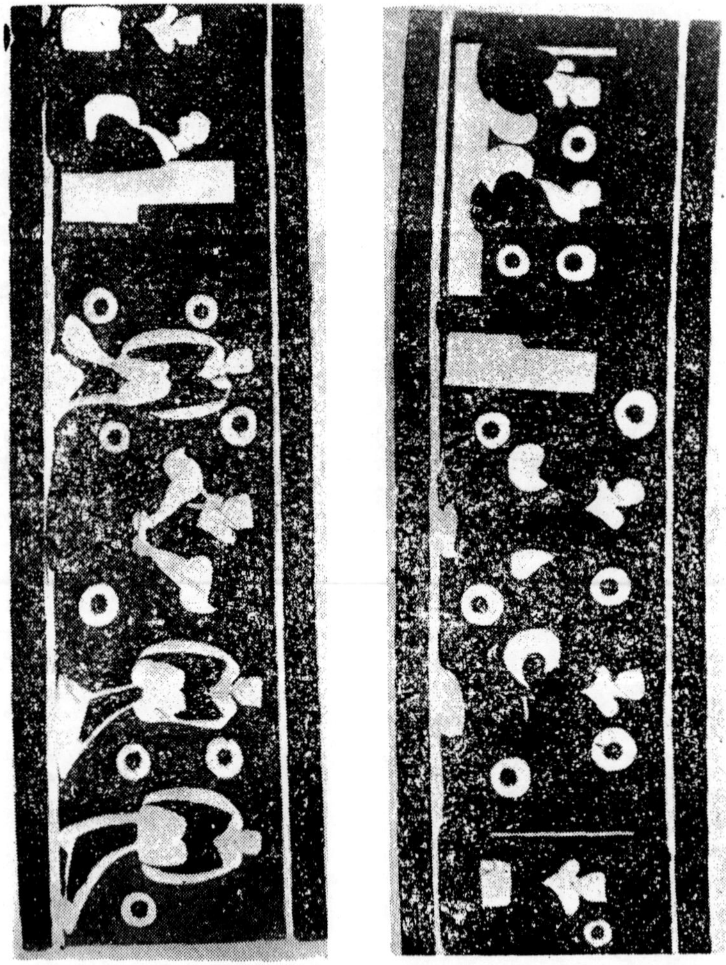

圖四十二

4.左家公山戰國木槨墓出土木俑

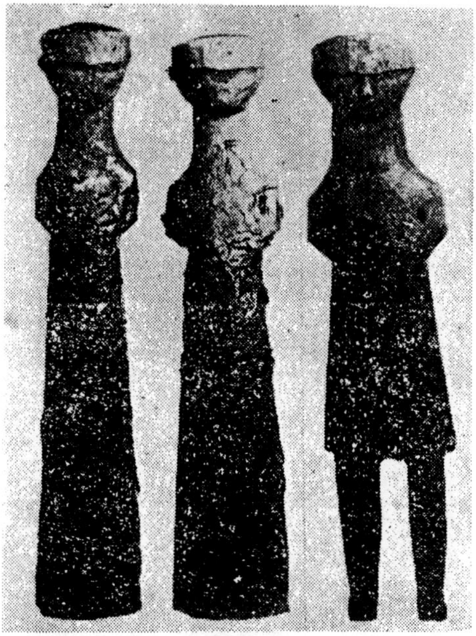

圖四十三

5. 長沙發掘報告戰國墓木俑

圖四十四

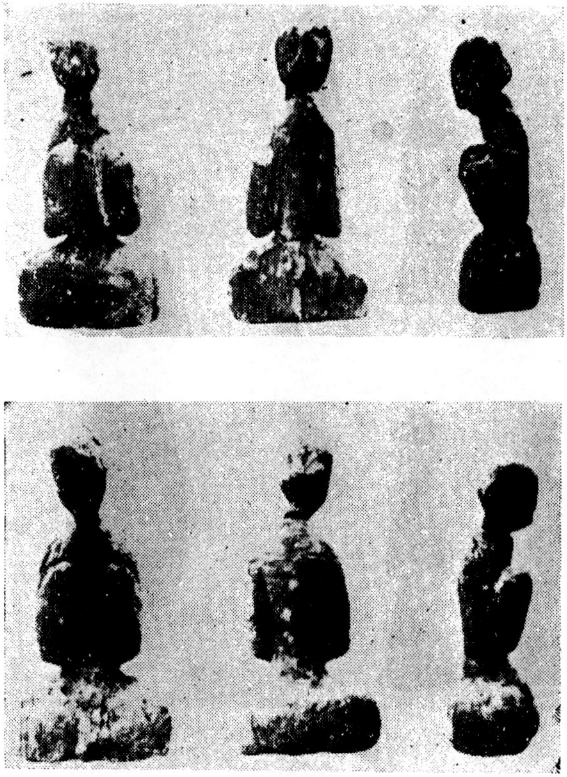

圖四十五

7. 長沙發掘報告西漢後期墓木俑

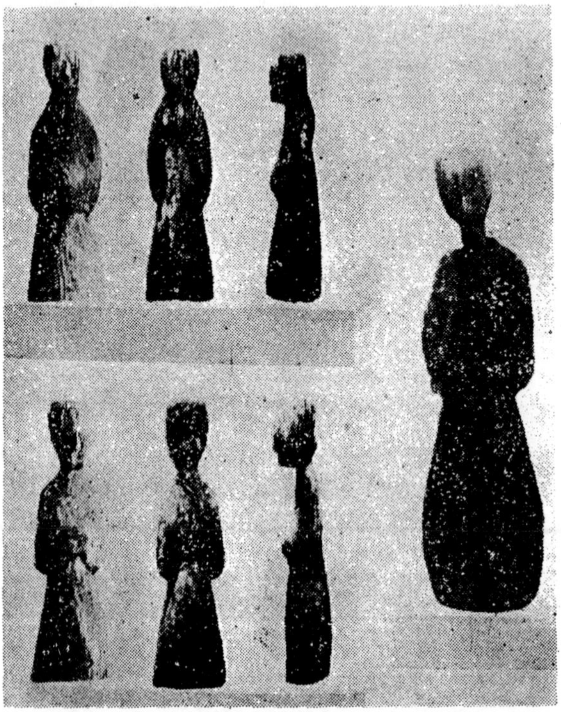

圖四十六

8. 山東福山東留公村漢墓畫像石

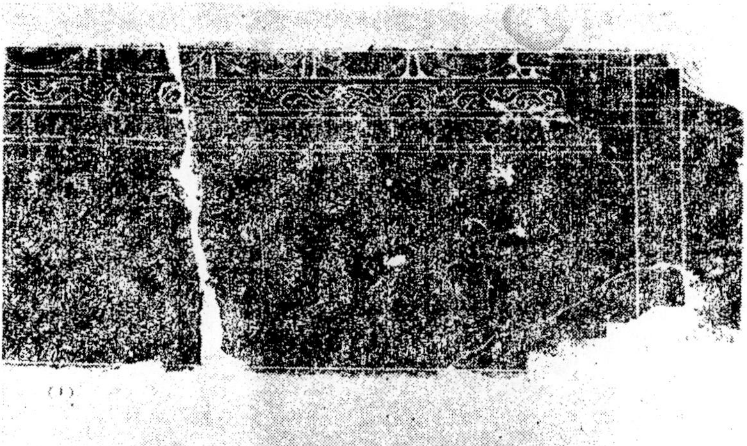

圖四十七

9. 望都漢墓壁畫

望都漢墓前室南壁西側壁畫

望都漢墓前室北壁西側壁畫

望都漢墓前室北壁東側壁畫

圖四十八

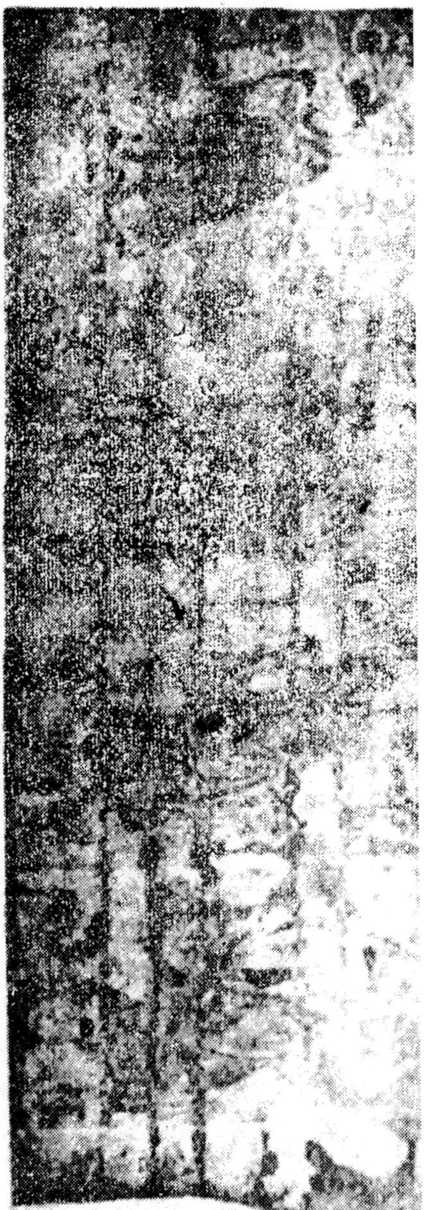

圖四十九　望都漢墓前室西壁畫

望都漢墓前室東壁畫

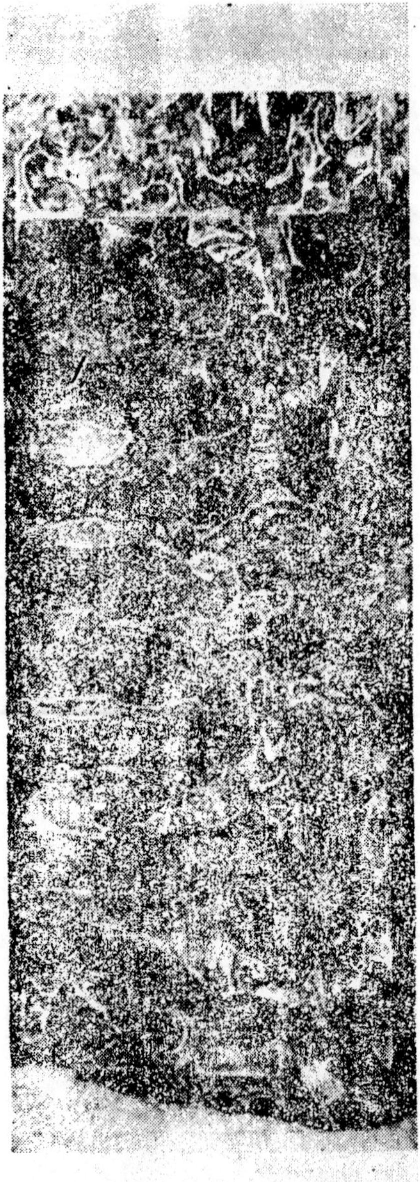

10 睢甯九女墩漢墓中室兩壁石刻

圖五十

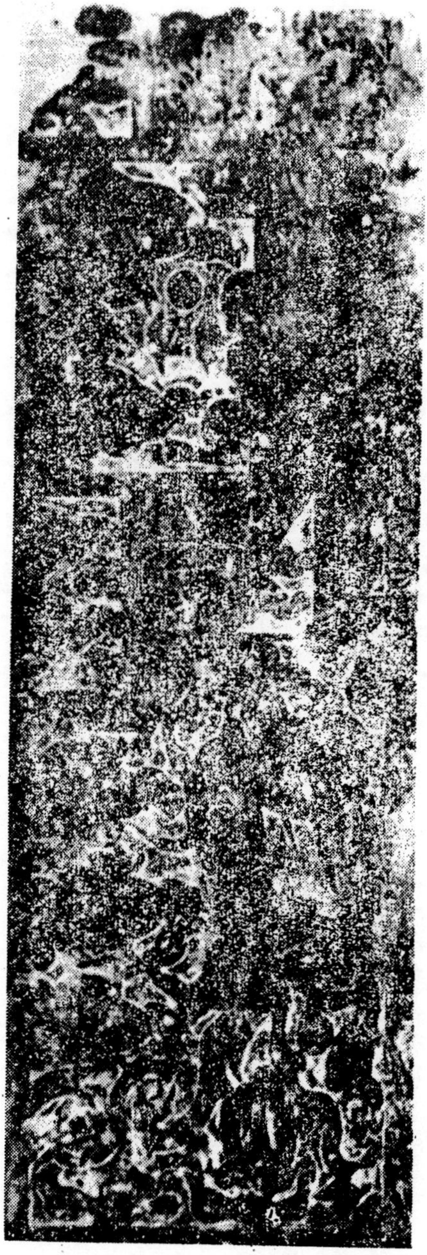

圖五十一

11江蘇銅山單集區洪樓村出土畫像石

圖五十二

12河南南陽出土漢代銅人

13洛陽西郊墓葬出土戰國鉛人跪拱手像

圖五十三

14河南信陽長臺關一號墓木俑

15西安白家口第二四號墓出土之陶俑

圖五十四

16河南洛陽八里臺漢墓壁畫

17陝西長安紅慶村出土漢彩繪陶俑

圖五十五

18 山東諸城埠口村出土銅燈

19 四川成都天廻山三號崖墓出土說唱俑
及廣東廣州東漢墓出土托燈俑

圖五十六

20信陽長臺關第二號楚墓木俑

21湖北江陵三座楚墓之一望山二號墓出土之木俑

圖五十七

圖五十八

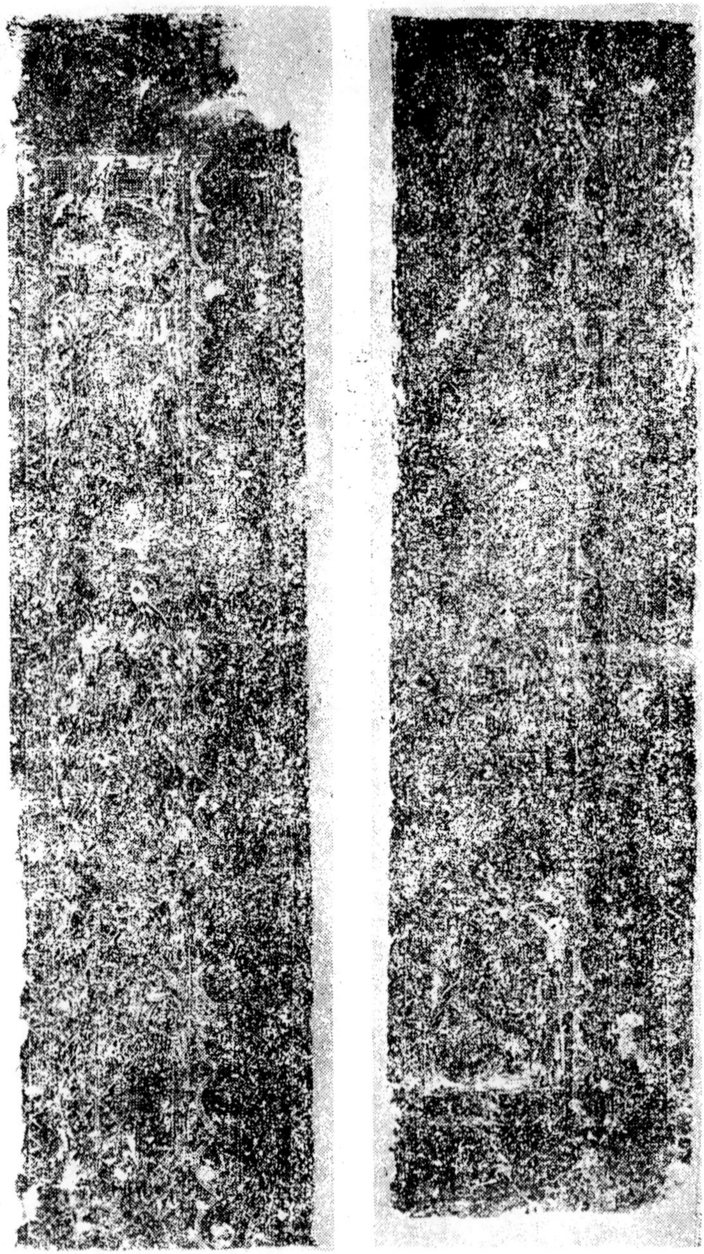

22 山東沂南古畫象石。

章景明著

先秦喪服制度考

（章景明著）

前言

這編文字，是我的研究所畢業論文，同時也是民國五十六年度東亞學術研究計劃委員會儀禮復原實驗小組的工作結果之一。

喪祭的禮俗，向來最能代表各民族對於祖先鬼神的觀念與文明進化的程度。其淵源不但極早，其影響也自極遠。喪服便是喪禮的一個重要部分。世界各民族，雖都自有其喪服之俗，但是終不如我國儀禮喪服篇中所載的喪服制度，來得繁細而有系統。而所以產生此一制度的社會基礎，則是一個頗堪令人注目的問題。因此對於此一制度眞實面目的瞭解，實有助於吾人對於中國古今社會裏，風俗習慣與思想觀念的認識，這便是儀禮小組研究工作的目標之一，其喪禮中的儀節及器物等制，都有專人分司其事；而我所負責的，便是喪服制度這一部分。由於後世律令規章所定之服制，率本於儀禮喪服篇，而喪服篇却又是秦、漢間儒者採先秦服喪之俗，予以嚴密組織了的喪服制度。因此本文探討的對象，乃專以先秦時代爲範圍，而定篇名爲「先秦喪服制度考」。

歷代學者治經研禮，於喪服制度論說頗多。但是，終以年代湮遠，文獻無徵，有些禮俗制度，已失可考，往往難免曲說附會，以致愈說而愈失其眞。基於這些原因，我們要想澈底瞭解先秦喪服制度的眞相，乃有着相當的困難了。

本文既然以瞭解先秦喪服制度的眞相爲目的，因此內容的討論，便以禮儀喪服篇爲主，而以其他先秦文獻資料爲輔。其後世學者之說，有助於瞭解者，並予選擇採用。至於暫時無法解決的若干問題，也唯有姑據後儒之說而已。雖然如此，服制繁細之程度，也自可觀。幸有孔達生師經常的督促與盡心的指導，終於能夠成此一編。唯自知學疏識陋，又為時間所限，所作或議論有失；或考定未詳、或翻檢不周，凡此種種，固所難免，也只有留待後日的補正了。

先秦喪服制度考 目錄

壹、敘　論

一、喪服禮俗的起源及其意義

前人對於喪服制度的研究，大都集中注意於衣服年月與親屬關係等問題的討論，而對於此一禮俗因何而起的問題，却都未曾有所說明。主要的原因固然一方面是由於文獻無徵之故，另一方面則是受了儒家傳統思想觀念的影響。現今由於人類學、民俗學、社會學等科學的發達，遂使我們獲得相當的理論與調查資料的支持，從而得以對喪服禮俗的起源及其原始意義作一番嘗試性的解釋。

人類學家與社會學者們，都以爲研究原人及蠻人心理的捷徑莫如宗教一途爲最有望。十九世紀英國著名的社會學家斯賓塞(H. Spencer)也持此一態度，在他的大著社會學原理的第一篇社會學的基礎(Date of sociology)裏，他便提出祖先崇拜(Ancestor worship)爲宗教之起源的主張。其說以爲：恐懼是宗教的情緒的根本，鬼魂的觀念乃宗教發生的原因，而祖先崇拜則是最元始的宗教。

斯賓塞在他的學說裏指出：在初民社會裏，人死之後鬼魂存在不滅的觀念影響於生人極大。初民對於部落的酋長或親人的死亡、都認爲死者的鬼魂一旦脫離軀殼，便能自由來往各處，比較生時更有能力作福作禍。這些鬼魂既然住近於其生時所住之處，便往往回到生時所居的地方徘徊，並在冥冥中視察其臣下及子孫的行爲，且降以福禍，因此他的子孫乃不敢不崇奉他，祖先崇拜遂由此發生。

林惠祥在其著作文化人類學一書中說：

祖先崇拜是鬼魂崇拜中特別發達的一種，凡人對於子孫的關係都極密切，所以死後其鬼魂想還是在冥冥中視察子孫的行爲，或加以保佑，或予以懲罰。其人在生雖不是什麼偉大的或兇惡的人物，他的子孫也不敢不崇奉他。祖先崇拜遂由此而發生。行祖先崇拜的民族很多，如吠陀人(Vedahs)、非洲尼革羅人、新加列頓尼亞人（New Caledonians)、古代的羅馬人、閃族人、日本人、中國人都很著稱。

又說：

由於崇拜死人之故，對於其屍體的處置便生出許多儀式來。家有死人必定改變平時的形狀，如斷髮、繪身、或穿着特別衣服等。其初大約不是爲了紀念，而實是由於懼怕的心理。將明器納入墓內的風俗很普遍，兵器是供他去陰間爭鬬，器物則給他生活，甚或奴僕從人都殉葬以侍他於幽冥。

林氏這一席話的理論當是本自斯賓塞的學說。用這個學說的理論來解釋喪服的風俗的起源及其原始意義乃是基於初民祖先崇拜的宗教迷信行爲，實在甚爲適當。

美國民俗學家波恩女士(Miss C.S. Burne)在其編著的民俗學概論（The Handbook of Folkore）一書中說：

卡布亞族在其酋長死去的時候，全部落的人都變成汚穢不淨之狀，他們的頭髮都不得剃去。……實際上：有些人類學者認爲就世上已知者而言，喪服的第一主旨乃在於表示服喪者的禁忌(Taboo)狀態。典型的喪服與服喪者平常的服飾恰爲顯著的對照。平常剃髮的人都任他們的頭髮伸長，辮髮或結髮的人則改爲散髮。阿依奴族的人在舉行葬式時便是把他們的外衣翻過一面來穿着的。像這一類的相反情形甚多，有些地方服喪中的親族，或將身上穿的衣物脫棄改以紋身，有的切掉指上關節，又有的用小刀割傷身體將血流在墳墓上。他們或者絕食，或者在葬畢以前只吃很少的食物，在調理上往往又加以控制，家中不舉火，以防護某種不祥的事情發生。

這裏所記錄的一些地方的喪服風俗，有些與中國相同，有些則甚近似。如卡布亞族人的不能淨身、便與中國人居喪不能沐浴的風俗相同；在中國居喪者也有絕食、家中不舉火、以及控制飲食的情形，阿依奴族人的反穿外衣，又與喪服記所說：「凡衰、外削幅。」相似。這些現象都顯示出喪服的典型正好與平常的服飾成爲鮮明的對照，而其所以如此的原因乃是爲了代表防護某種災禍發生的禁忌狀態，這正是基於恐懼鬼魂降禍作祟的心理的一種迷信行爲，正可作爲喪服起於祖先崇拜的事實憑證。中國是祖先崇拜最爲發達的民族，因此其方式也最爲繁細與特別，對於祖先的崇敬可謂達於極點。我們從士喪禮所載喪葬儀節的繁細及子孫對祖先的種種奠祭，都可看出中國式的祖先崇拜到了後來自成一個系統，其中有些是與野蠻人相同的，但其繁細的程度終非其他地方所能及。

原始時代的人智識初開，多以爲鬼神具有禍福生民的能力，在中國亦復如此，時至今日，在民間也有這類的迷信觀念。國語周語記惠王十五年，有神降於莘，內史過曰：

國之將興，其君齊明衷正，精潔惠和。其德足以昭其馨香，其惠足以同其民人。神饗而民聽，民神無怨，故神明降之、觀其政德，而均布福焉。國之將亡，其君貪冒辟邪，淫佚荒怠。……民神怨痛，無所依懷。故神亦往焉，觀其苛慝，而降之禍。……若由是觀之，其丹朱之神乎。

周惠王十五年當魯湣公元年，內史過以有神降於莘之神爲丹朱之神，則此神即爲人鬼，可知春秋時代的人也有迷信鬼魂具有覿人正邪降福降禍的能力的觀念。禮記祭義云：

宰我曰：「吾聞鬼神之名，不知其所謂。」，子曰：「氣也者，神之盛也；魄也者，鬼之盛也，合鬼與神，教之至也。衆生必死，死必歸土，此之謂鬼。骨肉斃于下，陰爲野土，其氣發揚于上爲昭明，焄蒿悽愴，此百物之精也，神之著也。因物之精，制爲之極，明命鬼神，以爲黔首則，百衆以畏，萬民以服。」

祭義一篇已雜有陰陽五行之說，其作成年代當在戰國之時或者竟已晚至秦漢。此處所記孔子的議論頗與論語中孔子對鬼神的態度不合，大約是作記之人所假託者。鄭注此云：「明命，猶尊名也，尊極於鬼神，不可復加也。黔首，謂民也。則、法也。爲民作法，使民亦事其祖禰鬼神，民所畏服。」。果如鄭注之說，則可證戰國秦漢間的人對於祖先的鬼神也是有着畏服的心理與態度，這還是保存着祖先崇拜的原始意義的。

喪服的禮俗既然是起源於祖先崇拜的一種宗教行爲，其原始意義又是基於對鬼魂的恐懼心理。爲什麼到了後來竟被說成爲「飾情之章表」（鄭玄語）呢？我以爲這是受了儒家的思想與態度所影響的緣故。論語記孔子之言曰：「敬鬼神而遠之。」（雍也）又曰：「祭如在，祭神如神在。」（八佾）；又曰：「未能事人，焉能事鬼？」（先進）。蓋孔子是一人本主義者，其對於鬼神之存在已持懷疑的態度，姑存而不論，故論語云：「子不語、怪、力、亂、神。」。可見孔子對喪祭的態度是不加雜宗教意味在內的。因此孔子一方面承襲了舊有的習俗，一方面却又根據他的思想賦予新的理論——情感的作用。實有摒除迷信，託改古制的意味；他將基於恐懼鬼魂作祟的心理的原始意義，說成「予生三年然後免於父母之懷，……予也，亦有三年之愛於其父母乎？」的報恩之義。這正是基是仁孝的思想而發的理論，同時更把此一禮俗拿來作爲發揚其學說思想的工具了。漢武之後，儒家思想得勢，支配中國達二千年之久，一般的人雖然還有恐懼鬼魂作祟的心理，却在服喪時接受了儒家的理論。讀書人所受於儒家的影響更大，對於喪服禮俗的起源及其意義的問題，自然以儒家的理論爲依皈，反而對初民服喪的觀念，不去注意了。

二、喪服制度與宗法制度之關係

由儀禮喪服篇加以考察，我們當能發現這一套完整嚴密的喪服制度與宗法制度是有着密切配合而不可分的關係的。因此若要對這一套喪服制度的本來面目作進一步的瞭解，便不可放過宗法制度這一線索的探討。

宗法是氏族制度的一種，先秦典籍中關於宗法制度的理論只見於禮記一書中的大傳與喪服小記所載的二條。大傳云：

君有合族之道，族人不得以其戚，戚君位也。庶子不祭，明其宗也。庶子不得爲長子三年，不繼祖也。別子爲祖，繼別爲宗，繼禰者爲小宗。有百世不遷之宗，有五世則遷之宗。百世不遷者，別子之後也。宗其繼別子所自出者，百世不遷者也。宗其繼高祖者，五世則遷者也。尊祖故敬宗，敬宗尊祖之義也。有小宗而無大宗者，有大宗而無小宗者，有無宗亦莫之宗者，公子是也。公子有宗道，公子之公，爲其七大夫之庶者，宗其上大夫之適者，公子之宗道也。

喪服小記云：

> 別子爲祖，繼別爲宗，繼禰者爲小宗。有五世而遷之宗，其繼高祖者也。是故祖遷於上，宗易於下。尊祖故敬宗，敬宗所以尊祖禰也。

所謂「別子」，鄭注說是：「諸侯之庶子，別爲後世爲始祖也，謂之別子者，公子不得禰先君。」則大傳與喪服小記所說的乃是指的諸侯的宗法制度的理論而言；那麼、諸侯之上的天子以及諸侯以下的大夫士庶人的階級是不是也各有其宗法呢？如果有，那麼他們的理論、制度是否也與諸侯相同呢？此外，先秦之世所行的宗法是否全合於大傳與喪服小記所說的理論呢？對於這些問題的解決如果單憑一些「世系表」去加以判斷，不但結論相當不可靠，而且也是無法發現事實的眞象的。因此我們必須從史實上來加以求證才行。

首先我們來看看完整的宗法制度應該具備那些特點。根據雷佛士(R. Rivers)與麥尼 (H. Maine) 兩位社會學者的說法，宗法制度最重要的徵象有五：

第一是父系的 (Partrilineal)。依血統而計親屬，則凡是與我有血統關係的都是我的親屬。由喪服篇所看到的宗法制度正與此相符。崔適東壁遺書五服異同考有幾句話說得極透徹：

> 由父之父遞推之，百世皆吾祖也。由母之母而遞推之，三世之外有不知誰何者矣。

喪服篇中爲父斬衰、爲祖父母、世叔父母、昆弟、曾祖父母、從父昆弟、從祖祖父母、從祖父母、從祖昆弟、族曾祖父母、族祖父母、族昆弟、這些與父有血統關係的人都有喪服，而爲母族之服，則僅上及於外祖父母，旁及母之姊妹兄弟，下及於母之兄弟之子，且外親正服皆緦而已。可見喪服篇中所表現的是父系的宗法特徵。

第二是父權的（Father-right）。父的身分及權利傳於子叫做父權，反之傳於女系的親屬叫做母權。此可由喪服「為人後者」一條證之，大宗有子固然傳子，若無子，亦不傳於女系而須立男系親屬中之「別子」以傳宗廟之重，這正是父權的徵象。

第三是父治的(Partriarchal)。一族的權力在於父（即一族的最尊長者），或子女受父的支配，叫做父治制（Patriarchate）。一族的最尊長者當然是宗子，故大夫為宗子有服，喪服傳便說是：「大夫不敢降其宗也。」。一家的子女受父的支配，喪服篇中更有顯徵，為父喪服傳說：「父至尊也。」、為慈母如母齊衰三年，其母子關係也因父命而來，故喪服傳說：「貴父之命也。」可證。

第四是長子繼承(Primogeniture)。父的身份及財產全由長子一人繼承。喪服「父為長子」傳曰：「正體於上、又乃將所傳重也，庶子不得為長子三年、不繼祖也。」父的身份也是長子，長子才能傳祖先之重，或予以繼承，庶子則無此資格，大傳的理論也與此相同。

第五是族外婚制（Sib-exogamy）。大傳云：「繫之以姓而弗別，綴之以食而弗殊，雖百世而昏姻不通者，周道然也。」，曲禮云：「取妻不取同姓，買妾不知其姓則卜之。」可見周族是採族外婚制的。喪服傳云：「婦人雖在外，必有歸宗。」所謂「在外」正是指嫁在外族而言。

由上面所說看來，儀禮喪服篇所規定的喪服制度，不僅與宗法關係極密切，而且正是一套很完整的宗法制度在這方面具體的表現了。這與漢儒根據大傳與喪服小記所演成的宗法理論是很相合的。但是，先秦社會所行的宗法制度是否也如此嚴整呢？下面我們將根據一些史料來加以求證。

詩經大雅板之詩云：

价人維藩，大師維垣，大邦維屏，大宗維翰，懷德維寧。宗子維城，無俾城壞，無獨斯畏。

善鼎：

余其用各我宗子雩百姓。

虘鐘：

用亯大宗，……其卲大宗。

召伯虎殷：

楊朕宗君其休，……用亯大宗。

陳逆簠：

余□事齊侯，惟卲宗家……以示子于大宗。

由這些可靠的史料來看，先秦社會曾經實行宗法固爲事實。在周以前的殷族似無大宗小宗制度，長子與餘子權利相等，沒有嫡長繼承的規定，固無所謂宗法制度可言，可以不必細論。可是周族所行的宗法是否盡如大傳所說的呢？事實却又不盡然！茲舉數證論之於下：

第一、根據大傳「別子爲祖，繼別爲宗。」的說法，則此繼別子而爲大宗者當已至第三代。然而左傳僖公五年記晉獻公使士蔿爲重耳夷吾二公子築蒲與屈，不愼寘薪。夷吾訴之於獻公，獻公使人責士蔿，士蔿回答時引板之詩：「懷德維寧，宗子惟城。」二句，並且說：

君其脩德而固宗子，何城如之？

據此，則是士蔿以公子重耳、夷吾二人爲宗子。但是當時公子重耳與公子夷吾皆未獲立爲世子，依大傳的理論，只是別子的身份，而不是宗子。可見先秦時代對於大宗小宗的觀念似乎並沒有像大傳所說的那般嚴格。

第二、先秦時代沒有嚴格的長子繼承制度。這一現象的事實甚多，王國維殷周制度論說道：

大王之立王季也，文王之舍伯邑考而立武王也，周公之繼武王而攝政稱王也，自殷制言之，皆正也。

可見商末周初，長子繼承並沒有完全確定。便是後來周代立後之法也不像漢儒所說的那樣嚴整和細密。如檀弓云：

公儀仲子之喪，檀弓免焉，仲子舍其孫而立其子。……子游問諸孔子，孔子曰：「否，立孫。」

春秋隱公三年公羊傳也有宋宣公致國於其弟繆公，而不傳於其子與夷的記載：

宣公謂繆公曰：「以吾愛與夷，則不若愛女，以爲社稷宗廟主，則與夷不若女，盍終爲君矣。」宣公死，繆公立。

左傳襄公三十一年：

六月辛巳，公薨，立胡女敬歸之子子野，次于季氏、秋九月癸巳，卒毁也。立敬歸之娣齊歸之子公子裯。穆叔不欲曰：「大子死，有母弟則立之，無則立長，年鈞擇賢，義鈞則卜，古之道也。非適嗣，何必娣之子？」

由穆叔所說「大子死，有母弟則立之，無則立長，年鈞擇賢，義鈞則卜。」的繼承辦法，雖說是「古之道也。」，但是公子裯（卽魯昭公）之立，非以適長則是事實。且言「大子死，有母弟則立之。」如大子有子，則此一辦法也不是眞正的長子繼承制度，可見長子繼承制度，在先秦並未完全確定。

第三、宗法制度在漢代猶爲諸儒爭議的課題。卽以喪服「爲人後者」而論，喪服傳云：

　　爲人後者孰後？後大宗也。曷爲後大宗？大宗者尊之統也。禽獸知母而不知父；野人曰：「父母何算焉？」；都邑之士則知尊禰矣。大夫及學士則知尊祖矣。諸侯及其太祖、天子及其始祖之所自出。尊者尊統上，卑者卑統下。大宗者尊之統也，大宗者收族者也，不可以絕，故族人以支子後大宗也。

禮記大傳也說：

　　君有合族之道，……親親故尊祖，尊祖故敬宗，敬宗故收族，收族故宗廟嚴……。

君就是大宗，大宗有收族之義，故不可絕，喪服傳所說當是很明白了，可是漢初的儒者對此還有所討論。通典九十六引漢石渠議云：

　　大宗無後，族無庶子，己有一適子，當絕父祀以後大宗不？戴聖云：「大宗不可絕，言適子不爲後者不得先庶爾，族無庶子，當絕父祀以後大宗。」，聞人通漢云：「大宗有絕，子不絕其父。」。宣帝制曰：「聖議是也。」

所謂「大宗不可絕」應該是宗法制度的主要原則了，可是這個問題到了漢宣帝的時候還有着不同的說法，並且引起討論，最後才賴帝王的權威定其是非，這不是明白啓示我們，先秦所行的一套宗法，不但不嚴密，而且不能算是一種法制，也沒有樹立起像其他經典的權威性。否則的話，漢初儒者必不敢大膽的拿它作爲討論的對象，也不必依靠帝王的權威來斷其是非了。

根據以上的瞭解，我們可以說先秦社會所行的宗法不但沒有漢儒所說的宗法理論那般嚴密，而且恐怕也够不上大傳所說的程度。眞正把它確定而成爲一套完整的制度，恐怕是要到了漢宣帝的時候才如此罷？像大傳、小記上一套的理論，就算成於先秦，恐亦未必見諸實施；就是孔子的「立孫」之論，在先秦恐亦未然。宗法制度如此，喪服制度似也應當作如此觀。

宗法制度的形成既然不是一朝一夕之故，而由前面所說儀禮喪服制度中所表現的相當完整的宗法組織，以及石渠論議對喪服制度尚敢加以討論這兩種情形看來，喪服在古代恐無定制，像儀禮上的這一套喪服制度，大約不會太早。而且自有喪服風俗的初民社會到喪服制度中表現的宗法社會，其間親屬關係的觀念，也非一朝一夕所能確定，這個消息在喪服傳中已透露了：

禽獸知母而不知父，野人曰：父母何算焉？都邑之士則知尊稱矣，大夫及學士則知尊祖矣，諸侯及其大祖，天子及其始祖之所自出。

這雖是依階級地位而分的說法，却明白指出了親屬關係的觀念隨文明的程度而異，社會愈文明，則親屬關係的觀念愈擴大，喪服的範圍也就愈廣。因此我們可以說喪服制度也是隨親屬關係的觀念的擴大而逐漸形成的，我們從儀禮中所看到的喪服制度、恐怕是後來的儒家根據他們嚴密組織了的宗法制度的親屬網，依其親疏遠近之別。用上殺、下殺、旁殺的辦法，制定而成的喪服主張，利用它來作爲由家族的組織，而擴大爲社會基層組織，從「以親九族」而達到「平章百姓」的理想。

三、論三年之喪

三年之喪是儒家標榜最力的喪服制度，禮記三年問云：

三年之喪，人道之至文者也，夫是之謂至隆。是百王之所同，古今之所壹，未有知其所由來者也。

三年問這一段話，又見於荀子禮論篇，當是荀子學派的人襲自荀子之作。從「三年之喪，人道之至文者也。」這句話，可以看出儒家對於此一制度的恭維是到了何種的程度。不過，對於此一制度，這裏却說是：「百王之所同，古今之所壹，未有知其所由來者也。」，究竟此制度事實的眞象是否如此呢？在這裏我們且來討論一下。

從先秦的史料加以考察，所謂「三年之喪」是「百王之所同，古今之所壹。」的說法，是否盡符事實呢？不然，我們不妨看看以下列擧的幾個事實爲證：

㈠論語陽貨篇記孔子與宰我的一番問答，宰我問：「三年之喪期已久矣。君子三年不爲禮，禮必壞；三年不爲樂，樂必崩。舊穀既沒，新穀既升，鑽燧改火，期可已矣。」子曰：「食夫稻、衣乎錦，於女安乎？」曰：「安。」「女安則爲之。」孔子弟子中尙有人不認此制合禮而不願實行，可見此非當時通行之俗。

㈡孟子勸滕文公行三年之喪，並且說是「三代共之」的禮制。可是滕國的父兄百官皆不願意，說道：「吾宗國魯先君莫之行，吾先君亦莫之行也。」魯是周公之國，有「周禮盡在魯也。」之稱，尚尚且不曾行三年之喪。

㈢據春秋，魯僖公死在他的三十三年十一月己巳，次年（文公元年）夏四月葬僖公，又次年（文公二年）冬「公子遂如齊納幣」，爲文公聘婦。左傳云：「禮也」。公羊傳云：「譏喪娶也。娶在三年之外，則何譏乎喪娶？三年之內不圖昏。」此可證魯侯不行三年之喪。此事左傳認爲「禮也」，杜注云：「僖公喪終此年十一月，則納幣在十二月也。」然而文公死於十八年二月，次年正月「公子遂如齊逆女；三月，遂以夫人婦姜至自齊。」杜注云：「不譏喪要者，不待貶責而自明也。」此更可證魯侯不行三年之喪。

㈣左傳昭公十五年：六月己丑，王太子壽卒。秋八月戊寅，王穆后崩。……十二月，晉荀躒如周葬穆后。籍談爲介。既葬除喪，以文伯宴，樽以魯壺，王曰：「伯氏，諸侯皆有以鎭撫王室，晉獨無有，何也？」……籍談歸，以告叔向，叔向曰：「王其不終乎？吾聞之，所樂必卒焉。今王樂憂。……王一歲而有三年之喪二焉。（杜注：「天子絕期，唯服三年，故后雖崩，通謂之三年。」此恐據儀禮之強爲說耳）於是乎以喪賓宴，又求彝器，樂憂甚矣。……三年之喪，雖貴遂服，禮也。王雖弗遂，宴樂以早，亦非禮也。……」。

這或可解釋爲周有此制，而周王不行。我們再來看：

㈤墨子非儒篇說：「儒者曰：親親有術，尊賢有等，言親疏尊卑之異也。其禮曰：喪父母三年，妻、後子三年。」此明說三年之喪是儒者之禮。節葬下說：「君死，葬之三年；父母死，葬之三年。」孫詒讓閒詁引說葬修文篇：「齊宣王謂田過曰：吾聞儒者喪親三年，喪君三年。」也說是「戰國時，非儒者，葢不盡持三年服也。」。

由以上這些證據來看，不僅是魯，滕諸國不行此禮，周王朝也不行此禮，而爲什麼論語裏孔子回答宰我時，偏大膽的說：「三年之喪，天下之通喪也。」呢？論語記子張問：「書云：『高宗諒陰，三年不言。』何謂也？」孔子直對他說：「何必高宗？古之人皆然。君薨，百官總己以聽於冢宰，三年。」把三年之喪說成「天下之通喪」並且又是「古之人皆然」，這不就是三年問「百王之所同，古今之所壹。」的論調的由來嗎？三年之喪，明明不曾通行於先秦社會，孔子那樣說話，難道是扯謊嗎？還是有所據而發呢？

傅孟眞先生在周東封與殷遺民一文中說：

> 孔子之「天下」，大約即是齊、魯、宋、衞，不能甚大，可以「登太山而小天下」爲證。然若如「改制託古」者之論，此話非刪之便須諱之，實在不是辦法。惟一可以解釋此困難者，即三年之喪，在東國，在民間，有相當之通行性，蓋殷之遺禮，而非周之制度。當時的「君子（即統治者）三年不爲禮，禮必壞；三年不爲樂，樂必崩。」，而士及其相近之階級則淵源有自，「齊以殷政」者也。試看關于大孝，三年之喪，及喪後三年不做事之代表人物，如太甲、高宗、孝己，皆是殷人。而「君薨，百官總己以聽于冢宰者三年」，全不見於周人之記載。

胡適之先生在說儒一文當中，便完全接受了這個說法，並且說：

傳先生之說，一面可以相信滕、魯的統治階級不曾行此禮，一面又可以說明此制行於那絕大多數的民衆之中，說它是「天下之通喪」也不算是過分的宣傳。……檀弓有這樣一段：「子張之喪，公明儀爲志焉。褚幕，丹質，蟻結於四隅，殷士也。」孔子、子張都是殷人，在他們的眼裏嘴裏，「天下」只是那大多數的殷商民衆，「古之人」也只是殷商的先王。這是他們的民族心理的自然表現，其中自然也不免帶一點殷人自尊其宗教禮法的宣傳意味。……三年之喪是「儒」的喪禮，但不是他們的創制，只是殷民族的喪禮，……正如儒衣儒冠不是他們的創制，只是殷民族的鄉服。孟子記滕國的父兄百官反對三年之喪時，他們說：「且志曰：『喪祭從先祖，曰，吾有所受之也。』」這句話當然是古政治家息事寧人的絕好原則，最可以解釋當時殷、周民族各自有其喪祭制度的政治背景。統治階級自有其周社，一般「國人」自有其亳社；前者自行其「旣葬除服」的喪制，後者自行其「天下之通喪。」

案，關於三年之喪的來源問題，歷來之說，主要者有三：一是主其爲「堯舜之制」，淸人曹元弼禮經學主之。此說所據者蓋尙書堯典述堯崩後，「百姓如喪考妣，三載，四海遏密八音。」孟子謂此爲三年之喪是也。屈翼鵬師尙書釋義云：

堯典之作，當在孔子歿後，孟子之前。蓋戰國初年。儒家者流，據傳說而筆之於書者也。

堯舜之事，既屬傳說，則此說之可信程度，當然就有問題了。

另一說又以爲三年之喪是「周公之法」，此說朱子主之（見四書集註孟子滕文公篇「滕定公薨」章）。此說亦非，上文已證周王朝不行此禮，固不必再贅。

第三說卽傅、胡兩位先生所主張的：「殷之遺禮，而非周之制度。」此說淸人毛奇齡已發之（見毛奇齡四書賸言卷三）。三說之中，以此最有價值。傅、胡兩位先生的說法，却又替孔子所說的「夫三年之喪，天下之通喪也。」與「古之人皆然。」兩句話作了解釋。不過，他們的論斷却還有令人不能無惑之處：像傅先生以「登太山而小天下。」一語，便以爲「孔子的天下，大約卽是齊、魯、宋、衞，不能甚大。」這個推斷未免危險。因爲「登太山而小天下。」乃是形容孔子因太山之高而生的心境，並不能據以定孔子心目中天下的大小，而且先秦諸子中，動輒曰「天下」者甚多，也都不見有傅先生所說的特別意義。傅先生大約也覺得如此論證不甚妥善，畢竟承認了這話「實在不是辦法。」這是第一個可疑之處。

第二個可疑之處是：胡先生以爲孔子所說的「古之人」，是指殷商的先王。可是我們看論語子張與孔子的問答，都發現子張對「高宗諒陰三年」這件事尙未知其所指，如胡先生所說，子張也是殷人，則此事若爲三年之喪，子張豈有不知而問以「何謂也？」之理？且現存之尙書逸文高宗之訓僅餘「三年，其惟不言，言乃讙。」數語，孔子、子張當時所見的尙書高宗之訓之文，是否詳於今時，已不可考，但所謂「高宗諒陰，三年不言。」是否就是指殷高宗居三年之喪而言，從尙書逸文及論語的文字上並不見痕跡。而且「諒陰」（或作「諒闇」），是否就是鄭康成喪服注文所說的：「楣謂之梁，柱楣，所謂梁闇。」在解釋上也顯得牽強。因此，依據論語子張與孔子的問答，而推定三年之喪爲殷之制度，似乎缺少事實根據，而難饜人意的。

那麼，三年之喪的來源，究竟如何呢？孔達生師說：

由雜記記載孔子所說：「少連、大連善居喪，三日不怠，三月不解，期悲哀，三年憂，東夷之子也。」這段話看來，少連、大連爲東夷之子，則其所行之禮，似應爲東夷之俗。如果這個假設爲是，則三年之喪，很可能就是東夷的舊俗。曲阜爲魯之都，亦在東夷奄之舊墟，可能是孔子因居所的關係，採取了此一東夷的風俗，而賦予新的理論，以「予生三年然後免於父母之懷，……予也，亦有三年之愛於其父母乎？」之說，將這一個風俗的意義解釋成一種報恩紀念的行爲。至於孔子把三年之喪說爲「天下之通喪」，以及「古之人皆然」，孟子說它是「三代共之」等說法，其用意是在於藉此鼓吹他們仁親的思想，因而提出的宣傳口號。

孔達生師的說法，我認爲是所有之說中，最合於事實的說法。雜記所載少連、大連的居喪情形，不但比所謂「高宗諒闇，三年不言。」具體明白得多，而且與儀禮、禮記所說的三年之喪的制度極爲脗合，正可解釋喪服篇的規定，有其淵源所自。另一方面，對於孔子所說「三年之喪，天下之通喪也。」與「古之人皆然」的話，也可以得到合理的解釋。

對於孔達生師的說法，我還替他找到了一個證據，左傳襄公十七年記晏嬰爲其父晏桓子服喪之事說：

齊晏桓子卒，晏嬰麤衰斬，苴絰、帶、杖、菅屨、食粥、居倚廬、寢苫枕草。

這裏雖沒有說晏嬰服多久的喪服，但其服喪的衣服、飲食、居處等情形，則與喪服斬衰三年的規定相同，固然晏子可能與儒家有關係（史記管晏列傳正義：「七略：晏子春秋七篇，在儒家。」）但也可能與他的家族有關，史記管晏列傳說：

晏平仲嬰者，萊之夷維人也。

據此，則晏嬰這個人可能也是個東夷之子，其居父之喪，自然也是依其本族——夷人的風俗。如此說來，斬衰的服制，採取的是東夷之俗；而三年的喪期，當也是襲自東夷。這樣配合起來看，對於三年之喪的來源，似乎暫時可以得到一個比較合理而具體的初步認識了。

四　儒家與喪服制度

在前面三章之中，我們都無可避免的提到了儒家與喪服制度的關係，在這一章裏，我們將對此作一個較有系統的探討，俾可對喪服制度有更進一步的瞭解。

自孔子以來，禮在儒家的思想中，便佔有極爲重要的地位，自個人修養，以至倫理道德，社會秩序，政治制度等等，莫不樹立一個標準，來作爲行事的規範。這個標準，就是禮。

禮的範圍包括極廣，喪服制度便是其中最爲儒家所注重的一部分，我們先來看看儒家對喪服制度的觀念和理論。論語陽貨篇上記孔子答宰我的話說：

予生三年，然後免於父母之懷。夫三年之喪，天下之通喪也。予也，有三年之愛於其父母乎？

荀子禮論篇說：

三年之喪，何也？曰：稱情而立文，因以飾羣，別親疎貴賤之節，而不可損益也。故曰無適不易之術也。創巨者，其日久；痛甚者，其愈遲。三年之喪，稱情而立文，所以爲至痛極也；齊衰（禮記三年問作「斬衰」）、苴杖、居廬、食粥、席薪、枕塊，所以爲至痛飾也。三年之喪，二十五月而畢，哀痛未盡，思慕未忘，然而禮以是斷之者，豈不送死有已，復生有節也哉？凡生乎天地之間者，有血氣之屬必有知，有知之屬，莫不知愛其類。今夫大鳥獸，則無亡其羣匹，越月踰時，則必反鉛過故鄉，則必徘徊焉，鳴號焉，躑躅焉，踟躕焉，然後能去之也。小者是燕爵，猶有啁噍之頃焉，然後能去之。故有血氣之屬，莫知於人。故人之於其親也，至死無窮。將由夫愚陋淫邪之人與，則彼朝死而夕忘之，然而縱之，則是曾鳥獸之不若也。彼安能相與羣居而無亂乎？將由夫脩飾之男子與，則三年之喪，二十五月而畢，若駟之過隙，然而遂之，則是無窮也。故先王聖人安（「安」、三年問作「焉」），爲之立中制節，一使足以成文理，則舍之矣。

喪服四制說：

凡禮之大體，體天地，法四時，則陰陽、順人情，故謂之禮。訾之者，是不知禮之所由生也。夫禮，吉凶異道，不得相干，取之陰陽也。喪有四制，變而從宜，取之四時也。有恩、有理、有節、有權，取之人情也。恩者仁也；理者義也；節者禮也；權者知也；仁義禮知，人道具矣。其恩厚者，其服重。爲父斬衰三年，以恩制者也。門內之治、恩揜義；門外之治，義斷恩。資於事父以事君，而敬同，貴貴、尊尊、義之大者也。故爲君亦斬衰三年，以義制者也。三日而食，三月而沐、期而練、毀不滅性，不以死傷生也，……祥之日，鼓素琴，告民有終也，以節制者也。資於事父以事母，而愛同。天無二日，士無二王，國無二君，家無二尊，以一治之也，故父在爲母齊衰期者，見無二尊也。……不言而事行者，扶而起；言而后行事者，杖而起；身自執事而后行者，面垢而已；禿者不髽；傴者不袒；跛者不踊；老病不止酒肉；凡此八者，以權制者也。始死，三日不怠、三月不解，期悲哀，三年憂、恩之殺也，聖人因殺以制節。……比終茲三節者，仁者可以觀其愛焉，知者可以觀其理焉，強者可以觀其志焉。禮以治之，義以正之，孝子弟弟、貞婦，皆可得而察焉。

這些都是基於情感、道德、功能而發的理論，最能夠代表儒家對於喪服制度的觀念和態度。在儒家來說，這些理論也都具有着相當深遠的用意的。

我們知道，喪服本是基於恐懼鬼魂降禍作祟的心理，所產生的一種迷信的風俗。可是孔子是個人本主義者，他對於鬼神的存在，已抱着懷疑的態度，姑存而不論。因此他在承襲這個「固有文明」時，便摒棄了原有的迷信觀念，而賦予「子生三年然後免於父母之懷，……予也，亦有三年之愛於其父母乎？」的新理論，改以「仁親」的思想作出發點，已經沒有什麼宗教的意味了。喪服四制裏、更將理論本之於天地四時陰陽之說，在抽象的觀念上，固然有其玄妙的道理，但與原始的理論，已有相當的差別了。

在儒者的觀念裏，禮是有其「節」、「文」的功用的。所以荀子便認爲喪服制度是先王「稱情而立文」，「立中制節」的措施。「文」是禮的外在的一種文飾，喪服中的喪期、斬、齊、大功、小功、緦麻之服、食粥，居倚廬等等，都是文，沒有這些文飾，是無法表達出內心的情感的。可是，僅是表達情感，而任其發洩，因而導致「毀以滅性」「以死傷生」，便又太過份了。因此還須有「節」，來節制調和情感才可以。如斬衰，規定是三日不食，而檀弓記載曾子居喪，却七日不食，子思便不以爲然，而說：

先王之制禮也，過之者，俯而就之；不至焉者，企而及之，故君子之執親之喪也，水漿不入於口者三日，杖而後能起。

所謂「過之者，俯而就之；不至焉者，企而及之。」，這正說明了儒者行禮，是主張抱着「立中制節」的觀念與態度去實行的。喪服四制所說：「始死，三日不怠，三月不解，期悲哀，三年憂，恩之殺也，聖人因殺以制節。」也是這種心情的描寫。

禮雖要求合於節，文之制，但是在不得已的情況下，也是可以從權的。所以喪服四制說：

禿者不髽，傴者不袒，跛者不踊，老病不止酒肉，……以權制者也。

可知禮有常規，也有權制，環境若不許可，是可以從權的。檀弓記孔子的話說：

啜菽飲水，盡其歡，斯之謂孝。斂手足形，還葬而無槨，稱其財，斯之謂禮。

這是何等通達人情的精神，可見孔子的禮是注重情感，道德的本質的。檀弓記他在衛時，遇舊館人之喪，「一哀而出涕」，就「脫驂而賻之」；見有送葬者，「其往也如慕，其反也如疑。」便說：「我未之能行也。」，宰我不願行三年之喪，他便說：「女安則爲之。」，這都可見孔子注重的是眞情感的流露，不主張有絲毫勉強的態度的。可惜這種精神，在孔門弟子當中，就很少見了。如檀弓記子游與曾子有小斂之奠應在東方或西方的辯論，較量襲裘而弔與裼裘而弔的得失，爭祖奠的進退，子貢只注意「速反而虞」，以及子游、子夏爲了同母異父之昆弟，應服大功或齊衰的爭論。從這些故事，可以看出孔子的弟子們，只能計較儀節的形式，並不重視禮的本質，已失却孔子原來的氣象了。

以上所論的是儒家對於喪服的基本觀念和態度。然而，把喪服這一禮俗，制定成爲一套制度，並且努力地去標榜，去實行，在儒家來說，是有其重大深遠的意義與目的的。

我們知道，春秋戰國是歷史上一個混亂變動相當激烈的時代。詩大雅板篇說：「宗子維城，無俾城壞。」既憂其壞，則固有宗法社會的家族制度，已漸破壞可知，到得後來，更有「臣弒其君，子弒其父。」的事件層出不窮了。可見當時社會秩序混亂，倫理道德敗壞，已到了相當嚴重的程度。

以儒家積極用世的人生觀，當然希望能夠改革社會，作爲一番。而改革的方法，最重要的乃在樹立倫理道德的觀念。可是，道德只是個抽象的觀念，如果要想把他見諸實施，必須有一種具體的事物作爲依附，然後才能樹立一個有秩序的社會。這個具體的事物就是儒家承襲固有的宗法，而更加以細密組織了的宗法制度。喪服制度便是根據宗法組織的親屬關係，依其親疏貴賤之別，用斬、齊、大功、小功、緦，這五服、把上、下、旁、所有的親屬，都組織成一個親屬網。我們從儀禮喪服篇，所看到的，正是一個極爲細密的宗法親屬制度，同時由其中諸侯爲天子，爲君斬衰，諸侯之大夫爲天子繐衰，這些條文規定看來，於親屬關係外，又有着君臣的政治關係了。這套制度實可說是孔子的：「君君、臣臣、父父、子子。」孟子的：「內則父子，外則君臣，人之大倫也。」以及「君臣、父子、夫婦、兄弟、朋友。」五倫的倫理觀念的張本。

在儒家的眼裏，喪服制度的功用是很大的。喪服四制說：

仁者可以觀其愛焉，知者可以觀其理焉，強者可以觀其志焉。禮以治之，義以正之，孝子、弟弟、貞婦，皆可得而察焉。

這是說喪服制度可以用來作爲衡量一個人的道德修養的標準了。荀子禮論篇說：

三年之喪，何也？曰：稱情而立文，因以飾羣，別親疎貴賤之節。……將由夫愚陋淫邪之人與，則彼朝死而夕忘之，然而縱之，則是曾鳥獸之不若也。彼安能相與羣居而不亂乎？

這是說喪服制度可以「飾羣」，「別親疎貴賤之節」，使得人人「羣居而無亂」，具有敦親睦族，安定社會秩序的功能。喪服四制又說：

資於事父以事君，而敬同。天無二日，土無二王，國無二君，家無二尊，以一治之也，故父在爲母齊衰期者，見無二尊也。

喪服篇斬衰章、於父、國君、天子、喪服傳都說是「至尊也。」父爲一家之至尊，子女妻妾爲之斬衰，國君爲一國之至尊，其臣爲之斬衰，而諸侯又爲天子斬衰，所謂「以一治也」，如能確實實行，竟是可以達到儒家「大一統」的政治理想了。

孔子時代的喪服禮俗，雖然未必有儀禮喪服篇所載的細密完整的制度，可是從他極力的提倡三年之喪，把他說成「天下之通喪也」，並且率領弟子們努力實行鼓吹。由此看來，孔子之時，儒家便以喪服的禮俗，作爲改革社會的憑藉了。由於儒者們的努力，到了後來，終於制定成今日儀禮所見的喪服制度。此一制度雖不盡合於先秦之所行，卻是儒家的一個理想，當時固有其重大的意義，對於後世，也有着相當深遠的影響，這一點是應該值得我們去加以重視的。

五、先秦社會實行喪服的情形

我們在第三章討論到三年之喪的制度時，曾舉了幾個證據，說明此制在先秦的社會裏並未通行。並且還說明了此制是孔子採自東夷的舊俗，來作爲儒者傳教及改革社會的憑籍。不過，三年的喪期實在太久了，孝子的生活也甚爲辛苦，不是普通人所能做到的。因此此制也最受其他學派所非議。淮南子齊俗訓說：

夫三年之喪，是強人所不及而以僞輔情也。三月之服，是絕哀而迫切之性也。夫儒、墨不原人情之終始，而務以行相反之制。

這是個很切合實情的批評。由此也可以看出在，淮南王時代的人眼裏，三年之喪，是儒者的主張；三月之服，則是墨家的服制。

墨家對儒者的服制，批評更是激烈。墨子節葬下說：

哭泣不秩聲翁。縗絰，垂涕，處倚廬，寢苫枕塊。又相率強不食而爲飢。薄衣而爲寒。使面目陷陬，顏色黧黑，耳目不聰目，手足不勁強，不可用也。又曰：上士之操喪也。必扶而能起，杖而能行，以此共三年。若法、若言行、若道，使王公大人行此，則必不能蚤朝。五官六府（孫詒讓云：「此當作：使士大行夫此，則必不能治五官六府。」），實倉廩，使農夫行此，則必不能蚤出夜入，耕稼樹藝。使百工行此，則必不能修舟車，爲器皿矣。使婦人行此，則必不能夙興夜寐，紡績織紝。……是故百姓冬不仞寒（畢沅云：「仞、忍字假音。」），夏不仞暑，作疾病，死者不可勝計也。

墨家是現實的功利主義者，認爲儒者久喪之制怠時廢事，自是大大不以爲然。因此乃起而攻擊儒家，並且提出了「死則既葬矣，生者必無久哭。」的短喪主張。不過，由墨家的言論裏，我們却知道了當時儒家所行的三年之喪，其情形正與儀禮喪服所說者相同。而且我們也可以想像得到，儒家所主張的三年之喪，在當時，若不是已經逐漸的受到一般人的重視與接受，便是儒家一派的人，已經在那裏努力的實行與積極的宣傳了。否則墨家便不會反對得這般的激烈。

除了三年之喪以外，先秦社會所見的喪服禮俗又是怎樣的情形呢？根據一些先秦的史料來看，我們可以說，先秦社會所行的喪服，也有等第之別，不過並不盡與儀禮喪服篇的規定相同，茲舉數證說明於下：

㈠喪服篇爲妻之服，是齊衰杖期。服只有一年。可是墨子非儒篇及節葬篇都說：「妻、後子三年。」左傳昭公十五年、六月，王太子壽卒，八月、王穆后又崩。叔向說：「王一歲而有三年之喪二焉。」可見在墨子及叔向的認識裏，爲妻也有服喪三年的主張。

㈡喪服篇規定出妻之子爲母，有齊衰杖期之服。但是檀弓裏却有「孔氏之不喪出母，自子思始也。」的記載。可見孔氏自子思以後，便不主張爲出母有服了。

㈢喪服記以爲公子父在爲母、妻之服不在五服之中。喪服傳解釋說：「君之所不服，子亦不敢服也。」鄭注乃說：「君之所不服，謂妾與庶婦也。」可是檀弓記魯悼公之母死，哀公爲之齊衰。有若便懷疑說：「爲妾齊衰，禮與？」，子游雖懷疑其不合於禮，但哀公爲妾齊衰則是事實。左傳昭公二年，也有晉平公爲其妾少姜「在縗絰之中」的記載。可見春秋之時，諸侯有爲妾服喪之事。

㈣喪服篇服繐衰者，僅有「諸侯之大夫爲天子」一條。然檀弓云：

叔仲皮學子柳，叔仲皮死，其妻魯人也，衣衰而繆絰。叔仲衍以告，請繐衰而環絰。曰：「昔者，吾喪姑姊妹亦如斯，末吾禁也。」一退，使其妻繐衰而環絰。

又左傳襄公二十七年記公子鮮出奔於晉，終身不仕，衛靈公「喪之如稅服終身」杜注云：「稅卽繐也」。檀弓所記人物的關係，雖交代不清，但從這兩段事實來看，先秦社會之中，繐衰之服並非如喪服所說，專爲諸侯之大夫爲天子而設者可知。

由以上所列舉的幾個證據看來，先秦社會所行的喪服制度，顯然與儀禮喪服篇的規定有所出入。至於其差異究竟到了什麼樣的程度，那就不敢說了。

在先秦社會所行的喪服制度裏，是否亦如儀禮及禮記所定所說，因階級而有了等第差別，是值得注意的問題。雜記上說：

大夫爲其父母兄弟之未爲大夫者之喪服，如士服；士爲其父母兄弟之爲大夫者之喪服，如士服；大夫之適子，服大夫之服；大夫之庶子爲大夫，則爲其父母服大夫之服，其位與未爲大夫者齒。士之子爲大夫，則其父母弗能主也，使其子主之，無子則爲之置後。

又一段說：

大夫次於公館以終喪，士練而歸；士次於公館，大夫居廬，士居堊室。

喪大記說：

君之喪，……子、大夫、公子、衆士食粥納財。……士疏食水飲，食之無算。

又說：

> 父母之喪，居倚廬，不塗，寢苫枕塊，君爲廬宮之，大夫士禮之。……公之喪，大夫俟練，士卒哭自歸。

根據以上這些記載，很明顯地可以看出，在先秦社會裏，服制是因身份地位的差別而有所不同的。這些分別，是儒家獨創的理論？還是在當時社會上有這種習俗呢？我們看左傳襄公十七年說：

> 齊晏桓子卒，晏嬰麤衰斬，苴絰帶，杖，菅屨，食粥，居倚廬，寢苫枕塊。其老曰：「非大夫之禮也。」曰：「唯卿爲大夫。」

由此一事實看來，在當時社會裏的服制，是有階級之分的。

我們再從儀禮喪服篇所載的服制來看，鄭康成目錄說它是：

> 天子以下，死而相喪，衣服年月，親疏隆殺之禮也。

按喪服篇的體例，凡是大夫以上，其服喪者與着服之對象，都舉其身份階級，所以於「君」之外，又另立「諸侯爲天子」及「公士大夫之衆臣爲其君」的條文。但喪服篇中，並無言及天子之所服者，便是諸侯也僅有「諸侯爲天子」及「君爲姑姊妹女子子嫁於國君者。」二條。盛世佐因謂：「篇內凡不言爵者，皆是主言士禮。」是也。按，既夕禮載士人喪親，三日成服時的服制說：

> 三日絞垂，冠三升，外縪，纓條屬，厭。衰三升，履外納，杖下本，竹桐一也。居倚廬，寢苫，枕塊，不說絰帶。哭，晝夜無時。非喪事不言，歠粥，朝一溢米，夕一溢米，不食菜果。

這與喪服斬衰所說的服制，正是完全相合。且左傳所記晏嬰爲其父的喪服，也與士喪禮，喪服篇所言者相同。其室老曰：「非大夫之禮也。」而晏嬰答以：「唯卿爲大夫。」蓋自居於士而服士人之禮。

可見喪服篇的服制，是以士人階級的喪服爲主。

又，喪服篇原有爲母，爲妻，爲昆弟的條文，却又別立「公之庶昆弟，大夫之庶子，爲母、妻、昆弟。」之文。本有「丈夫、婦人爲宗子」的條文，却又別立「大夫爲宗子」一條。類此之例甚多，若非因大夫與士人身份尊卑有異，自無別爲具文之理。

再說，士爲君服斬，在斬衰章，而「庶人爲國君」，則在齊衰三月章，可見士與庶人，服亦有別。由這些迹象看來，喪服篇中，凡是不言階級身份者，當是主言士人之服無疑。其士人以外的階級的服制，則以大夫的階級記載較詳，諸侯僅見二條，庶人但見一條，天子則不知何制。我們可以說，先秦時代，自天子以至於庶人，其各個階級間的服制是有其差異的，可能儒家更爲詳別之罷了。然據左傳昭公十五年載叔向之論周王不爲太子、后，行三年之喪，則三年之喪似又如中庸所云：「三年之喪，無貴賤，一也。」以及孟子所云：「三年之喪，齊疏之服，飦粥之食，自天子達于庶人，三代共之。」了。這又如何解釋呢？或者是因時代，地域，以至因人之主張，而有所不同吧？

六、喪服制度的逐漸推行及其影響

喪服在古代似無定制，儒家爲了推行倫理道德，因此承襲了此一固有文化，終於將之發展成爲儀禮喪服篇中的喪服制度。此一制度，可以說是儒者的一個理想。即以三年之喪而論，在先秦社會並未通行。可是到了漢代，儒家的思想得勢，喪服制度乃逐漸推行。終於在制度法律，公私生活等方面，影響於中國達二千年之久。

漢初，公孫弘以儒生而位至丞相。他替漢帝國所定的宗廟儀法，便很含有儒家倫理道德的色彩。史記孝文本紀載漢文帝遺詔說：

朕聞，蓋天下萬物之萌生，靡不有死。死者，天地之理，物之自然者，奚可甚哀？當今之時，世咸嘉生而惡死，厚葬以破業，重服以傷生，吾甚不取。……令天下吏民，令到，出臨三日，皆釋服、毋禁取婦嫁女、祠祀、飲酒食肉者。自當給喪事服臨者，皆無踐（裴駰集解引孟康曰：「踐，跣也。」）；經帶無過三寸；毋布車及兵器；毋發人男女哭臨宮殿。宮殿中當臨者，皆以旦夕十五舉聲，禮畢罷，……已下（謂柩已下葬），服大紅十五日，小紅十四日，纖日、釋服。（集解引應劭曰：「紅者中祥大祥以紅爲領緣也。」）他不在令中者，皆以此令比率從事。

由此看來，可見漢初公孫弘所定的國喪禮制上，已經把儒家所主張的服制，予以應用，而有「重服」的規定了。可是漢文帝一道遺詔，却又修改舊制，三年之喪，竟縮短爲三十六日的服制，並垂爲定制。儒家的原來主張，此時乃被修整了。

到了哀帝，却又開始提倡三年喪服。哀帝卽位之年，卽有詔曰：

河間王良喪太后三年，爲宗室儀表，益封萬戶。……博士弟子父母死，予寧三年。

行三年之喪，而可得萬戶的封賞，博士弟子員有父母死，也詔准告假丁憂。這是有意加以提倡了。

直到王莽專政時代，他毒殺了漢平帝，然後召宗伯王鳳等來定死皇的喪服：

定天下吏六百石以上，皆服喪三年。（漢書九九）。這一來，便把漢文帝的短喪制度取消了。

光武中興之後，國政多趨向簡易方便，故有詔大臣不許「告寧」（後漢書列傳三十六）。故三年喪制無從實行。直到安帝永初三年，鄧太后臨朝，才又提倡三年之喪。後漢書劉愷傳說：

舊制，公卿二千石刺史不得行三年喪，由是內外衆職並廢喪禮。元初中，鄧太后詔：長吏以下，不以親行服者，不得典城選舉。

鄧太后時的詔令，後來成爲漢律。從此行三年之喪，成爲選舉仕進的一種資格。久而久之，終於成爲「天下之通喪」了。儒家之徒終於把三年之喪制堅定的樹立起來。

到了晉以後，法典與禮經並稱。周官之說，又悉入法典。唐之開元禮，唐律，宋之政和禮，司馬溫公之書儀，朱子之家禮，明之會典，以及淸律。這些朝廷的法令或家族的規章，其中關於喪服的規定，雖稍有改訂（如喪服父卒爲母齊衰三年，明會典改同於父，入斬衰。母爲長子齊衰三年，明會典改入不杖期。），但是主要的還是根據儀禮喪服篇。二千年來，儒家藉政治的力量，實現了喪服制度的主張，也奠定了倫理社會秩序的基礎。使得「愼終追遠」的觀念，深植於中國民間，其極影可謂極深且鉅了。

七、服喪的原則及其差別等第

——附胡培翬衰冠升數圖及降正義服圖

在儒家的觀念裏，貴賤親疏的分別，是樹立倫理社會的秩序的重要原則。所以曲禮上說：

夫禮者，所以定親疏，決嫌疑，別同異，明是非也。

喪服小記也說：

親親，尊尊，長長，男女之有別，人道之大者也。

這種觀念，應用到喪服制度裏，乃發展成爲服喪的原則的理論基礎。禮記大傳說：

服術有六：一曰親親；二曰尊尊；三曰名；四曰出入；五曰長幼；六曰從服。

這就是服喪的六個大原則。喪服制度中，五服輕重之分，便是依此而定。同時根據這六個原則，又有了後來所謂的正服、義服、降服、加服、報服、生服、從服等等用以解釋服制的差別第等的名目。茲分別論述於下：

（一）「親親」

所謂「親親」，就是依親屬關係的親疏遠近作標準，而定喪服之輕重的一個原則。喪服四制說：

其恩厚者，其服重。故爲父斬衰三年，以恩制者也。門內之治，恩揜義。

大傳說：

自仁率親，等而上之，至于祖，名曰輕；自義率祖，順而下之，至于禰，名曰重。一輕一重，其義然也。

又說：

四世而緦，服之窮也；五世袒免，殺同姓也；六世親屬竭矣。（鄭注云：「四世共高祖，五世高祖昆弟，六世以外親盡，無屬名。」）

喪服小記說：

親親，以三爲五，以五爲九，上殺、下殺、旁殺，而親畢矣。（鄭注云：「己上親父，下親

子，三也。以父親祖，以子親孫，五也。以祖親高祖，以孫親玄孫，九也。殺謂親益疏者，服之則輕。」（一）

服問說：

> 罪多而刑五，喪多而服五，上附，下附，列也。

由這些理論，我們可以知道，五服輕重之分，主要的乃是依據親疏之別而定。宗法組織中，凡五世之內，有親屬關係的，就叫做同宗。由己上推之，有父、祖、曾祖、高祖，爲四世。由己下推之，有子、孫、曾孫、玄孫，爲世四。上及四世，下及四世，合己共爲九世，這是本宗縱的親屬關係。又由己旁推之，有昆弟（同父）、從父昆弟（同一祖父）、從祖昆弟（同一曾祖）、族昆弟（同一高祖），亦爲四世。這是本宗橫的親屬關係。「親益疏者，服之則輕。」所以喪服篇中，爲父斬衰三年，爲祖父母齊衰期，曾祖父母齊衰三月，這是所謂的「上殺」。爲衆子衰期長子則斬衰，孫大功（適孫齊衰期），曾孫緦麻三月。此卽「下殺」，爲昆弟齊衰期，從父昆弟大功，從祖昆弟小功，族昆弟緦麻三月。這就是「旁殺」。緦是最輕之服，四世以外，則不制喪服，故大傳說：「四世而緦，服之窮也。」不過，高祖、玄孫都在四世之內，依理論，本當有服才對，可是喪服篇於此二者却沒有明文規定有服。這可能是因爲五世同堂的情形極難得見的緣故。鄭注喪服篇，以爲爲高祖當齊衰三月，楊復儀禮圖以爲爲玄孫是緦服。這也是據「四世而緦，服之窮也。」的理論，而作爲推測。

（二）「尊尊」

所謂「尊尊」，就是依身份地位的尊卑貴賤作標準，而定喪服之輕重的一個原則。喪服四制說：

資于事父以事君，而敬同。貴貴、尊尊，義之大者也。故為君亦斬衰三年，以義制者也。

荀子禮論篇說：

君之喪，所以取三年，何也？君者，治辨之主也，文理之原也，情貌之盡也，相率而致隆之，不亦可乎？詩云：「愷悌君子，民之父母。」彼君者，固有為民父母之說焉。

這些理論，也就是孟子所說的：「內則父子，外則君臣，人之大倫也。」可見得至少在儒家的倫理觀念裏，是把父子，君臣相提並論，而予以重視的。

喪服篇中，有諸侯為天子，為君，公士大夫之衆臣為其君，庶人為國君，大夫為宗子等明文規定的喪服，同時為尊者之服，有本服輕而加重者，如喪服傳說：「外親之喪，皆緦也。」則為外祖父母，本是緦服，但喪服篇中為外祖父母規定服小功，喪服傳乃說：「以尊加也」。又喪服篇為庶孫是大功，依服制降殺之等，則孫為祖父母也當大功才是。然為祖父母卻服齊衰期，喪服傳說：何以期也，至尊也。」又位尊者於位卑者，也可以尊降服。如喪服篇中，為世父母、叔父母、子、昆弟、昆弟之子這些人，本都在齊衰期。而大夫為這些人之為士者，卻降服大功九月，喪服傳說：「何以大功也？尊不同也。尊同，則得服其親服。」由這些喪服篇中制服之例，當可見出喪服制度中，「尊尊」也是個服喪的重要原則了。

(三)「名」

名、就是名義。鄭康成云：「名，世母，叔母之屬也。」案喪服篇「世父母、叔父母」皆為齊衰期。喪服傳曰：「世母、叔母，何以亦期也？以名服也。」張爾岐句讀說：

世、叔母曰「以名服」者，二母本是路人，以牉合於世、叔父，故有母名，因而服之。卽上所云夫妻一體也。

世母、叔母與己本是沒有血親關係的路人，因配於世父、叔父，於己乃有「母」的名義，所以爲之有服。

(四)「出入」

所謂「出入」，就是依宗族之歸屬，而定服之輕重的一個原則。鄭康成舉例說：

女子子嫁者，及在室者

女子子在室本屬於父宗，故爲父斬衰，父母爲之齊衰期。出嫁後，則改屬夫宗，爲夫斬衰，爲父母降爲齊衰期，其父母爲之也降爲大功九月。此卽所謂「出」。女子子雖已出嫁，或被出，或無子，而復歸本宗者，則仍服在室未嫁之本服，這就是所謂「入」。

又如爲人後者，爲所後之父斬衰，爲本生父母則服齊衰期。喪服傳說：「持重於大宗者，降其小宗也。」以小宗之支子出後於大宗，降其本生父母之服。這也是「出入」的一例。

(五)「長幼」

所謂「長幼」，卽鄭注所說：「成人及殤也」是也。如子、女子子之成人者，父母爲之斬衰（長子）或齊衰期（衆子），其長殤中殤則降爲大功九月、七月；下殤小功五月。這個原則見於喪服篇者甚多，茲不一一引證。

(六)「從服」

「從服」即隨從某一種關係之人之服而服的一個原則。大傳說：

從服有六：有屬從、有徒從、有從有服而無服，有從無服而有服，有從重而輕、有從輕而重。

據此，則從服的情形共有六種。

「屬從」，孔疏云：「屬謂親屬，以其親屬，爲其支黨。」是也。鄭注只舉「子爲母之黨」一例，其他妻從夫、夫從妻也都是屬從的情形。

據子而言，母黨本爲外族，以親於母之故，遂親其母黨。母爲其父母服齊衰期，子從母而服，乃爲外祖父母小功五月。母爲其衆昆弟大功。子從服緦麻三月。這是子從母服母之黨之例。

妻從夫服夫之黨，例降於夫一等。如夫爲其父斬衰三年，爲母齊衰三年。而婦爲舅姑，則齊衰期。喪服傳說：「何以期也？從服也。」是妻從夫而服之例。

夫從妻而服妻之父母以緦麻三月，喪服傳說：「從服也。」

這些都是屬從的情形。喪服小記說：「從服者，所從亡，則已。屬從者，所從雖沒也，服。」據此，則凡屬從者，無論所從之人是存是沒，從服之人皆當爲所從者之親有服。

「徒從」，孔疏云：「徒，空也，與彼無親，空服彼之支黨。」是也。凡臣爲君之黨，妻爲夫之君、妾爲女君之黨、庶子爲君母之親、子爲母之君母，這些情形，都是「徒從」。徒從，則所從者亡，即不再爲所從者之黨有服。

「從有服而無服」者，鄭注引服問云：「公子爲其妻之父母」。案公子父在爲其母、妻，不在五服之中，喪服傳說：「君之所不服，子亦不敢不服也。」鄭注云：「君之所不服，謂妾與庶婦也。」公子之妻爲其本生父母服齊衰期，而公子爲君所厭，不得從妻而服。是妻有服，而公子無服。此卽所謂「從有服而無服」。此外，嫂叔無服也在此例。夫爲其昆弟齊衰期，妻從夫本當大功而無服。這也是「從有服而無服」的一個情形。

「從無服而有服」者，服問云：「有從無服而有服，公子之妻爲公子之外兄弟。」鄭注：「謂爲公子之外祖父母、從母緦麻。」孔疏云：

經唯云「公子外兄弟」，知非公子姑之子者，以喪服小記云：「夫之所爲兄弟服，妻皆降一等。」夫爲姑之子緦麻，妻則無服，今公子之妻爲之有服，故知公子之外祖父母，從母也。此等皆小功之服，凡小功者，謂爲兄弟。若同宗，直稱兄弟。以外族故稱外兄弟也。

把公子之外兄弟，講作公子之外祖父母、從母。我想也只有孔疏這個說法才能解釋得通。公子以爲君所厭，不服己母之外家，是爲無服。妻從公子而服公子之外祖父母、從母緦麻，這就是所謂「從無服而有服」了。嫂叔無服，而娣姒婦相爲服小功，也是「從無服而有服」之例。

「從重而輕」者，服問說：「有從重而輕，爲妻之父母」是也。妻爲其父母齊衰期，夫則從服緦麻，相差不止一等，是爲「從重而輕」。

「從輕而重」者，服問云：「公子之妻爲其皇姑。」鄭注云：「皇，君也。諸侯妾子之妻，爲其君姑齊衰，與爲小君同，舅不厭婦也。」公子爲君所厭，父在爲母無服，父卒雖得伸大功。然公子之妻爲其姑，則無論其舅之存沒，皆服齊衰期，公子服母輕，其妻從服重，是爲「從輕而重」。

以上所說的是服喪的基本原則。此外，喪服之中，又因取義不同，而有正服、義服、降服、從服、報服、名服、加服、生服等不同的名目。茲分述於下，並舉數例明之。

（一）「正服」

讀禮通考卷三十七引徐駿五服集證說：

問：「如何謂之正服」答曰：「正者，先祖之正體，本族之正，故曰正服。」

如爲父斬衰三年，父卒爲母齊衰三年，爲祖父母齊衰不杖期，爲昆弟不杖期，從父昆弟大功，從祖昆弟小功，族昆弟緦麻，這些都是所謂的「正服」。

（二）「義服」

徐駿五服集證云：

義者，原非本族，因義共處而有服者，謂壻服緦麻，妻服期之類。故曰義服。

根據此說，則凡無血統關係，然因義共處而有服者，皆謂之「義服」。如爲婿、爲妻、爲夫之昆弟之子、爲夫之君、爲君之父母妻長子祖父母、妾爲女君、婦爲舅姑等皆是。

（三）「降服」

徐駿又云：

降者下也，貶也。本服重而降之從輕。謂子爲母本服三年之喪，其母被出或改嫁，子服期年之類，故曰降服。

鄭康成云：

降有四品：君、大夫以尊降；公子、大夫之子以厭降；公之昆弟以旁尊降；爲人後者，女子子嫁者以出降。

案，降服的原則，實不止這四種。爲未成人者，以殤降；從服者，也得以從服降。茲分別舉例說明之。

爲庶婦本是小功五月，然而據喪服記公子爲其母妻練冠麻衣縓緣源。其喪服傳曰：「何以不在五服之中也？君之所不服，子亦不敢服也。」鄭注：「君之所不服，謂妾與庶婦也。」是君以尊降其庶婦無服。又爲世父母、叔父母、子、昆弟、昆弟之子等人，本是齊衰期，大夫爲這些人之爲士者，服在喪服大功章，喪服傳曰：「尊不同也。尊同則得服其親服。」此是大夫以尊降之一例。「公子、大夫之子以厭降」者，士之庶子，父在爲母妻齊衰杖期，父卒爲母齊衰三年。公子父在爲母、妻服不在五服之中，父卒，則僅得伸大功九月，喪服傳云：「先君餘尊之所厭，不得過大功也。」此即公子之以厭降。大夫之庶子，父在爲母妻亦僅服大功九月，不得伸齊衰杖期，喪服傳云：「大夫之庶子，則從乎大夫而降也。」故大夫之庶子亦爲大夫之尊所厭，而降其母、妻之服。士人之子也有以厭降者，如父卒爲母三年，父在則服齊衰期，喪服傳說：「何以期也？屈也。至尊在，不敢伸其私尊也。」這也是爲父尊之所厭而降其母之服的情形。

「公之昆弟以旁尊降」者，公爲至尊，則公之昆弟乃爲旁尊。據喪服小功章：「大夫、大夫之子、公之昆弟，爲從父昆弟、庶孫，姑姊妹、女子子適士者。」鄭注云：「從父昆弟及庶孫，亦謂爲士者。」爲從父昆弟、庶孫、姑姊妹、女子子適人者，本服大功九月，因其爲士，或適於士人，故公之昆弟又以旁尊降一等服小功五月。

「為人後者，女子子適人者以出降」者，小宗以支子出後於大宗，則為人後者為所後之父斬衰三年，為本生父母則以出降服齊衰期，喪服傳說：「何以期也？不貳斬也。何以不貳斬也？持重於大宗者，降其小宗也」是也。女子子在室為父斬衰，出適於人後，為夫斬衰，為父母則降服齊衰期。

「以殤降」者，如：子、女子子之成人者，長子斬衰，衆子及女子子在室者本皆齊衰期。其未冠笄而死者為殤，長殤降服大功九月，中殤大功七月，下殤小功五月。是為未成人者當以殤而降服也。

「以從降服」者，如夫為其祖父母、世父母、叔父母之服本在齊衰章，妻從夫而服，降在大功九月。此即「以從服降」之一例。

(四)「從服」

詳見前。

(五)「報服」

徐駿云：

> 報者，互相報服也。謂如兄為弟服期，弟為兄亦服期。姒婦為娣婦服小功，娣婦為姒婦亦服小功。蓋兄弟、妯娌遞互相報之類，故曰報服。

人必有所施，然後如其所施以答之，此謂之報。報服就是兩相為服之意。喪服篇中言「報」者有多處，如杖期章：「父卒，繼母嫁，從為之服，報。」喪服傳曰：「何以期也？貴終也。」言曾為母子，貴終其恩，繼母雖再嫁，此子猶施之期服，繼母亦報之以期也。又喪服：「姑姊妹、女子子適人無主者，姑姊妹報。」喪服傳說：「無主者，謂其無祭主者也。何以期也？爲其無祭主故也。」姑姊妹適人無主者，人所哀憐，不忍降之爲大功，還服期，姑姊妹亦報之以期。由這二個例子來看，所謂「報服」是有着施恩與報恩的意義在內的。

（六）「名服」

詳見前。

（七）「加服」

徐駿云：

加者，增也，添也。本服輕而加之重。謂孫爲祖本服期年，而適孫承祖後重，加之斬衰三年，故曰加服。

案，喪服經文中，並無孫承重者爲祖斬衰的明文。徐氏以孫承重者爲祖加服斬衰三年，當是據喪服傳「父卒，然後爲祖後者服斬。」之文。喪服中如爲外祖父母小功，喪服傳說：「以尊加也。」爲從母小功，喪服傳說：「以名加也。」君子子爲庶母慈己者小功，喪服傳說：「以慈己加也。」這些都是「加服」的例子。

（八）「生服」

本是爲無服之路人，因相與同居而生有服之親者，謂之「生服」。如娣姒婦相服小功，喪服傳曰：「何以小功也？以爲相與居室中，則生小功之親焉。」；夫之從父昆弟之妻相服緦，喪服傳曰：「何以緦也？以爲相與同室，則生緦之親焉。」此皆所謂「生服」是也。

以上所說的，無非是後人自喪服中服喪的情形，歸納分析出來的幾個名目。在取義上固然有所區別，其實也都是一些喪服的原則。

自鄭康成以後，學者們又把喪服歸納起來，分爲正服、降服、義服三個大類。他們作此分類的主要根據，一方面是取自服喪的原則的理論，一方面是本於喪服記及間傳中有的服制的用布升數，有不止一等的現象，因而提出的解說。喪服記云：

衰三升、三升有半，其冠六升。以其冠爲受，受冠七升。（鄭注：「衰、斬衰也。或曰，三升半者，義服也。其冠六升，齊衰之下也。斬衰正服，變而受之此服也。三升、三升半，其受冠皆同。以服至尊，宜少差也。」）

齊衰四升，其冠七升，以其冠爲受，受冠八升。（鄭注：「言受以大功之上也，此謂爲母服也。齊衰正服五升，其冠八升；義服六升，其冠九升。」）

大功八升，若九升；小功十升，若十一升。（鄭注：「此以小功受大功之差也。不言七升者，主於受服，欲其文相値，言服降而在大功者衰七升，正服衰八升，其冠皆十升。義服九升，其冠十一升。……其降而在小功者，衰十升，正服衰十一升。義服衰十二升。皆以卽葛，及緦麻無受也。」）

喪服記所說用布升數最多只有二等，間傳則列有三等：

斬衰三升；齊衰四升、五升、六升；大功七升、八升、九升；小功十升、十一升、十二升；緦麻十五升去其半，有事其縷，無事其布，曰緦。此哀之發於衣服者也。

對於這些現象的解釋，鄭康成乃認爲用布有三等，是因服有降、有正、有義而立的差別。不過，這個說法是否合於實際情形，則是甚成疑問的。

第一、先秦載籍，只說到了降服，並未見有正服義服之名。可見當時並無三類之分的情形。

第二、喪服中雖有降服，却未說服因降而用布卽有所不同。

第三、喪服記與閒傳所載用布升數的種類互有多少，如喪服記斬衰有三升、三升半二等，閒傳只有三升一等。閒傳於齊衰、大功、小功皆有三等，而喪服記齊衰則一等，大功小功各二等。這種互有出入的情形，一方面可以說他是記人之異，另一方面也可以認爲當時五服之間用布，固然有其精粗之別。但是每一種服制却可以在一定的範圍內，稍有伸縮使用的餘地。如斬衰可用三升者，亦可用三升半者，大功可用七升至九升之間者，因爲古代人工織布是家庭中婦女的副業。在這種情形下，是很難要求每個家庭同時備有各種升數的成布的。因此喪服記及閒傳布有二等三等之分，大約就是供人選擇之意，而不是用以分別服之降、正、義的差別等第。

基於上述三點理由，我們認爲把服分降、正、義三類，並說其衰冠用布有別的分法，是與實際情形不符的。鄭康成取或人之說，又加以己意，而作此分類差別，後來的學者皆因之。賈公彥於疏內極論降正義服，黃勉齋之服例，楊復之儀禮圖，盛世佐之儀禮集編更定服圖。江筠讀儀禮私記有降正義服考定，胡培翬儀禮正義有衰冠升數圖說及降正義服圖說，皆以分別三者之服，而互有同異。衆說紛紜，其去喪服之本來面目，也就愈遠了。

鄭康成分喪服爲降正義三等，其說雖不足據，但以後來學者多因其說，故研究喪服者，於此亦不能不知，茲附錄胡培翬衰冠升數圖說！及降正義服圖說中所列之圖於後，以見三者之分的情形。

「衰冠升數圖」

斬　衰——

正服：衰三升，冠六升。既葬，以其冠爲受，衰六升，冠七升。

義服：衰三升有半，冠同六升。既葬，以其冠爲受，衰六升，冠七升。

齊衰三年服——

衰四升，冠七升。既葬，以其冠爲受，衰七升，冠八升。

齊衰杖期服——

降服：衰四升，冠七升。既葬，以其冠爲受，衰七升，冠八升。

正服：衰五升，冠八升。既葬，以其冠爲受，衰八升，冠九升。

義服：衰六升，冠九升。既葬，以其冠爲受，衰九升，冠十升。

齊衰不杖期——

降服同上；正服同上；義服同上。

齊衰三月——

正服：衰五升，冠八升，無受。

義服：衰六升，冠九升，無受。

殤大功九月七月

降服：衰七升，冠十升，無受。

大　功——

降服：衰七升，冠十升。既葬，以其冠爲受，衰十升，冠十一升。

正服：衰八升，冠同十升。既葬，以其冠爲受，衰十升，冠十一升。

義服：衰九升，冠十一升。既葬，以其冠爲受，衰十一升，冠十二升。

繐衰七月——

衰四升有半，冠八升。既葬除之。

殤小功服——

降服：衰十升，冠升同，無受。

小　功——

降服：衰十升，冠升同。即葛五月，無受。

正服：衰十一升，冠升同。即葛五月，無受。

義服：衰十二升，冠升同。即葛五月，無受。

緦　麻——

降、正、義同，衰十五升抽其半，冠升同，無受。

「**降正義服圖**」

斬　衰——

正服：父。諸侯爲天子。君。父爲長子。爲人後者爲其父母。妻爲夫。妾爲君。女子子在室爲父。子嫁反在父之室爲父。附傳：父卒然後爲祖父後者服斬。

義服：公士大夫之衆臣爲其君布帶繩屨。

齊衰三年服——

父卒爲母。繼母如母。慈母如母。母爲長子。附記：妾爲君之長子。附小記：祖父卒而後祖母後者三年。

齊衰杖期服——

降服：父在爲母。

正服：妻。

義服：出妻之子爲母。父卒繼母嫁從爲之服，報。

齊衰不杖期——

降服：爲人後者爲其父母，報。女子子適人者爲其父母。公妾以及士妾爲其父母。

正服：祖父母。世父母、叔父母。昆弟。爲衆子。昆弟之子。適孫。公妾、大夫之妾爲其子。不降正：大夫之適子爲妻。大夫之庶子爲適昆弟。女子子適人者，爲其昆弟之爲父後者。与姊妹女子子適人無主者，姑姊妹報。女子子爲祖父母。大夫之子爲世父母、叔父母、昆弟、昆弟之子、姑姊妹、女子子無主者，爲大夫命婦者，惟子不報。大夫爲祖父母適孫爲士者。

義服：繼父同居者。爲夫之君。爲君之父母妻長子祖父母。妾爲女君。婦爲舅姑。夫之昆弟之子。

齊衰三月——

正服：曾祖父母。曾祖父母爲士者如衆人。女子子嫁者未嫁者爲曾祖父母。

義服：寄公爲所寓。庶人爲國君。爲舊君君之母妻。大夫在外，其妻長子爲舊國君。舊君。丈夫、婦人爲宗子，宗子之母妻。繼父不同居者。不降義：大夫爲宗子。

殤大功——

降服：子、女子子之長殤中殤。叔父之長殤中殤。姑姊妹之長殤中殤。昆弟之長殤中殤。夫之昆弟之子、女子子之長殤中殤。適孫之長殤中殤。大夫之庶子爲適弟之長殤中殤。不降降：公爲適子之長殤中殤。大夫爲適子之長殤中殤。附記：宗子孤爲殤，大功衰三月，親則月算如邦人。

大　功——

降服：姑姊妹女子子適人者。爲人後者爲其昆弟、女子子適人者爲衆昆弟。姪、丈夫婦人報。大夫爲世父母、叔父母、子、昆弟、昆弟之子爲士者。公之庶昆弟、大夫之庶子爲母、妻、昆弟。爲夫之昆弟之婦人子適人者。大夫之妾爲君之庶子。女子子嫁者、未嫁者，爲世父母、叔父母、姑姊妹。不降降：丈夫、大夫之妻、大夫之子、公之昆弟，爲姑姊妹女子子嫁於大夫者。君爲姑姊妹女子子嫁於國君者。

正服：從父昆弟。庶孫。適婦。不降正：皆爲其從父昆弟之爲大夫者。

義服：夫之祖父母、世父母、叔父母。

繐衰七月服——

諸侯之大夫爲天子。

殤小功——

降服：叔父之下殤。適孫之下殤。昆弟之下殤。大夫庶子爲適昆弟之下殤。爲姑姊妹女子子之下殤。爲人後者爲其昆弟之長殤。從父昆弟之長殤。爲夫之叔父之長殤。昆弟之子、女子子之下殤。爲姪、庶孫、丈夫婦人之長殤。大夫、公之昆弟、大夫之子，爲其昆弟、庶子、姑姊妹、女子子之長殤。大夫之妾爲庶子之長殤。附記：宗子孤爲殤，小功衰三月，親則月算如邦人。

小　功——

降服：從父姊妹、孫適人者。爲人後者爲其姊妹適人者。大夫、大夫之子、公之昆弟，爲從父昆弟、庶孫，姑姊妹、女子子適士者。大夫之妾爲庶子適人者。

正服：從祖祖父母、從祖父母，報。從祖昆弟。爲外祖父母。從母，丈夫婦人報。庶孫。君母之父母、從母。君子子爲庶母慈己者。

義服：夫之姑姊妹、娣姒婦，報。

緦　麻——

降服：庶孫之中殤。從祖父。從祖昆弟之長殤。從父昆弟、姪之下殤。夫之叔父之中殤下殤。從母之長殤，報。夫之姑姊妹之長殤。從父昆弟之子之長殤。昆弟之孫之長殤。以上皆殤服。從祖姑姊妹適人者，報。庶子爲父後者爲其母。

正服：族曾祖父母、族祖父母、族父母。族昆弟、庶孫之婦、外孫、士爲庶母。從祖昆弟之子。曾孫。父之姑。從母昆弟。甥。壻。妻之父母。姑之子。舅。舅之子。君母之昆弟。

貳、喪　服

一、斬衰三年

斬衰服是所有喪服當中最爲粗重的一服。儀禮喪服篇首說：

斬衰裳、苴絰、杖、絞帶、冠繩纓、菅屨者……。

經文在這裏只是指出了斬衰服的服制，「者」字乃是指的下文所列應服斬衰服的人而言，並沒有明確地說明需服多久的喪期。不過，在「父爲長子」及「爲人後者」一條之下的喪服傳，都有「何以三年也？」的明文。而於提到婦人的斬衰服時，也有「布總、箭笄、髽、衰、三年。」及「子嫁，反在父室，爲父三年。」的記載。因此可以斷定：凡是服斬衰服者，皆應服三年的喪期。

至於先秦時代，在什麼關係之下，應有那些人該穿斬衰服，現今就儀禮喪服篇所看到的記載，計有十一條，茲分別考述於下。

(一) 子爲父

這裏所謂的「子」，是專指男子而言，至於女子，則或在室爲父、或嫁而爲父、或嫁而反在父室爲父，喪服經文都別有明文規定，將留在下文說明。

喪服：

父。

喪服傳曰：

為父何以斬衰也？父至尊也。

賈疏云：

天無二日，家無二尊。父是一家之尊，尊中至極，故為之斬也。

禮記檀弓云：

事親有隱而無犯，左右就養無方，服勤至死，致喪三年。

坊記云：

喪父三年，喪君三年，示民不疑也。

喪服四制云：

其恩厚者，其服重，故為父斬衰三年。以恩制者也。

論語陽貨篇記述孔子的話也說：

子生三年，然後免於父母之懷。夫三年之喪，天下之通喪也。

孟子云：

三年之喪，齊疏之服，飦粥之食，自天子達於庶人，三代共之。

中庸云：

三年之喪，達乎天子。父母之喪，無貴賤，一也。

在宗法社會當中，父母與子女的關係應是最為親密的一環，父母生時所加於子女之恩也最重。

且父母亡故，則做子女的人所感受的創痛自然極鉅，其思慕之情也必極切。因而非用爲粗重的喪服，無以表達其哀素的心情。喪服四制說：「其恩厚者，其服重。」孔子說：「子生三年，然後免於父母之懷。夫三年之喪，天下之通喪也。」，都正是基於反報父母之恩的觀念而提出的主張。在這個觀念下，上自天子，下至庶人，地位縱有高低的不同，然而對於父母之喪，則應無差別。所以中庸說：「父母之喪，無貴賤，一也。」。又因父爲一家之主，在古代的社會裏，其地位更高於母，故喪服傳說：「父至尊也。」凡爲人子者，不分長幼適庶，階級高低，皆應爲其父服斬衰三年。

由上面一些理論看來，爲父斬衰三年，似乎應當沒有發生因地位的不同而產生喪服有異的可能才是。孟子也說是：

三年之喪，齊疏之服，飦粥之食，自天子達於庶人，三代共之。

荀子禮論篇也認爲：

三年之喪，人道之至文者也。夫是之謂至隆。是百王之所同，古今之所壹也。

禮記雜記也說：

端衰喪車無等。

這些說法，都與中庸相合。可是在禮記雜記的別一記載裏却有着不同的說法，春秋襄公十七年左傳也有與此不符的實事。雜記上說：

大夫爲其父母兄弟之未爲大夫者之喪服如士服；士爲其父母兄弟之爲大夫者之喪服如士服。大夫之適子服大夫之服。大夫之庶子爲大夫，則爲其父母服大夫服，其位與未爲大夫者齒。

春秋襄公十七年左傳：

齊晏桓子卒。晏嬰麤衰斬，苴絰、帶、杖、菅屨、食粥、居倚廬、寢苫枕塊。其老曰：「非大夫之禮也。」曰：「唯卿爲大夫。」

根據這兩段記載，很明顯地可以看出，爲父母的喪服，在春秋時代就已經因階級地位的差別而有所不同了。秦蕙田五禮通考卷二百五十二於此說：

記傳所言，其起諸世卿執政之時，而非成周之本制與？

又引王志長曰：

三年之喪，達乎天子，古今之通義也。喪服首斬，而父爲斬中之正。考其服制，別無尊卑差降之法。自後有士服、大夫服之說，父母之喪，以爵之貴賤爲降殺。此後世禮壞樂崩之論，豈可訓哉，喪服固周公之舊也。

案，把喪服視爲「成周之本制」、或「周公之舊」，以及中庸說：「三年之喪，達乎天子，父母之喪，無貴賤，一也，」。孟子說：「三年之喪，齊疏之服，飦粥之食，自天子達於庶人，三代共之。」。這些說法都只能算是儒家一貫的主張，而從比孔子較早的晏嬰爲晏桓子服士服，其家老以爲「非大夫之禮也」這件事來看，士與大夫的喪服，當時已有差等則是事實，據此，則天子、諸侯、卿，也可能各有不同之服了。

左傳所記晏子所服的喪服，與儀禮喪服、士喪禮兩篇所言者無甚差異。但是並未說明晏子所服的喪期究竟有多久。因此晏子當時的社會所行的服制，固然因階級的高低不同而有差降精粗之等，而喪期是否爲三年，則無法加以斷定了。不過檀弓有一段記載說：

高子皋之執親喪也，泣血三年，未嘗見齒，君子以爲難。

案，子皋是孔子的弟子，由檀弓此一事實看來，三年之喪，不僅是儒家所主張，而且也有人加以實行了。

（二）諸侯爲天子

喪服：

諸侯爲天子。

喪服傳：

天子至尊也。

周禮司服：

凡喪，爲天王斬衰。

孔疏：

凡喪者，諸侯諸臣皆爲天王斬衰。

徐乾學讀禮通考卷四云：

疏云「諸侯」，謂分封列國者；「諸臣」則仕於王朝之卿大夫士也，其中有寰內諸侯。故禮但言「諸侯爲天子」，而諸臣統於其中。若諸侯之大夫，則爲天王繐衰，不在此列矣。

禮記昏義：

天子脩男教，父道也，故爲天王服斬衰，服父之義也。

服問：

君爲天子三年。

檀弓：

唯天子之喪，有別姓而哭。

白虎通：

諸侯爲天子斬衰三年何？普天之下，莫非王土，率土之濱，莫非王臣。臣之於君，猶子之於父。明至尊，臣子之義也。

案，諸侯是指分封於列國者而言。此外，仕於王朝的卿大夫士，爲天子斬衰則包括在以下君一條之內。在這裏所以特別標明「諸侯爲天子」，乃是因爲天子，諸侯都有有君國之體，恐其不爲天子服喪的緣故。

就整個家庭來說，父是一家之至尊，故子爲父斬衰三年。就整個天下而言，天子是天下之至尊，所謂「普天之下，莫非王土，率土之濱，莫非王臣。臣之於君，猶子之於父。」，諸侯固然也是一國之君，然仍須臣於天子，因此，諸侯對於天子，也應如子之於父一般，服斬衰三年的喪服。

（三）　君

喪服：

君。

賈疏云：臣爲之服。此君內兼有諸侯及大夫，故文在天子下。

曲禮：於其國曰君。

孔疏：其國，采地內也。與采地內臣民言，則自稱曰君。

喪服傳曰：君至尊也。

鄭注：天子，諸侯，及大夫有地者，皆曰君。

賈疏：案，周禮載師云：「家邑任稍地；小都任縣地；大都任疆地。」是天子、卿、大夫有地者。若魯國季孫氏有費邑；叔孫氏有郈邑；孟孫氏有郕邑。晉國三家皆有韓、趙、魏之邑。以其有地則有臣故也。士無臣，雖有地，不得君稱。故僕隸等爲其長弔服加麻，不服斬也。

案，鄭注以爲此君是指天子諸侯及卿大夫有地者而言，賈疏據此乃說是：「士無臣，雖有地，不得君稱。故僕隸等爲其長弔服加麻，不服斬也。」皆以爲士無地，亦無臣，不得稱君，縱有僕隸之徒，也不過爲其弔服加麻，不服斬衰。但是也有人認爲士有臣，也可以稱君，如敖繼公儀禮集說云：

諸侯及公卿大夫士，有臣者皆曰君。此爲之服者，諸侯則其大夫士；公卿大夫士則其貴臣也。此亦主言士禮以關上下。

秦蕙田五禮通考卷二百五十二云：

下經公士大夫之衆臣節，傳云：「君謂有地者也。」此注蓋本此而言。然古者遞相君臣，則不必有地而後有臣矣。疏謂「士無臣」，亦本注說。然特牲記：「私臣門東，北面，西上。」則士自有臣。士喪禮讀賵有主人之史以別於公史，明乎主人之史之爲私臣也。奔喪：「哭天子九，諸侯七，卿大夫五，士三。」皆言臣爲君也。凡士之禮事，用私臣者不少，則士亦有臣，明矣。既委贄爲臣，寧可不以君之服服之乎？敖氏兼士言之，于義爲合，又緦麻章爲貴臣服緦，大夫無緦服，則爲之服者必士也。士卑，故爲其臣緦，不止弔服加麻而已。曾是臣之服之也，而僅弔服加麻云爾乎？

儀禮正義引吳紱的說法，也與秦氏相合。秦氏此處駁賈疏「士無臣」之說甚是。但是，若據以支持敖氏士亦可以稱君的說法，則尚有待商榷。因爲士人階級雖有僕隸之徒爲其私臣，但是地位甚低，不像大夫以上的階級之有采地，足當君稱。必也須得如魯國季孫氏之有費邑，叔孫氏之有郈邑、孟孫氏之有郕邑之類的食邑，才可以稱君。且喪服篇「公士大夫之衆臣，爲其君布帶繩屨。」傳明云：「君謂有地者也。」，鄭注並以爲爲此士卽「卿士」，公士大夫，卽指公卿大夫而言，非謂一般的士人階級。如喪服此處亦包括一般士人，則士當書於大夫之下。而此處在大夫之上，可見此士爲卿士，而非一般士人階級。士既無地，不得君稱，則雖有私臣。也不必爲之服斬了。胡培翬儀禮正義二十一引褚氏云：

傳文明以有地者爲君，故注本以釋經。蓋有地則當世守，義與有國者等，與暫時蒞官而爲其臣屬者不同，服斬宜矣。士既無地，雖爲其臣，安得服斬？如皁臣、輿、輿臣、隸，名亦臣也，而豈遽爲之服斬乎？

又引盛世佐云：

案，特牲禮、士亦有私臣，但分卑不足以君之，故其臣不爲服斬也。

褚氏、盛氏之說並是，敖氏之說非也。

臣爲君，何以亦斬衰三年呢？檀弓上說：

事君有犯而無隱，左右就養有方，服勤至死，方喪三年。

坊記說：

喪父三年，喪君三年，示民不疑也。

喪服四制說：

門內之治恩揜義；門外之治義斷恩，資於事父以事君，而敬同。貴貴、尊尊，義之大者也。故爲君亦斬衰三年，以義制者也。

荀子禮論篇說：

君之喪，所以取三年，何也？君者，治辨之主也，文理之原也，情貌之盡也。相率而致隆之，不亦可乎？詩云：「愷悌君子，民之父母。」彼君者，固有爲民父母之說焉。父能生之，不能養之，母能食之，不能教誨之。君者，已能食之矣，又善教誨之也。三年畢矣哉。

喪服四制又說：

天無二日，士無二王，國無二君，家無二尊。

綜合這些說法，也就是孟子所說「內則父子，外則君臣，人之大倫也。」的觀念。可知在先秦時代，最少是儒家的觀念裏，是把君、父相提並論，並且加以最高的崇敬的。所以喪服傳於父，於天子，於君，都說是「至尊也」。喪服四制也說是：「資于事父以事君而敬同，貴貴尊尊，義之大者也。」君之於臣有父道在，臣之於君有子職在。因此，爲父斬衰三年，爲君也斬衰三年了。

孟子離婁下云：

王曰：「禮，爲舊君有服，何如斯可爲服矣。」

檀弓云：

穆公問於子思曰：「爲舊君反服，古與？」子思曰：「古之君子，進人以禮，退人以禮，故有舊君反服之禮也。今之君子，進人若將加諸膝，退人若將隊諸淵，毋爲戎首，不亦善乎，又何反服之禮之有？」

案，子思對於爲舊君是否反服的主張，當是據於儒家仁義思想而發的議論。然而根據以上兩項記載來看，古時爲舊君有服則是事實，爲舊君既然有服，那麼爲今君之喪，自然更應該有服了。

檀弓又云：

悼公之喪，季昭子問於孟敬子曰：「爲君何食？」敬子曰：「食粥。天下之達禮也，吾三臣者之不能居公室也，四方莫不聞矣，勉而爲瘠，則吾能，毋乃使人疑夫不以情居瘠者乎哉？我則食食。」

案，孟敬子於魯悼公之喪，雖不盡禮而食食；但由其答覆季昭子以「食粥，天下之達禮也。」的話看來，臣居君喪食粥之禮，則是事實。孟子云：「三年之喪，齊疏之服，飦粥之食，自天子達于庶人，三代共之。」喪服傳於斬衰也說：「居倚廬……歠粥。」由檀弓所記爲君食粥的事實看來，那麼當時人爲君之喪，或者也是服斬衰三年的喪服了。我想，喪服作者之主張爲君斬衰三年，或者是有其事實上的根據的。

（四）父爲長子

喪服：

父爲長子。

鄭注：

不言適子，通上下。

賈疏：

適子之號，唯據大夫士，不通天子諸侯。長子得通上下，適妻所生皆名適子，第一子死，則取適妻所生第二長者立之，亦名長子。

案，由注疏所說，可知喪服所以言「長子」而不言「適子」者，是有其用意的。蓋大夫士之適妻所生之子謂之「適子」，諸侯之長子則稱爲「世子」，天子之長子稱爲「大子」。鄭注謂「不言適子，通上下。」是喪服所指之長子，當包括天子諸侯大夫士庶人等之長子而言。而所謂長子，又與適子有所分別，故鄭乃於注中分之也。所謂適子，乃是專指適妻所生之子而言，然謂之長子，則包適庶也。左傳襄公三十一年載穆叔之言曰：

大子死，有母弟則立之，無則立長，年鈞擇賢，義鈞則卜，古之道也。

左傳昭公二十六年載王子朝使告于諸侯之言曰：

昔先王之命曰：「王后無適則擇立長，年鈞以德，德鈞以卜，王不立愛，公卿無私，古之制也。」

是古代立嗣繼承之法，適妻有子，則立其第一子，第一子死，則取適妻所生第二長者立之，亦名長子。若是適妻無出，則就庶子中取最年長者立之，亦名長子。庶子若是年齡相若，則擇其賢者立之，若年齊德鈞，則以卜擇立，所立者亦名長子。故長子之身份可以是適子，亦可以是庶子，與適妻所生之適子有分也。

長子既然是家族中繼承者的身份，其在宗法社會中之地位自然高於其他諸昆弟而最爲整個家族所尊重，因此長子死後，其父也就爲他穿特別隆重的斬衰服了。喪服傳於此解釋說：

何以三年也？正體於上，又乃將所傳重也。庶子不得爲長子三年，不繼祖也。

鄭注：

此言爲父後者，然後爲長子三年，重其當先祖之正體，又以其將代己爲宗廟主也。庶子者，為父者之弟也。言庶者，遠別之也。小記曰：「不繼祖與禰」，此但言祖，不言禰，容祖禰共廟。由喪服傳及鄭注的解釋，可以知道：此一長子之父的身份，也是繼承其父祖於上的長子。若是庶子，則不得爲其長子斬衰三年。喪服小記云：

庶子不爲長子斬，不繼祖與禰故也。

小記此一說法與喪服傳完全相同。而此所謂之「庶子」，卽鄭注所說：「庶子者，爲父後者之弟也。」然則，何以身爲長子之爲父者要爲其長子斬衰三年，而庶子雖爲人父，却不得爲其長子服斬呢？其間的道理，喪服傳及小記也說得很明白。原來宗廟的繼承，是要由長子來加以延續相傳的。父是長子，本身卽爲上承祖禰之正體，而其長子，正是傳自其身的先祖正體之延續，將來是要代替自己做宗廟之主的，其身份地位之重要可知。因此一旦受祖宗之重的長子亡故，便須爲之斬衰三年，服此重服，也正是所以表示對祖宗的尊敬。至於庶子，因爲地位低於長子，沒有繼承祖禰之正統與傳宗廟之重的資格，爲了尊重祖先所傳的正體，因此不敢重其嗣於下，也就不得爲其長子服斬衰三年的喪服了。

（五）爲人後者

喪服：

爲人後者。

雷次宗曰：

此文當云：「爲人後者，爲所後之父」。闕此五字者，以其所後之父或早卒。今所後之人不

定，或後祖父。或後曾高祖，故闕之，見所後不定故也。（讀禮通考卷五引）

案，雷氏之說是也。

何謂「爲人後者」呢？春秋成公十五年公羊傳上有着很明白的解釋。公羊傳云：

爲人後者，爲之子也。

公羊傳這句話，用現在一般的說法，就是：某人無子，由他人過繼一子做爲某人之子，則這一個孩子，便成爲某人的後代，也就是所謂「爲人後者」。

喪服傳曰：

何以三年也？受重者，必以尊服服之。

這是說明，何以爲人後者爲所後之父斬衰三年的緣故。因爲過繼給別個人家，成了人家的兒子。便也承受了人家宗廟之重，因此對於所後之父的喪服，便須以斬衰三年的尊服來服之。

又曰：

何如而可爲之後？同宗則可爲之後。何如而可以爲人後？支子可也。

這裏所說的是置後的辨法。第一個辨法是：爲人後者與所後之人，必屬同宗才可以。賈疏說明它的緣故，是由於：

以其大宗子當收聚族人，非同宗則不可。謂同承別子之後，一宗之內。若別宗同姓，亦不可以其收族故也。

所謂「同宗」，是指五代之內，有血統關係的親屬而言。大宗子須繼祖禰，而大宗必不可絕，因此，大宗子若是無後，便須自同宗擇子爲後，才能收聚其族人。若是別宗，雖屬同姓，也不可收族爲後。第二個辨法是：爲人後者，必是其他家的支子才可以。「支子」，賈疏說是：「第二以下庶子也」。而所以取支子者，以其他家的適子當家，自爲小宗，小宗當收領五服之內，亦不可缺，則適子不得爲他人後，故取支子。敖繼公曰：「必支子者，以其不繼祖禰也。」是也。由於支子不繼祖禰，不爲小宗、故可以爲他人後。

上面喪服傳所說的置後的辨法，如果在大宗無後，而同宗族內又都是只有一個適子，沒有庶子的情況下，則大宗置後勢將發生困難了。然而，大宗必不可絕，究竟應當作何處置呢？通典九十六引漢石渠論議云：

大宗無後，族無庶子，己有一子，當絕父祀以後大宗不？戴聖云：「大宗不可絕，言適子不爲後者，不得先庶爾。族無庶子，則當絕父以後大宗。」聞人通漢云：「大宗有絕，子不絕其父。」宣帝制曰：「聖議是也。」。

從通典所引這段石渠論議來看，可知此一問題在漢宣帝以前，還是有着兩種不同的主張與爭論，而最後才由宣帝以帝王之尊斷從戴聖的主張。至於宣帝以前的時代裏，對於此一情況的處置辨法，是否也如戴聖之說，則文獻無徵也就無法斷言了。

喪服傳又曰：

爲所後者之祖、父、母、妻、妻之父母、昆弟、昆弟之子，若子。

鄭注：

若子者，爲所爲後之親，如親子。

喪服經文說爲人後者，爲所後之父斬衰三年，可知爲人後者，對於所後之父，雖明知非爲本生父，但以視之如親父而爲之服尊服。喪服傳在這裏又進一步的將爲人後者對於所後者之親屬的關係與態度加以申說。敖繼公集說云：

言妻之昆弟，以見從母，言妻之昆弟之子，以見從母昆弟也。此於尊者，惟言所後者之祖、父、母；於親者，惟言所後者之妻，蓋各舉其一以見餘服也。至於妻之父母以下，乃備言之者，嫌受重之恩，主於所後者，而或略於其妻黨也。其妻黨之服且如此，則於所後者之親服，益可知矣。經見爲人後者之服，僅止於父，故傳爲凡不見者言之，又詳此。

敖氏此說甚爲精當。蓋爲人後者，對於所後者不僅要盡到如同親子一樣的責任，即使對於所後者的一切親屬，也要如禮而爲之穿著各種喪服，並不可因爲己身之爲人後，而忽略了爲人子者應盡的禮數和責任。

（六）妻爲夫

喪服：

妻爲夫。

喪服傳曰：

夫至尊也。

賈疏：

妻爲夫者，上從天子，下至庶人，皆同爲夫斬衰也。夫至尊者，雖是體敵齊等，夫者，猶是妻之尊敬，以其在家天父，出則天夫，是其男尊女卑之義，故同之於君父也。

案，夫妻雖爲敵體，可是在古代男尊女卑的觀念下，婦人唯有三從之義，而無專用之道，「在家天父、出則天夫。」，丈夫的地位乃同於君、父之至尊，故夫死，則妻爲夫斬衰三年。

（七）妾爲君

喪服：

妾爲君。

喪服傳曰：

君至尊也。

鄭注：

妾謂夫爲君者，不得體之，加尊之也。雖士亦然。

賈疏：

妾賤於妻，故次妻後，既名爲妾，不得名壻爲夫，故加其尊名，名之爲君也。雖士亦然者，士身不合名君，至於妾之尊夫，與臣無異，是以雖士妾，得稱士爲君也。

案，妾的地位，在家庭當中低於妻，夫妻可以互爲敵體，妾則不可。因此，妾不得稱壻爲夫，只得居於臣的地位來事奉其壻，故尊稱其壻爲君。士無地位、不得君稱、然若是有妾，則士妾亦可稱士爲君。君尊稱也。臣爲君斬衰三年、則妾亦爲其君斬衰三年。

（八）　女子子在室爲父

喪服：

女子子在室爲父。

鄭注：

女子子者，子女也，別於男子也。言在室者，關已許嫁。

賈疏云：

此論女子子爲父制服、又與男子不同也。關通也，通已許嫁者。女子子十五許嫁而笄，與丈夫二十而冠同，則同成人矣，身既成人，亦得爲夫服斬也。

案：古者男女冠笄以示成人，曲禮云：「男子二十冠而字」是男子以年二十爲成人。雜記云：「女子雖未許嫁，年二十而笄禮之。」曲禮云：「女子許嫁笄而字」，內則：「十有五年而笄」，喪服小記：「婦人笄而不爲殤」，綜合諸說，則女子未許嫁者，年二十而笄禮之，爲成人，若年十五許嫁笄而字之，亦算是成人而不爲殤矣。

顏炎武日知錄：

鄭氏注言在室者，關已許嫁。關，該也。謂許嫁而未行，遭父之喪，亦當爲之布總、箭笄。髽三年也。內則曰：「有故、二十三年而嫁。」曾子問：「孔子曰：女在塗，而女之父母死，則女反。」是也。

案，「布總，箭笄、髽。」是婦人斬衰服之異於男子者，詳見下文喪服形制。女子子，就是女子。女子在室者，當包括未許嫁及已許嫁者而言。女子在家天父，父爲至尊，故不論其未許嫁，或已許嫁未行而在父室，均爲父斬衰三年。曲禮：「女子二十而嫁」，若逢父喪，則二十三年而嫁，故內則說是：「有故，二十三年而嫁。」正是爲父斬衰三年、喪服期滿，然後出嫁之證。

（九）子嫁、反在父之室，爲父三年

喪服：

子嫁，反在父之室，爲父三年。

鄭注：

謂遭喪後而出者，始服齊衰期。出而虞，則受以三年之喪受，既虞而出，則小祥亦如之，既除喪而出，則已。

喪服小記也有相同的說法，當是鄭注所本：

爲父母喪，未練而出。則三年，既練而出，則已。未練而反則期，既練而反則遂之。

張爾岐鄭注句讀云：

嫁女爲父，五升衰，八升總，虞後受以八升衰，九升總。今未虞而出，虞後受服，當與在室之女同以三年之喪受。三年之喪，始死，三升衰裳，六升冠。以其冠爲受，六升衰裳，七升冠。此被出之女，亦受以衰六升，總七升也。既虞而出，已受以出嫁齊期之受矣。至小祥後練祭，乃受以衰七升，總八升，與在室之女同。若既小祥而出，以其嫁女本爲父母期，至此已除，則更不復爲父母著服也。

案，張氏在這裏將女子嫁後被出，對於其父服喪的情形說明極爲詳盡。其所據者，除前引喪服小記之文外，其受服升數則據喪服記：「衰三升，三升有半，其冠六升，以其冠爲受，受冠七升，齊衰四升，其冠七升，以其冠爲受，受冠八升。」喪服，男子則冠，婦人則總，故張氏知總之升數也。「子嫁，反在父之室。」卽馬融所說「爲犯七出，還在父母之家。」七出的條文載於大戴禮本命篇：

婦有七去：不順父母，去；無子，去；淫，去；妒，去；有惡疾，去；多言，去；竊盜，去。

女子嫁後，若犯此七去之律，則其夫卽可將之休去別娶，至此，婦人與夫家之恩義便告斷絕，而反歸於父母之室。女子出嫁則恩隆於夫家，故爲父降服齊衰期，既被出，則夫婦義絕，而恩復隆於父母家，故仍爲父三年。

依鄭注的說法，「子嫁，反在父之室，爲父三年。」是指「遭喪後而出者」而言，但敖繼公却說是：

反在父之室，明其見出於父存之時也。

敖說與鄭注雖然有異，其實並無衝突之處，蓋婦人被出於父存之時，固當爲父三年，父母之喪未練而出，亦當爲父三年。喪服經文所以於此別爲立文，王肅說是：「嫌已嫁而反，與在室不同，故明之。」是也。

（十）公士大夫之衆臣爲其君

喪服：

公士大夫之衆臣，爲其君，布帶繩屨。

鄭注：士，卿士也。公卿大夫，厭於天子諸侯，故降其衆臣，布帶繩屨。貴臣得伸，不奪其正。

喪服傳曰：公卿大夫室老士，貴臣。其餘皆衆臣也。君謂有地者也。衆臣杖，不以即位。近臣，君服斯服矣。繩屨者，繩菲也。

鄭注：室老，家相也。士，邑宰也。近臣，閽寺之屬。君，嗣君也。斯，此也。近臣從君喪服，無所降也。繩菲，今時不借也。

案，此條所載，「公士大夫之衆臣，爲其君布帶繩屨」。所說的服制，與上文臣爲君的斬衰服略有不同。其不同的地方是：絞帶改用齊衰的布帶，不用菅屨而改用大功服的繩屨。除此二者之外，其他都同於斬衰之制。公卿大夫的貴臣有二：一是稱爲室老的家相，一爲稱作士的邑宰。這兩種人因爲爵貴恩重的緣故，可以例外地伸張他們的心願，爲其君服正式的斬衰服。至於一般的衆臣，則因公卿大夫的地位在天子諸侯之下，受到天子諸侯的壓制，而只得爲其君服布帶繩屨的斬衰服了。雖是服制有降，可是喪期不降，還是爲其君斬衰三年。

公卿大夫，有的有地，有的無地。此條所謂的君，是指一些有采地的公卿大夫而言。有地者，其衆臣不但帶屨有所不同，即使有杖，也不能與嗣君同即阼階下的朝夕哭位。公卿大夫若是無地，則其衆臣便得以杖與嗣君同卽朝夕哭位。至於閽、寺之屬的近君小臣，因得寵近，又與衆臣不同，而是視嗣君穿什麼服，也跟着穿什麼樣的服了。在這裏，嗣君爲父應該是正式的斬衰服，那麼近臣穿的也該是與嗣君一樣的斬衰服了。

（十一）父卒、爲祖後者爲祖

這一條，在儀禮喪服篇斬衰章裏，並無明文記載。但在齊衰不杖期章「爲君之父母、妻、長子、祖父母。」下的喪服傳却說：

父卒，然後爲祖父後者服斬。

黃榦儀禮經傳通解以爲「儀禮本經所具諸條，外有未盡事例。」，於是乃有喪服補之作，載於通解卷四十八。本條卽黃氏據喪服傳所補者。

依照喪服本經的記載，爲祖父母的喪服是齊衰不杖期，而爲什麼父卒之後，爲祖後者要爲其祖斬衰三年呢？王志長對此有很明白的說法：

父沒爲祖服斬之制，不見於斬衰三年章；祖父沒，爲祖母齊衰三年之制，不見於齊衰三年章，何也？夫禮固可推而知也，喪服莫重於斬三年，父乃施於長子，此非報服也，爲宗廟之重也。父爲祖而斬其長子，則長子爲父而斬其祖。故傳曰：「何以三年也？正體於上，又乃將所傳重也，庶子不得爲長子三年，不繼祖也。」而長子於父沒，必斬其祖父明矣。喪服所以不可無傳也夫。（讀禮通考卷六引）

「宗廟之重」向來是宗法社會所最重視者，父爲長子三年，正是這一觀念下形成的制度。父沒，則爲祖後者便具有承重的責任，因此，父卒，然後爲祖後者，爲其祖便須以尊服服之，斬衰章「爲人後者」下的喪服傳正有「何以三年也？受重者，必以尊服服之。」的說明。因此，父卒，然後爲祖後者，爲其祖亦須斬衰三年。

二、齊衰三年

喪服：

疏衰裳，齊，牡麻絰，冠布纓，削杖，布帶，疏屨，三年者。

齊衰三年，是粗重僅次於斬衰的一種喪服。其形制較斬衰略有不同，而喪期則與斬衰相等。本章將專就喪期加以考察，有關其形制者，因別在下文討論，茲不贅焉。

（一）父卒則爲母

喪服：

父卒，則爲母。

鄭注：

尊得申也。

陳祥道禮書云：

父在爲母期，父卒爲母三年，皆疏齊衰，則父卒，猶以餘尊所厭，得申三年，而不得申斬也。若父喪未除而母卒，不特餘尊在焉，猶服期而不得三年也。

案，「父在爲母」的喪服爲齊衰杖期，喪服齊衰杖期章載有明文，其下的喪服傳曰：「何以期也？屈也。至尊在，不敢伸其私尊也。」父母原都是子女所最尊敬親愛的人，但以家無二尊，故爲父斬衰三年，若是父在而母卒，因夫爲妻服齊衰杖期，其子也只能跟着父服，而爲母齊衰杖期，委屈其人子之志，而不敢伸其私尊之情。必也父卒之後，方得伸其私尊之志，爲母服喪三年。然而，雖喪期得遂，却以父之餘尊所厭，只能服齊衰，而不得服斬衰。

至於陳氏「若父喪未除，不特餘尊在焉，猶服期而不得三年也。」的說法，當是本於賈疏之說。

案賈疏云：

直云父卒爲母足矣，而云則者，欲見父卒三年之內而母卒，仍服期。要父服除後而母死，乃得申三年。故云則以差其義也。案內則云：「女子十五而笄，二十而嫁，有故二十三年而嫁。」若前遭父服未闋，卽得爲母三年，則是有故二十四而嫁，不止二十三也。

賈疏的此一說法，甚爲謬誤，後來學者大都駁斥其非。如萬斯同云：

孔仲達釋雜記「三年之喪旣穎」條，謂：「先有父喪，而後母死，練祥亦然。」以前文「父死爲母三年」也。故喪服齊衰三年章云「父卒則爲母」是也。孔氏之說如此，則古人未嘗謂父服除，乃得申母三年也。賈氏之說，的知其謬妄矣。（讀禮通考引）

徐乾學云：

經不曰「父卒爲母」，而曰「父卒則爲母」，正見父卒之後而遭母喪，卽服三年也。豈必父服除而母卒，然後行三年之服乎？且子之所以不得遂三年者，以父在爾。父旣先沒矣，復何所屈而不三年乎？此禮之必不然，而賈氏之妄，無待論者。

胡培翬云：

則字古與卽通，言父卒卽爲母三年也。廣雅云：「則，卽也。」可證賈疏之謬。

敖繼公云：

父在爲母期，父卒則三年，云則者，對父在而立文也。

以上所引諸家於賈疏之非，論之甚詳。可證父卒卽得爲母服三年之喪，不必於父服除後始得申三年之服。

檀弓云：

穆公之母卒，使人問於曾子，曰：「如之何？」，對曰：「申也，聞諸申之父曰：『哭泣之哀，齊斬之情，饘粥之食，自天子達。』」

孔疏云：

齊是爲母，斬是爲父。

案，從檀弓這一段記載，可以看出，曾申及其父曾參對於母喪，是主張穿齊衰服的，可是並沒有說明應服多久的喪期。然而，在孔叢子上却見有喪母三年的記載：

景公祭路寢，聞哭聲，問梁丘據，對曰：「魯孔子之徒也。其母死，服喪三年，哭泣甚哀。」公曰：「豈不可哉：」

景公卽齊景公，而所記載爲母服喪三年的孝子，則是「魯孔子之徒」，從齊景公對於這件事的評語看來，齊國的喪俗，似乎認爲喪母三年是無可無不可的事。那麼爲母三年的喪服，似乎也就是儒家的主張，而不盡是天下的通行的禮俗了。

（二） 繼母如母

喪服：

> 繼母如母。

賈疏云：

> 繼母本非骨肉，故次親母後。謂己母早卒或被出之後，繼續正母，喪之如親母，故云「如母」，下期章不言者，舉父歿後，明父在如母可知，慈母之義亦然。

所謂「繼母」，乃是己母早死或被出之後，父所再娶之妻，即爲己之繼母。父卒之後，爲母齊衰三年，而繼母本非骨肉本生之母，又何以也爲之服齊衰三年，如本生母之服呢？喪服傳的解釋是：

> 繼母何以如母？繼母之配父與因母同，故孝子不敢殊也。

鄭注云：

> 因猶親也。

由於繼母之配父，其地位與親生母相同，爲父之妻，即爲己之母，這就是繼母所以如母的道理。既然是繼母如母，則父在則爲繼母服齊衰期，而父卒，則爲繼母齊衰三年。

爲繼母本身的喪服，固然如本生母，可是爲繼母之黨是否穿服，則須視本生母是早卒或被出而定。服問云：

母出，則爲繼母之黨服，母死，則爲其母之黨服，爲其母之黨服，則不爲繼母之黨服。

從這一記載，可知若是本生母被出，則與本生母家的親屬們的關係也隨之斷絕，而不爲母黨服喪。若是本生母只爲早死，則與生母家的親屬們的關係即不算斷絕，而爲服喪。爲母黨有服，則爲繼母之黨便不必有服了。

(三) 慈母如母

喪服：

慈母如母。

什麼叫做「慈母」？慈母與子的關係又是如何成立的呢？又何以喪慈母三年呢？喪服傳於此解釋說：

慈母者何也？傳曰：妾之無子者，妾子之無母者，父命妾曰：「女以爲子」，命子曰：「女以爲母」。若是，則生養之，終其身，如母。死則喪之三年，如母。貴父之命也。

鄭注云：

此謂大夫之妾也。不命，則亦服庶母慈己之服可也。大夫之妾子，父在爲母大功，則士之妾子，爲母期矣。父卒，則皆得伸也。

依照喪服傳的作者及鄭康成的說法，所謂「慈母」，乃是大夫之妾之無子者，與大夫庶子之無母者，經大夫之命，而彼此建立起了母子的關係，此一母子關係蓋有別於親生母或繼母，而稱爲慈母如母者，可以說完全爲父命所促成。而子於父卒後，爲慈母的喪服所以齊衰三年者，既非因骨肉之屬，也非因配父之尊，而是爲了尊重父命的緣故。若是沒有父命，則爲慈母但服小功而已。

曾子問云：

子游問曰：「喪慈母如母，禮與？」孔子曰：「非禮也。古者，男子外有傅，內有慈母，君命所使教子也，何服之有？」

從這一段記載來看，孔子是不主張喪慈母如母的，而且慈母與子的關係是否盡如喪服傳所云，也甚有問題。不過，從子游之所以有此一問，我們便可知道。在孔子的時代，若非已經有人實行喪慈母如母之禮，便是有人提出這種主張了。

曾子問又云：

昔者，魯昭公少喪其母，有慈母良，及其死也，公弗忍也，欲喪之。有司以聞曰：「古之禮，慈母無服。今也，君爲之服，是逆古之禮,而禮國法也,若終行之，則有司將書之以遺後世，無乃不可乎？」公曰：「古者，天子練冠以燕居。」公弗忍也，遂練冠以喪慈母，喪慈母自魯昭公始也。

這一段記載要是可靠的話，那麼，我們便可以知道，在魯昭公以前（西元前五四一年以前），喪慈母原是無服的。喪慈母有服，當自魯昭公始。

荀子禮論篇云：

慈母衣被之者也，而九月。

荀子的時代晚於子游，子游當時已有喪慈母如母的禮俗或主張，與喪服篇作者的主張相同，然而時代較晚的荀子雖也主張喪母三年，而於慈母，却僅主張大功九月，這種岐異，當是出於儒家派別不同，以致學說也因而有異的緣故。

（四）母爲長子

喪服：

母爲長子。

賈疏云：

母爲長子齊衰者，以子爲母服齊衰，母爲之，不得過于子爲己也。若然，長子與衆子爲母，父在期。若夫在，爲長子，豈亦不得過于子爲己服期乎？而母爲長子，不問夫之在否，皆三年者，子爲母有屈降之義，父母爲長子，本爲先祖之正體，無厭降之義，故不得以父在而屈也。

案，此母謂適長子之妻也，其夫爲長子斬衰三年，已詳前章。母爲長子，何以服喪三年呢？喪服傳曰：

何以三年也？父之所不降，母亦不敢降也。

所謂「不敢降」者，鄭注說是「不敢以己尊降祖禰之正體」。案，父之所以爲長子斬衰三年者，正爲尊其當先祖之正體之故，母從於父，故亦爲長子三年。而所以齊衰者，乃是因子爲其服齊衰，母於長子，不得過於子之爲己，故母爲長子齊衰三年。

三、齊衰杖期

喪服：

疏衰裳，齊，牡麻絰，冠布纓，削杖，布帶，疏屨，期者……

案，此服之服期，與前章有一年與三年的不同，而其服式則與前章所列者無殊，喪服之所以重列之於此者。賈疏說是：

以此一期與三年懸絕，恐服制亦多不同，故須重列也。

賈疏又云：

此章雖然一期，而禫杖具有。案下雜記云：「期之喪十一月而練，十三月而祥，十五月而禫。」注云：「此謂父在爲母」，即是此章者也。母之與父，恩愛本同，爲父所厭，屈而至期，是以雖屈，猶伸禫杖也。妻雖義合，妻乃天夫，爲夫斬衰，爲妻報以禫杖，但以夫尊妻卑，故齊斬有異也。

敖繼公云：

此期服也，而杖屨之屬皆與三年同者，是章凡四條，其三言爲母，其一言爲妻也。以禮考之，爲母宜三年，乃或爲之期者，則以父在。若母出，故屈而在此也。妻以夫爲至尊，而爲之斬衰三年，夫以妻爲至親，宜爲之齊衰三年，乃不出于期者，不敢同于母故爾。然則二服雖在于期，實有三年之義，此杖屨之屬所以皆與之同也。

案，敖繼公以爲父在爲母與妻喪，雖屬期服，然而「實有三年之義」，這個說法，用來解釋何以齊衰杖期與齊衰三年爲服制所以相同的理由，頗爲圓通。至於賈疏以爲本章「雖止一期，而禫、杖俱有。」的說法，原則上是對的。可是本章之中，並非盡有禫、杖，須得分別說明，才不致混淆。吳紱云：

此期固是有禫，然亦有辨。凡禫，必是主喪者主之，母之喪，父爲之禫，故子從父而禫之。若出母與繼母嫁而從者，則已非喪主，無禫也。（儀禮正義二十二引）

胡培翬云：

今案、喪服小記云：「爲父母妻長子禫」。又云：「宗子母在，爲妻禫。」案，唯言「宗子母在爲妻禫」，則其餘父母在，爲妻皆不禫，可知也。下傳云：「父在，則爲妻不杖。」曾子問：「女未廟見而死，壻不杖。」然則，爲妻禫、杖，亦有不得伸者矣。

案，本章是否盡皆有禫，吳氏的說法已予明辨。至於胡氏引喪服傳，當屬喪服不杖期章「大夫之適子爲妻」條下。喪服篇作者別立明文，則本章爲妻條，自不包大夫之適子父在爲妻在內，若是父卒，則大夫之適子爲妻主喪，當也有杖。胡氏的說法固然沒錯，而喪服篇作者於不同的情形下所作的不同的主張，也是應該加以分別的。

（一）父在爲母

喪服：

父在爲母。

敖繼公云：

此主言士之子爲母也。其爲繼母、慈母，亦如之。

秦蕙田五禮通考云：

此服自士以至大夫以上，莫不皆然。敖謂主言士之子者，兼士之庶子爲其母服言之也。其大夫以上之庶子，則有不同者矣。

案，秦氏解釋敖氏的說法，以爲士之庶子爲其母亦服此服。喪服小記云：「庶子在父之室，則爲其母不禫、庶子不以杖即位。」孔疏云：「在父之室，謂不命之士，父子同宮者也。若異宮、則禫之。庶子不以杖即位，謂適庶俱有父母之喪，適子得執杖進阼階哭位，庶子至中門外而去之，下適子也。」可見庶子亦有杖，若與父異宮而處，亦得爲其母禫。至於大夫之庶子，依鄭康成於「慈母如母」條下的注，說是：「大夫之妾子，父在爲母大功。」則服與士之庶子不同。又敖氏以爲父在爲繼母與慈母，亦如爲本生母之服，當是據齊衰三年章「繼母爲母」、「慈母如母」所推者。唯喪服篇作者並未提出明文主張，因此敖氏的說法，也就只好姑以存之了。

父在爲母，爲何僅是齊衰杖期呢？喪服傳解釋說：

何以期也？屈也。至尊在，不敢伸其私尊也。父必三年然後娶，達子之志也。

喪服四制的解釋是：

資於事父以事母而愛同。天無二日，土無二君，家無二尊，以一治之也。故父在爲母齊衰期者，見無二尊也。

由於父是一家的至尊，父爲母服齊衰杖期，子爲母，則以父在，不敢過於父服，而伸其對母的私尊之情，故委屈人子之情，從父之服，而爲母亦齊衰杖期。不過，服雖因父而受限制，情則可得而伸。賈疏云：

子於母屈而期，心喪猶三年。故父雖爲妻期而除，然必三年乃娶者，通達子之心喪之志故也。

吳澄云：

夫爲妻之服既除，則子爲母之服亦除，家無二尊也。子服雖除，而居喪之實如故，所殺者，三年之文而已。

可知子爲母，雖以父在而委屈服期，但仍爲母心喪三年。父亦三年然後娶，正是爲了尊重其子爲母居喪三年的心願的緣故。

（二）妻

喪服：

妻。

喪服傳曰：

爲妻何以期也？妻至親也。

鄭注云：

適子父在，則爲妻不杖，以父爲之主也。服問曰：「君所主，夫人、妻、大子、適婦。」父在，子爲妻以杖即位。」謂庶子。

盛世佐云：

此謂適子無父者也，士之庶子亦存焉。適子父在爲妻不杖見下章，大夫之庶子父在爲妻，在大功章。公子爲其妻，在五服之外，父歿，乃爲之大功。

賈疏云：

天子以下，至士庶人，父皆不爲庶子之妻爲喪主，故夫爲妻杖，皆得伸也。

由以上諸家的說法、可知爲妻杖期者，凡庶子皆爲妻主喪而得伸杖，喪服小記云：「父在，庶子爲妻以杖即位可也。」若是適子，則父卒然後爲妻杖。若公子，則雖父歿，猶爲妻大功而已。既爲妻主喪，則是有禫杖，與父在爲母相同。徐乾學云：「妻服既爲之杖，又爲之禫，同於父在爲母，所以報其三年之斬，異於他服之齊衰期也。」是爲妻禫杖的用意，乃是爲了報答妻爲夫服斬衰三年的情感，與父在爲母，雖服僅一期，實有三年之喪的意義存在。

何以爲妻齊衰杖期呢？喪服傳說是「妻至親也。」賈疏說是：「妻移天齊體，與己同奉宗廟，爲萬世之主。」有了這樣親密重大的關係，故爲妻服齊衰杖期的喪服了。

左傳昭公十五年：

六月己丑，王太子壽卒，秋八月庚辰，王穆后崩，……叔向曰：「王一歲而有三年之喪二焉。」

王是指的周敬王而言。將這一段史實記載，與喪服篇合起來看，周敬王爲太子壽的喪服，依喪服篇斬衰章「父爲長子」的條文，斬衰三年，固無疑問，然而叔向說：「王一歲而有三年之喪二焉。」則敬王爲穆后，也是服三年之喪，與喪服爲妻服期迥異。賈疏於父在爲母條下解釋此事說：

　　左氏傳，晉叔向云：「王一歲有三年之喪二，據太子與穆后，天子爲后亦期，而云三年喪者，據達子之志而言也。

賈疏的說法，實嫌附會，蓋服喪者乃是周敬王一人，叔向更明白說是「王一歲而有三年之喪二焉。」，此事若非當時也有爲妻三年的禮俗，便可能是叔向所作的主張，至於與喪服篇不合，也只能說是異時異地禮俗有所不同，或者竟是兩個不同的主張了。

(三) 出妻之子爲母

喪服：

　　出妻之子爲母

鄭注云：

　　出猶去也。

賈疏云：

　　此謂母犯七出，去謂去夫氏，或適他族，或之本家，子從而爲之服者也。七出者：無子一也，淫佚二也；不事舅姑三也；口舌四也；盜竊五也；妬忌六也；惡疾七也。天子諸侯之妻，無子不出，唯有六出耳。雷氏云：「子無出母之義，故繼夫而言出妻之子也」。

案，大戴禮本命篇云：

　　婦有七去：不順父母去；無子去；淫去；妒去；有惡疾去；多言去；竊盜去。

公羊傳莊二十七年何休注謂之棄，內容與賈疏同，皆本於大戴之文。婦人犯此七出之事，見出於夫者，謂之出妻。妻被出，則與夫義絕，但子於母爲骨肉之親，恩不可絕，故父雖在，猶爲出母喪齊衰杖期的喪服。

喪服傳曰：

出妻之子爲母期，則爲外祖父母無服。傳曰：絕族無施服，親者屬。

這一段話，可以說是一種法律上的觀念。由於母子至親，恩情屬而無絕，故子爲出母服期。爲外祖父母本服小功，但因父族與母族恩義斷絕，再無親屬的關係存在，所以雖外祖父母，也不再有服，其他母族親屬，更不必說了。

喪服傳又曰：

出妻之子爲父後者，則爲出母無服。傳曰：與尊者爲一體，不敢服其私親也。

所謂「爲父後者」，張爾岐云：「謂父沒，適子代父承宗廟祭祀之事，故云與尊者爲一體。」喪服小記云：「爲父後者，爲出母無服。無服也者喪者不祭故也。」注云：「不敢以己私廢父所傳重之祭祀。」可知父卒之後，適子之爲父後者，因代父主持宗廟祭祀之事，不敢以私親而廢之，故爲出母無服。若是父在則猶爲出母有服。至於其他不爲父後的適子，不論父之存沒，似當爲出母有服。盛世佐云：

此禮該父存沒而言也。父雖沒，而子爲此母服仍不過期，亦以其出降也。惟云出妻之子，則出妾之子與凡非己所生者，皆不在此例矣。

案，盛氏此說甚爲近理，茲從之。

檀弓云：

伯魚之母死，期而猶哭。夫子聞之，曰：「誰與？哭者。」門人曰：「鯉也。」夫子曰：「嘻！其甚也。」伯魚聞之，遂除之。

孔疏云：

父在爲出母，亦應十三月祥，十五月禫。言期而猶哭，則是祥後禫前，祥外無哭，於時伯魚在外哭，故夫子怪之，恨其甚也。

案，檀弓這一段的記載裏，並沒有明確指出是伯魚喪出母的事。顧炎武日知錄於是駁孔疏說：

伯魚之期而哭，猶哭自父在爲母之制，當然。疏以爲出母者，非。

至於孔疏之所以以爲有伯魚喪出母的事，或許是根據檀弓別一段關於子思不令子上喪出母的記載而來，假設如孔疏所言，伯魚所喪者爲出母，則爲出母不僅有服，而且其制服也與喪服篇的主張相同，爲出母與父在爲母，都是服齊衰杖期。

檀弓又云：

子上之母死而不喪，門人問諸子思，曰：「昔者，子之先君子喪出母乎？」。曰：「然」。「子之不使白也喪之，何也？」。子思曰：「昔者，吾先君子無所失道，道隆則從而隆，道汚則從而汚。伋則安能？爲伋也妻者，是爲白也母。不爲伋也妻者，是不爲白也母。」故孔氏之不喪出母，自子思始也。

這一段記載裏，所提到的「先君子」，似乎是指的孔子而言，伯魚恐怕尙無「道隆則從而隆，道汚則從而汚。」的修養。然而孔子是否喪出母，典籍並未見有記載，不過，從檀弓這段話裏，可以知道，在子思以前，至少孔氏一家是對出母有服的，至於穿什麼樣的喪服，則不能考知。子思以後，孔氏便爲出母無服了。

（四）父卒、繼母嫁、從爲之服、報

喪服：

父卒，繼母嫁，從爲之服，報。

賈疏云：

父卒，繼母嫁者，欲見此母爲父已服斬衰三年，恩意之極，故子爲之一期，得伸禫杖，但以不生己，父卒改嫁，故降於己母，一期而已。從爲之服者，爲本是路人，暫與父牉合，父卒還嫁，便是路人，子仍著服，故生從爲之文也。報者，喪服上下並記云報者十有二，無降殺之差，感恩者，皆稱報，若此子念繼母恩，終從而爲報，母以子恩不可降殺，卽生報文，餘皆倣此。

依賈氏的說法，則是父卒之後，繼母爲父已服斬衰三年，恩意已盡，雖改嫁，且不生己，然以與父有牉合之義，故從父服，而爲此母齊衰杖期，以報其恩。繼母亦以子恩不可降殺，於是爲子亦齊衰杖期以報之，如此，兩相爲服，卽所謂報服也。喪服傳曰：

何以期也，貴終也。

鄭注云：

嘗爲母子，貴終其恩。

蓋以繼母爲己父斬衰三年，恩意已終，然後改嫁。爲重其爲父三年之恩，故爲之服。

案，以上所述，乃是本之賈氏之說，賈疏以「從爲之服」爲句，則從有從服之義，然王肅云：

從乎繼而寄育，則爲服，不從則不服。服也則報，不服則不報。（讀禮通考引）

敖繼公云：

終者，終爲母子也，以終爲貴，故服此服也。繼母嫁，而子從之，是終爲母子也。

郝敬曰：

此條當以「繼母嫁」爲句，「從」爲句，蓋謂父死子幼，從繼母嫁，是始終相依也。母喪則子爲期，子喪則母亦然以報之。

顧炎武日知錄云：

從字句，謂年幼不能自立，從母而嫁也。母之義已絕于故父，不得三年，而其恩猶在于子，不可以不爲之服也。

依上引四家之說，則從者，謂從繼母改嫁，而非從服之義。以從母改嫁，始終相依，唯因繼母改嫁，義已絕于父，故降而服齊衰杖期，繼母亦以之報子。此說亦通。蓋繼母與己，既非骨肉之親，改嫁之後，又義絕於父，前妻之子若非從其改嫁，受其撫育有恩，則似無爲之有服之理，後之學者多主王肅之說，所據之理、卽在於此。唯王肅之說，本於情理，賈氏之說，則本於從服的理論，本條的解釋，似以賈說較爲有據，茲從之。

四、齊衰不杖期

齊衰不杖期，是次於齊衰杖期的喪服。喪服篇但言「不杖，麻屨者。」，此下便是應穿此服者與所服之人的明文，並沒有說明冠裳絰帶爲何。但從「不杖，麻屨者。」之文，當知此章與上章的分別，只是杖與不杖，以及疏屨與麻屨的不同。冠裳絰帶之等，則與杖期無異，喪期也是一年。

（一）祖父母

喪服：

祖父母。

胡培翬云：

此孫爲祖父母服也。女孫在室同，出嫁亦不降。

案，女孫爲祖父母的喪服也是不杖期，喪服篇別有明文著之，可知本條所指當是男孫爲祖父母的喪服而言。

何以爲祖父母服期呢？喪服傳解釋說：

何以期也？至尊也。

賈疏云：

祖爲孫止大功，孫爲祖，何以期。答云「至尊也」者，祖是至尊，故期。

朱熹云：

父母本是期，加成三年，祖父母、世父母、叔父母本是大功，加成期。其從祖伯父母、叔父母小功者，乃正服之不加者耳。

敖繼公云：

不可以大功之服服至尊，故加而爲期也。

案，祖爲庶孫大功，在大功章，孫爲祖父母服期，乃是因祖父母是統緒所自來，傳於父，又傳於己，地位至爲尊貴，孫爲祖雖本止大功，但因不可以大功服服至尊，所以加而爲之服期，原因當是在此，朱子，敖氏之說皆是。

（二） 世父母，叔父母

喪服：

世父母，叔父母。

案，甲、乙二本漢簡服傳，都沒有這兩句經文，但有傳曰以下「世父、叔父、何以基也。」兩句。丙本世下少一「父」字，作「世母、叔父母」，可能是漏刻的緣故。甲、乙二本雖缺經文，但因有傳曰以下「世父叔父，何以基也。」之文，可知爲世父叔父當是期服，於世母、叔母，二本則與今本同有「世母叔母，何以亦期也？以名服也。」的傳文，可見爲世母叔母也是有服的。

世父母，今稱爲伯父母。叔父母之稱謂，則今與古同。爾雅釋親云：

父之昆弟，先生爲世父，後生爲叔父。父之兄妻爲世母，父之弟妻爲叔母。

本條所言者，當是人子爲父之昆弟及父之昆弟之妻的喪服。

喪服傳曰：

世父、叔父、何以期也？與尊者一體也。然則昆弟之子，何以亦期也？旁尊也，不足以加尊焉，故報之也。父子一體也，夫妻一體也，昆弟一體也。故父子首足也，夫妻牉合也。昆弟四體也，故昆弟之義無分。然而有別者，則辟子之私也，子不私其父，則不成爲子，故有東宮，有西宮，有南宮，有北宮，異居而同財，有餘則歸之宗，不足則資之宗。世母、叔母，何以亦期也？以名服也。

鄭注：

宗者，世父爲小宗、典宗事者也。資取也。爲姑在室，亦如之。

張爾岐句讀云：

世叔父與尊者爲一體，於祖爲父子，於父爲兄弟，是與己之尊者爲一體也。以其爲旁尊，不足以加尊於人，故爲昆弟之子，亦如其服以報之，若祖之正尊，則孫爲祖期，而祖但爲孫大功矣。下文皆廣明一體之義，且以見尊之有正有旁，恩禮所由隆殺也。末言有餘不足，皆統於宗，仍以明一體之義。世叔母曰以名服者，二母本是路人，以牉合於世叔父，故有母名，因而服之，即上所云「夫妻一體」也。

案，張氏這一段話，對於喪服傳的說明，可謂極爲詳細清楚。由於世叔父與己之尊者爲一體，故尊之，而爲之服期。世叔母與世叔父又是夫妻一體，因配於世叔父，於己則有母的名義存在，因此也爲之服期。但世父母，叔父母都只能算是旁尊，不足以加尊於人，故爲昆弟之子，也以期服報服之，是世父母，叔父母，與昆弟之子間，都互相爲對方服期了。鄭康成以爲「姑在室，亦如之。」姑是父之姊妹，若是未嫁，則尊與世叔父母相同，故也爲之服期。若是已嫁，便降爲大功了。檀弓云：

縣子瑣曰：「吾聞之，古者不降，上下各以其親。滕伯文爲孟虎齊衰，其叔父也。爲孟皮齊衰，其叔父也。」

孔疏云：

「言滕伯上爲叔父，下爲兄弟之子，皆着齊衰，是上不降卑也。」滕伯之與孟虎、孟皮的關係，是否如孔疏所說，不得而知，但是從檀弓這一記載，可知先秦時代，爲世叔父與昆弟之子，昆弟之子爲世叔父是穿齊衰服的。雖然文字裏，並沒有說到是齊衰三年，或齊衰期，不過先秦典籍中都沒有爲世叔父三年的記載，那麼這段文字裏所說的齊衰，想必就是齊衰期服罷。

(三) 大夫之適子爲妻

喪服：

大夫之適子爲妻。

賈疏云：

云大夫之適子爲妻，在此不杖章，則上章爲妻者，是庶子爲妻。父沒後，適子亦爲妻杖，亦在彼章也。

案，大夫庶子爲妻的喪服僅得大功，喪服經文於大功章「公之庶昆弟、大夫之庶子，爲母、妻、昆弟。」條下已有明文。因此張爾岐說：「愚按下經大夫庶子爲妻大功，不知註疏何以云當杖？」張氏這一個對於註疏的懷疑，實在極有根據，鄭康成「父在，子爲妻以杖卽位，謂庶子。」的說法，當是指士庶子而言，大夫庶子，則父在僅爲妻大功而已，以喪服的規定看來，應無杖的可能。

那麼，大夫的適子，父在爲妻何以不服大功而服不杖期呢？喪服傳解釋說：

何以期也？父之所不降，子亦不敢降也。何以不杖也？父在，則爲妻不杖。

鄭注云：

大夫不以尊降適婦者，重適也。凡不降者，謂如其親服服之。降有四品：君大夫以尊降，公子、大夫之子，以厭降，公之昆弟以旁尊降，爲人後者、女子子嫁者，以出降。

案，大夫以地位尊貴而得降服，大夫的適子也因父之所厭而得隨父降服一等。爲適婦的喪服是大功，爲庶婦則小功，大夫之衆子爲妻，皆是大功。大夫位尊，爲衆子之妻得降服小功，爲適婦却仍服大功不降。由於大夫不降適婦，因此，大夫的適子也因父之不降，而不敢降其妻在大功，於是便爲妻服期了。爲妻本當杖，但因父在，適子不得爲妻主喪，因此大夫的適子也就爲妻不杖了。

(四) 昆弟

喪服：

昆弟。

鄭注：

昆，兄也。

爾雅云：

雜記云：

男子先生爲兄，後生爲弟。

大夫爲其父母兄弟之未爲大夫者之喪服，如士服。士爲其父母兄弟之爲大夫者之喪服如士服。

案，簡本丙本與今本同有此條，甲、乙二本則不載。(凡甲乙本與丙本之不同者，可見彼時尚無定本)。雜記則又與丙本、今本一樣，主張爲兄弟有服了。

檀弓云：

成人有其兄死，而不爲衰者，聞子皐將爲成宰，遂爲衰。成人曰：「蠶則績，而蟹有匡，范則冠，而蟬有緌，兄則死，而子皐爲之衰。

孔疏：

成，孟氏所食采地也。子皐，孔子弟子，子皐性孝。此不服兄衰之人，聞子皐來爲成宰，必當治之，故懼而制服也。

由檀弓這一段記載，我們可以知道，在孔子時代的魯國禮俗，爲兄弟是有服的，但規定並不嚴格，因此成人初乃敢於不爲其兄穿喪服，後來聽到子皐將爲成宰，恐受責罰，才爲其兄服喪。子皐是孔門弟子，可見當時孔子門下的人，也是主張爲兄弟應該有服了。

檀弓又云：

公叔木有同母異父之昆弟死，問於子游，子游曰：「其大功乎？」狄儀有同母異父之昆弟死問於子夏，子夏曰：「我未之前聞也，魯人則爲之齊衰」。狄儀行齊衰，今之齊衰，狄儀之問也。

案，對於同母異父之昆弟的喪服，是否也如喪服所規定爲昆弟之服一樣，因喪服經無明文，不得而知。但是由檀弓此一記載裏，我們却發現了既使同出孔門者，如子游、子夏，對於同一種人的喪服也有不同的主張，可見對於喪服的主張也往往因人因地而有所岐異了。

（五）衆　子

喪服：

　為衆子。

鄭注：

　衆子者，長子之弟及妾子。

可知這一條是指父母爲適長子以外的衆子的喪服而言。此一衆子當無適庶的分別。所以爲衆子服期的緣故，賈疏說是：

　以其同是一體，已見於世叔父條，故無異問也。

案，簡本丙本與今本同有此條，而甲、乙二本則不錄，是甲、乙本的傳寫者，也不主張父母爲衆子有服了。

（六）昆弟之子

喪服：

　昆弟之子。

喪服傳曰：

何以期也？報之也。

案，世父母，叔父母本是旁尊，而爲之服期，世父母，叔父母爲昆弟之子也是期服，以回報之。如此兩相爲服，所以喪服傳說是「報之也」。檀弓云：

喪服，兄弟之子，猶子也。蓋引而進之也。

依檀弓的說法，世父母、叔父母所以爲兄弟之子服期，是因把兄弟之子加以牽引，進之於衆子的地位，視之猶如己子。父母爲衆子服期，因此爲昆弟之子也服期了。

這一條，簡本丙本上有經文。甲、乙二本則經傳皆無。可見甲、乙二本傳寫的人，也不主張爲昆弟之子有服。

（七）大夫之庶子爲適昆弟

喪服：

大夫之庶子爲適昆弟。

喪服傳曰：

何以期也？父之所不降，子亦不敢降也。

鄭注：

大夫雖尊、不敢降其適，重之也。適子爲庶昆弟，庶昆弟相爲，亦如大夫爲之。

案，父爲長子斬衰三年，大夫地位雖尊，但爲適長子則不降爲齊衰期，以重其適。若是爲庶子，則降齊衰期爲太功。大夫之庶子爲其適兄弟，則因父之所不降，故亦不敢降服大功，而爲之服齊衰期。若是適子爲庶昆弟，或庶昆弟彼此間的喪服，便可以互相降服了。

（八）適　孫

喪服：

適孫。

賈疏云：

此謂適子死，其適孫承重者，祖爲之期。

喪服傳曰：

何以期也？不敢降其適也。有適子者，無適孫，孫婦亦如之。

鄭注云：

周之道，適子死則立適孫。是適孫將上爲祖後者也。長子在，則皆爲庶孫耳。孫婦亦如之。適婦在，亦爲庶孫之婦，凡父於將爲後者，非長子，皆期也。

案，檀弓云：

公儀仲子之喪，檀弓免焉。仲子舍其孫而立其子。檀弓曰：「何居？我未之前聞也。」趨而就子服伯子於門右曰：「仲子舍其孫而立其子，何也？」伯子曰：「仲子亦猶行古之道也。昔者文王舍伯邑考而立武王，微子舍其孫腯而立衍也。夫仲子猶行古之道也。」。子游問諸孔子，孔子曰：「否，立孫。」

由這一段記載，可以知道若長子死，而舍孫立子，在檀弓是一樁「未之前聞」的事，孔子也主張立孫不立子才是正禮。也可以看得出，在古代的繼承法中，適孫地位的重要，鄭康成的解釋，根據在此，喪服傳「不敢降其適也」的道理，也在於此。

適孫的地位既然重要，因此適子一旦早死，適孫便具有爲祖後者的身份，將傳宗廟之重。因此祖爲適孫的喪服，也不敢降在庶孫之等的大功，而服齊衰期了。

（九）爲人後者，爲其父母，報

喪服：

爲人後者，爲其父母，報。

這一條所記載的，是過繼於人，爲人後者爲其本生父母的喪服。爲人後者爲所後之父的喪服是斬衰三年，然而爲本生父母，爲什麼僅是齊衰不杖期呢？喪服傳解釋說：

何以期也？不貳斬也。何以不貳斬也？持重於大宗者，降其小宗也。爲人後者孰後？後大宗也？曷爲後大宗？大宗者，尊之統也。禽獸知母而不知父，野人曰：「父母何算焉？」都邑之士則知尊禰矣。大夫及學士，則知尊祖矣。諸侯及其大祖，天子及其始祖之所自出。尊者尊統上，卑者尊統下。大宗者，尊之統也。大宗者，收族者也，不可以絕，故族人以支子後大宗也，適子不得後大宗。

喪服傳上面這一大段的話，首先說明的是爲人後者，爲本生父母所以不服斬衰，而降服齊衰不杖期的緣故。蓋父母止能各有一個，既然過繼與人而爲人後，則所後之父母便是自己的父母而爲其斬衰，對本生父母，只能以世父母或叔父母待之，又因大宗無後，才有置後之事，既爲人後，己身便成爲大宗，本生父母反是小宗，大宗以尊降其小宗，因此，爲人後者爲本生父母的喪服，便降服齊衰不杖期了。「曷爲後大宗也？」以下是說明大宗的重要性，各種階級文明不同的人對祖宗崇敬的程度，以及爲後於人的辨法。前於「爲人後者」條下已有論及，茲不贅。

喪服此條說是：「爲人後者，爲其父母，報。」，則此條當屬報服。張爾岐云：

子出後於人，爲本生父母服期，其本生父母亦報之期者，顧炎武云：「重其繼大宗，故不以出降也。」。

案，今本喪服此條下有「報」字，故知爲人後者爲本生父母降服齊衰期，其本生父母對他的喪服也是齊衰期。但是，簡本甲、乙二本此條下經文並無「報」字，二本及今本的喪服傳也沒有說兩者之間相互報服，丙本則連此條經文也告缺失，因此，此條是否屬於報服，也就甚可懷疑了。但以今本既有報服的明文，顧氏的說法又可以通。雖有所疑，也只有存之而已。

（十）女子子適人者，爲其父母昆弟之爲父後者

喪服：

女子子適人者，爲其父、母，昆弟之爲父後者。

此條所說的是女子出嫁後，爲其父、母，以及昆弟之爲父後者的喪服。爲這三種人，爲什麼服齊衰不杖期呢？喪服傳解釋說：

爲父何以期也？婦人不貳斬也，婦人不貳斬者何也？婦人有三從之義，無專用之道，故未嫁

從父，既嫁從夫，夫死從子。故父者，子之天也。夫者，妻之天也。婦人不貳斬者，猶曰不貳天也。婦人不能貳尊也。爲昆弟之爲父後者，何以亦期也？婦人雖在外，必有歸宗，曰小宗，故服期也。

案，簡本甲、乙二本傳文次序與今本略有不同。同學劉文獻武威漢簡儀禮校補云：

「傳曰」，二本無。下文「爲父」，乙本缺失。「婦人不貳斬者何也」，二本「者」上有「也」。「無專用之道」，二本作「無專用道之行」。「爲昆弟之爲父後者，何以亦期也」，至「服期也」，二本移置「夫死從子」下，且俱無「亦」字，無「有」字。「故父者子之天也」，二本無「故」。

二本傳文雖有移置的情形，但內容與今本並無大異，自不影響我們對此處喪服傳的了解。

女子未嫁在室，爲父本是斬衰三年，既嫁之後，爲夫斬衰三年，因「既嫁從夫」，既天其夫，便不得天其父，不二尊，乃不二斬，因此女子出嫁後，爲父便降服齊衰期，爲母也降而與爲父相等。婦人雖嫁在外，但並不能與本家脫離關係，尙須歸宗，以不自絕於本族之親。張爾岐云：

婦人雖已嫁在外，必有所歸之宗，此昆弟之爲父後者，卽繼禰之小宗，故爲之服期也。

由於此昆弟之爲父後者，是繼禰的小宗的身份，婦人雖嫁，仍須歸宗於他，因此雖爲其私親皆降服一等，但於昆弟之爲父後者，則不降而服期，以示不自絕於本宗。

（十一） 繼父同居者

喪服：

繼父同居者。

喪服傳曰：

何以期也？傳曰：夫死，妻穉，子幼。子無大功之親，與之適人，而所適者亦無大功之親。所適者以其貨財，爲之築宮廟，歲時使之祀焉，妻不敢與焉。若是，則繼父之道也。同居，則服齊衰期，異居，則服齊衰三月也。必嘗同居，然後爲異居，未嘗同居，則不爲異居。

案，前夫之子對於母親再嫁的丈夫，就叫做「繼父」。依照喪服傳作者的主張，認爲必須要三個條件合在一起，才能構成前夫之子與繼父同居的關係，第一是子家沒有大功以上的親屬，第二是作繼父的人，也沒有大功以上的親屬，第三是繼父要以財貨爲前夫之子建築宮廟，以便此子歲時祭祀本宗的祖先。這三個條件都齊全了，才能算是同居，前夫之子也才爲同居的繼父服齊衰期的喪服。若是三個條件中缺少了一個，即不構成同居關係，則爲繼父無服。若是同居關係構成在前，後來繼父有子，即是繼父有了大功以上的親屬，則同居關係乃變成爲異居關係，爲繼父異居者，則服齊衰三月。

由以上對喪服傳的了解，可知此處所謂的同居，並不是指共同生活在一起而言。喪服小記云：「繼父不同居也者，皆無主後，同財而祭其祖禰，爲同居。有主後者，爲異居。」所謂有主後者，乃是指繼父或前夫之子，有人有了子女而言，喪服小記對與同居異居的解釋相同。至於前夫之子與繼父同居異居的解說，是否如此，實不敢加以確定，這可能是喪服傳與喪服小記的作者的主張，古時是否如此，是不敢妄加斷言的。

（十二）　爲夫之君

喪服：

為夫之君。

這是婦人為其夫之君的喪服。喪服傳曰：

何以期也，從服也。

婦人出嫁從夫，其從夫的喪服皆降夫一等，郝敬云：「凡從服，降正服一等。」因此夫為君斬衰三年，妻為夫之君便服齊衰期的喪服了。

（十三） 姑、姊妹、女子子適人無主者，姑姊妹報。

喪服：

姑、姊妹、女子子、適人，無主者，姑姊妹報。

爾雅云：

父之姊妹為姑。

案，這一條所規定的是姪為姑，兄弟為姊妹，父為女子子之出嫁而死後無祭主者的喪服，姑、姊妹也以同樣之服返報其姪、兄弟。

為姑、姊妹、女子子之適人而無祭主者的喪服，何以穿齊衰不杖期呢？喪服傳解釋說：

無主者，謂其無祭主者也。何以期也？為其無祭主故也。

鄭注云：

無主後者，人之所哀憐，不忍降之。

案，姑姊妹及女子子既已出嫁，則其姪，兄弟以及父母為之皆應降服大功。

檀弓云：

姑姊妹之薄也，蓋有受我而厚之者也。

檀了這兩句話正是說姑姊妹出嫁後，已有夫婿以厚重待之，於是其本族的人，可以略爲薄待她們，而爲之降服。但一旦她們死後，無夫無子以爲祭主，未免令人哀憐，因此不忍心降之，而爲她們穿齊衰不杖期的喪服，以示厚待。若是兄弟姪兒死後也無人爲祭主，則姑姊妹雖嫁，也爲兄弟姪兒不降，而服齊衰期以報之。女子子嫁後，爲父母本來就服齊衰期，因此爲父母乃不言報服了。

今本喪服經文與簡本丙本都有「姑姊妹報」之文，甲、乙二本則無這四字。可能是二本傳寫的人，根本不主張姑姊妹爲姪兒兄弟有報服的緣故。

（十四）　爲君之父母、妻、長子、祖父母

喪服：

爲君之父、母、妻、長子、祖父母。

喪服傳曰：

何以期也？從服也。父、母、長子、君服斬。妻，則小君也。父卒，然後爲祖後者服斬。

鄭注云：

此爲君矣，而有父若祖之喪者，謂始封之君也。若是繼體，則其父若祖有廢疾不立。父卒者，父爲君之孫，宜嗣位而早卒，今君受國於曾祖。

案，依鄭康成的解釋，此條所謂之君，乃是指國君而言。君爲其父及長子服斬衰三年，臣從君爲之服，降一等為齊衰期，自無疑問。君為其母是齊衰三年，臣從君為之服，也是降為齊衰期。但喪服傳此處說君為母也是斬衰，與喪服父卒為母齊衰三年不同，則此處君為母服斬的說法，或許是作傳者為了行文方便之故，或者竟是作傳者個人的主張了。

君為夫人服齊衰杖期，臣為小君，從君服則應降為大功。但喪服作者乃主張為小君服期，馬融的解釋說是「妻為小君，服母之義，故周也。」（讀禮通考卷十引）。案喪服四制云：「資于事父以事君，而敬同。」是為君有服父之義，為君之妻乃有服母之義，因此臣為君妻也服齊衰期了。

臣為君是斬衰三年，但為君之祖父母，何以服齊衰期呢？鄭康成認為它有兩種情形：其一是，此君為始封之君，其祖與父都不曾具有國君的身份，且父早卒，君為祖後，於是為祖斬衰三年，為祖母齊衰三年，臣從服，乃為君之祖父母服期。別一種情形是：此君雖是繼體之君，但父祖有廢疾不立，俱未嘗為君，父又早卒，君雖受國於曾祖，然猶以為祖後而為祖斬衰，為祖母齊衰三年。於是臣乃從服而為君之祖父母服期。案，喪服斬衰章並無「父卒，然後為祖後者服斬。」的明文，只因本條有為君之祖父母服期的規定，喪服傳的作者可能為了解釋附會經文，因此提出了這一主張，黃榦儀禮經傳通解喪服補便據以補於斬衰三年，為適孫承重之制。但因經無明文，也就只好闕之，姑存其說而已。

（十五）妾為女君

喪服：

妾為女君。

喪服傳曰：

何以期也？妾之事女君，與婦之事舅姑等。

鄭注云：

女君，君適妻也。女君於妾無服，報之則重，降之則嫌。

張爾岐云：

註「報之則重」二句，解女君於妾無服之故，謂嫌若姑爲婦降服也。

女君是君的適妻，地位極爲尊貴。妾的地位低，因此平日妾以婦事舅姑之禮來事奉女君。女君死，則妾亦以婦爲舅姑齊衰期的喪服爲女君着服。

案，鄭康成以爲女君於妾無服。但緦麻章却說爲「貴臣，貴妾」有服，可見妾的地位至少有貴妾與一般之妾的分別，君爲妾無服，但爲貴妾則服緦麻三月。左傳昭公二年。

晉少姜卒，公如晉，及河，晉侯使士文伯來辭曰：「非伉儷也，請君無辱。」

由「非伉儷也」這句話，可是少姜的地位只是晉平公的妾，而非夫人。但晉平公却爲少姜有服，此事左傳昭公三年並有記載：

齊侯使晏嬰請繼室於晉，……韓宣子使叔向對曰：「寡君之願也，寡君不能獨任社稷之事，未有伉儷，在縗絰之中，是以未敢請……」

叔向既然說其君「在縗絰之中」，可見晉平公是爲少姜服喪的了。君既爲妾有服，鄭康成如何說是女君爲妾無服呢？我想，這大概與妾的地位有關，而本條「妾爲女君」所指的妾，或許就是地位較低的妾，而不是像少姜那樣的貴妾罷。

（十六） 婦爲舅姑

喪服：

婦爲舅姑。

爾雅云：

婦稱夫之父曰舅，稱夫之母曰姑。

那麼，婦人爲丈夫的父母，爲什麼服齊衰期呢？喪服傳曰：

何以期也？從服也。

案，子爲父母是三年的喪服，因此，婦人從夫而服，爲舅姑乃降一等，而服齊衰期了。

（十七） 夫之昆弟之子

喪服：

夫之昆弟之子。

鄭注云：

男女皆是。

敖繼公云：

世母，叔母服之也。女子子在室亦如之。

據鄭康成所注，則本條乃是世母、叔母爲其夫的兄弟的子女所應有的喪服。然則，何以服期呢？

喪服傳曰：

何以期也？報之也。

案本章「世父母，叔父母」條已明昆弟之子爲世父母、叔父母服齊衰期。其中世父、叔父因屬旁尊，與父祖爲一體，故爲之服期。但世母、叔母本是路人，因牉合於世父、叔父，而有母名，於是子以名服而爲二母服期。二母從二父，本當爲夫之昆弟之子降爲大功，但因彼以期服己，於是乃還報之，亦爲夫之昆弟之子服期。

（十八） **公妾、大夫之妾，爲其子**

喪服：

公妾、大夫之妾，爲其子。

喪服傳曰：

何以期也？妾不得體君，爲其子得遂也。

鄭注云：

此言二妾不得從於女君尊降其子也。女君與君一體，唯爲長子三年，其餘以尊降之，與妾子同也。

賈疏云：

諸侯絕旁期，爲衆子無服。大夫降一等，爲衆子大功。其妻體君，皆從夫而降之。至於二妾賤，皆不得體君，君不厭妾，故自爲其子得申，遂而服期也。

案，諸侯爲衆子無服，則女君以體君之故，也爲衆子無服。大夫爲衆子大功，其妻體君，從夫而降，爲衆子小功。至於公妾及大夫妾，因地位卑賤，不得體君，故不降其子，而得爲子服齊衰期。

（十九）女子子爲祖父母

喪服：

女子子爲祖父母。

喪服傳曰：

何以期也？不敢降其祖也。

鄭注云：

經似在室，傳似已嫁。明雖有出道，猶不降。

賈疏云：

祖父母，正期也，已嫁之女可降旁親。祖父母正期，故不敢降也。經直言「女子子」，無嫁文，故似在室。傳言「不敢」，則是雖嫁而不敢降祖，故似已嫁。經傳互言之，欲見在室、出嫁，同不降也。

案，斬衰章爲父，男子與女子子在室者，條文分立。本章爲祖父母，似也如此，至於本條，似應依賈疏之說，包括在室與出嫁二者而言。女子子在室固當爲祖父母服期，傳文所言，可能是強調出嫁者爲祖父母亦不敢降服大功之故，是女子子或在室，或已嫁，皆爲祖父母服齊衰不杖期的喪服。

（二十）大夫之子爲世父母、叔父母、子、昆弟、昆弟之子、姑、姊、妹、女子子無主者，爲大夫命婦者，唯子不報。

喪服：

> 大夫之子，爲世父母、叔父母、子、昆弟、昆弟之子、姑、姊、妹、女子子無主者，爲大夫命婦者，唯子不報。

鄭注云：

> 命者，加爵服之名，自士至上公，凡九命，君命其夫，則后、夫人亦命其妻矣。此所爲者，凡六命夫、六命婦。

案，周禮大宗伯云：

> 大宗伯以九儀之命，正邦國之位典命。上公九命，侯、伯七命，子、男五命，王之三公八命，其卿六命，其大夫四命。公之孤四命，其卿三命，其大夫再命，其士一命。侯、伯之卿、大夫、士亦如之。子，男之卿再命，其大夫一命，其士不命。

鄭注云：

> 王之上士三命，中士再命，下士一命。

所謂九命，乃是自士至上公的階級劃分辦法。覲禮云：

> 諸公奉篋服，加命書於其上。

是命即鄭康成所謂的「加爵服之名」。晉文公便曾受周王七命爲侯伯，左傳僖公二十八年云：「王策命晉侯爲侯伯」。男子受命，是爲命夫，妻以夫貴，乃受后、夫人之命，而成爲命婦。本條所載的是大夫之子，爲六種命夫及六種命婦的喪服。六命夫者：一是世父，二是叔父，三是子，四是兄，五是弟，六是昆弟之子。六命婦者：一是世母，二是叔母，三是姑，四是姊，五是妹，六是女子子。

喪服傳解釋經文說：

大夫者，其男子之爲大夫者也。命婦者，其婦人之爲大夫妻者也。無主者，命婦之無祭主者也。何以言唯子不報也？女子子適人者，爲其父母期，故言不報也，言其餘皆報也。何以期也？父之所不降，子亦不敢降也。大夫曷爲不降命婦也？夫尊於朝，妻貴於室矣。

由這一段解釋，可以知道，此條大夫之子所服的這六種命婦，是指夫死子喪，死後無人作爲祭主的命婦而言，至於六命婦，則不一定爲無主者了。因爲這十二種人，或尊於朝，或貴於室，故大夫爲這些人本當以尊降服大功，却因尊與己同，而不降，仍服齊衰期，父之所不降，子亦不敢降，於是大夫之子也爲這十二等人服期了。其中女子子適人者，因爲父本是期服，所以經文特別說明「唯子不報」，此外的十一種人，爲大夫之子的喪服，也當以齊衰期報服之。

（廿一）大夫、爲祖父母、適孫、爲士者

喪服：

大夫爲祖父母，適孫爲士者。

喪服傳曰：

何以期也？大夫不敢降其祖與適也。

鄭注云：

不敢降其祖與適，則可降其旁親也。

案、大夫位尊，故於其旁親之未爲大夫以上者，均可降服一等。但對於祖父與適孫之爲士者，却仍不敢降服，乃是因祖父及適孫、都是已身上承下傳的正體，二者雖卑，但仍爲之服齊衰期。這完全是不以貴貴，而以親親的態度來爲祖父母及適孫服喪了。

（廿二）　公妾、以及士妾，爲其父母

喪服：

公妾，以及士妾，爲其父母。

此條所言者，乃是上自公妾，下至士妾，對於其父母的喪服。其中當包括卿、大夫之妾在內。

喪服傳曰：

何以期也？妾不得體君，得爲其父母遂也。

鄭注云：

然則女君有以尊降其父母者與？春秋之義，雖爲天王后，猶曰「吾季姜」，是言子尊不加於父母。此傳似誤矣。禮，妾從女君而服其黨服，是嫌不自服其父母，故以明之。

案，鄭康成此注以妾不得體君，與女君得以體君相比例，以爲妾當從女君爲其黨服，認爲喪服傳有誤，而舉春秋之義，別創一說。胡培翬正義云：

上傳「妾不得體君」謂諸侯之君爲衆子無服，大夫之君，於衆子降服大功。妾不體君，故爲其子得服期。此傳「妾不得體君」，謂君於妾之父母無服，妾不體君，故爲其父母得服期，此義之易明，無煩比例而得者。其以女君爲比例、乃注家僭以勘明經義，非傳者立言之意，鄭誤以傳

言「妾不得體君」，爲對女君得體君言，故於此傳遂窒礙難通。

案，胡氏之說是也。女君得以體君，故爲其父母，得服齊衰期，而不爲君所厭降。妾雖不得體君，但君亦不厭其妾，故妾亦得以爲其父母服期。鄭康成引雜記「妾從女君而服其黨服」，以爲經文是「嫌不自服其父母，故以明之」其說未免窒礙難通。

五、齊衰三月

齊衰三月，是次於齊衰不杖期的喪服。其喪期比大功的九月爲短，但因其衰裳升數與齊衰各章皆同爲五升，比大功衰之七升爲粗，故列於大功之前。

喪服：

疏衰裳，牡麻絰，無受者。……

鄭注云：

無受者，服是服而除，不以輕服受之，不著月數者，天子諸侯葬異月也。小記云：「齊衰三月與大功同者，繩屨。」

案，所謂受服，乃是指喪服之重者，依葬，練、祥諸禮的舉行，逐次以輕服代替先前的重服的喪服演變而言。由於齊衰三月之服，穿上後，等到既葬除服，便不再爲所服之人有任何喪服，因此，也就無所謂受服了。喪服未說明喪期月數的原因，乃是由於天子七月而葬，諸侯五月而葬，大夫、士三月而葬，葬期不一致的緣故。不過服此服的人，往往只穿於身上三個月。鄭康成於「寄公爲所寓」傳下注云：

諸侯五月而葬，而服齊衰三月者，三月而藏其服，至葬又更服之，既葬而除之。

可知雖說爲諸侯當服至葬後才除，其實、眞正穿此服，也只有三月而已。故此章喪期乃以三月爲主、而訂爲齊衰三月。

（一）寄公爲所寓

喪服：

寄公爲所寓。

喪服傳曰：

寄公者何也？失地之君也。何以爲所寓服齊衰三月也？言與民同也。

賈疏云：

失地君者，謂若禮記射義貢士不得其人，數有讓黜，爵削地盡，君則寄在他國也。言與民同者，以客在主國，得主君之恩，故報與民同也。

案，本條所言，是亡國失地的諸侯，爲所寄居之國的國君的喪服。諸侯各爲大宗，本不相服，但因寄公失地，寄居他國爲客，主君遇之有恩，故主君死，爲報其收留之恩，乃同與民，而爲所寓主君穿齊衰三月的喪服。

（二）丈夫、婦人，爲宗子、宗子之母，妻。

喪服：

丈夫、婦人，爲宗子、宗子之母、妻。

案，本章下經文有「大夫爲宗子」條，故知此條所謂之「丈夫」，乃是指士人以下而言。鄭注云：「宗子，繼別之後，百世不遷，所謂大宗也。」是本條所言者，乃是同宗的男女爲大宗子，以及大宗子的母、妻的喪服。

士人以下的男女，爲大宗子及大宗子的母、妻，何以穿齊衰三月的喪服呢？喪服傳解釋說：

何以齊衰三月也？尊祖也。尊祖，故敬宗，敬宗者，尊祖之義也。宗子之母在，則不爲宗子之妻服也。

案，喪服小記云：「別子爲祖，繼別爲宗。」別子是其家之祖，其世世適長相傳，均爲大宗。小宗又源於大宗。大宗之下的同宗男女，對於大宗子的尊敬，也就是對於百世不遷之祖的別子的尊敬。因此爲了尊祖，雖與宗子已無五屬之親，也爲之齊衰三月。所以爲宗子的母、妻也齊衰三月者，賈疏云：

以宗子燕食族人於堂，其母、妻亦燕食族人之婦於房，皆序以昭穆，故族人爲之服也。

因宗子之母，妻於族人有燕食之恩，且死後均序昭穆於宗廟，因此族人乃爲之服。案，喪服傳認爲「宗子之母在，則不爲宗子之妻服。」，可是經文並稱爲「宗子之母，妻」有服，不見傳義。可能是作傳者的主張與經文作者不同的緣故。

喪服記云：

宗子孤爲殤，大功衰、小功衰，皆三月。親則月算如邦人。

張爾岐云：

緦麻之親與絕屬者同，謂成人則齊衰三月，殤則如記所言也。

案，喪服記所說的是宗子無父者的喪服，其長殤中殤爲大功衰，下殤爲小功衰，但喪期則仍三月。若是成人，則爲之齊衰三月矣。

（三）爲舊君、君之母、妻

喪服：

爲舊君、君之母、妻。

喪服傳曰：

爲舊君者，孰謂也？仕焉而已者也。何以服齊衰三月也？言與民同也。君之母、妻，則小君也。

鄭注：

仕焉而已者，謂老有廢疾而致仕者也。爲小君服者，恩深於民。

案，爲臣者，或致仕，或以有故而去，其本來所事的國君，便叫做「舊君」。臣爲君本當斬衰三年，但因不再事奉舊君，已不具有君臣的關係，因此同於一般庶民，而爲舊君齊衰三月。「君之母、妻」的君，也是指舊君而言。爲舊君的母、妻本是無服，但二者皆是小君身份，且舊日之恩猶存於心，因此也爲之齊衰三月，以自別於一般庶人。

孟子離婁下云：

王曰：「禮，爲舊君有服。何如斯可爲服矣。」曰：「諫行言聽，膏澤下於民，有故而去，則君使人導之出疆，又先於其所往。去三年不反，然後收其田里，此之謂三有禮焉。如此，則爲之服矣。今也爲臣，諫則不行，言則不聽，膏澤不下於民，有故而去，則君搏執之，又極之於其所往。去之日，遂收其田里，此之謂寇讎，寇讎何服之有？」。

從離婁篇這段記載，可以得到兩個啓示，一是在孟子的時代裏，爲舊君是有喪服的。此外是否如孟子所說舊君須待臣「三有禮」，然後才有服，無恩則不服，恐怕是孟子基於儒家仁義的思想所作的主張了。

（四）庶人爲國君

喪服：

庶人爲國君。

鄭注云：

不言民，而言庶人，庶人或有在官者，天子畿內之民，服天子亦如之。

案，鄭康成以爲天子畿內之民、服天子亦如此禮。但經並無明文，但言國君，不言天子，可見喪服作者並未主張民爲天子有服。此條服喪之人當包括庶人在官者，如府史、胥徒等人在內。凡庶人爲國君，皆服齊衰三月。本條簡本丙本與今本同有，但甲、乙二本皆無，可見二本傳寫者，都未主張庶人爲舊君有服了。

（五）大夫在外，其妻、長子，爲舊國君

喪服：

大夫在外，其妻、長子，爲舊國君。

大夫在外，乃是指大夫之以故離國去君者而言。案雜記云：「違諸侯之大夫，不反服；違大夫之諸侯，不反服。」檀弓云：「仕而未有祿者，君有饋焉曰獻，使焉曰寡君，違而君薨，弗爲服也。」據此，則大夫在外，似不再爲舊君有喪服了。但下經「舊君」條下、喪服傳有「大夫爲舊君，何以服齊衰三月也。」之文，可見大夫爲舊君有齊衰三月的喪服。大夫爲舊君或曰有服，或曰無服，當是各家主張不同之故。那麼，大夫之妻及大夫之長子，爲何爲舊君齊衰三月呢？喪服傳解釋說：

何以服齊衰三月也？妻，言與民同也。長子，言未去也。

鄭注云：

妻雖從夫而出，古者，大夫不外娶，婦人歸宗往來，猶民也。春秋傳曰：「大夫越境逆女，非禮也。」君臣有離合之義，長子去，可以無服。

案，鄭康成所引之春秋傳乃公羊傳，春秋莊二十七年「莒慶來逆叔姬」，公羊傳曰：「大夫越境逆女，非禮也。」。鄭引之者，爲證大夫不外娶也。據鄭康成之說：是大夫之妻從夫而出，但喪服傳云：「妻，言與民同也」，似與長子均仍留居本國，若是去國，便已非舊君之民了。而且，妻若從夫而出，爲舊君從夫降一等，便應無服。喪服傳作者大約恐人誤以大夫之妻爲夫之君猶期，故特言「與民同也」。鄭注「婦人歸宗往來，猶民也」的說法，恐怕有誤。大夫之妻因其夫與舊君已無君臣關係存在，故服與民同而爲舊君齊衰三月。大夫之子，爲君本如士服，斬衰三年。以其父在外之故，雖未去國，但身份已與一般庶人相同，因此，爲父之舊君，也服齊衰三月的喪服。

（六）繼父不同居者

喪服：

繼父不同居者。

鄭注：

嘗同居，今不同。

案，前夫之子與繼父，必須在子隨母嫁之初，具有了如喪服傳所說「子無大功之親；與之適人，而所適者，亦無大功之親；所適者，以其財貨，爲之築宮廟，歲時使之祀焉。」的三個條件，然後才能構成繼父同居的關係，如此，前夫之子乃爲繼父同居者服齊衰期。若一開始，三個條件少了一個，便是不同居，而爲繼父無服。本條所言者，當是先有同居的關係。後來，三個條件缺了一個了，成爲異居關係，如此，乃爲繼父齊衰三月。

此條簡本丙本與今本同有，但甲、乙二本皆無，是甲乙二本的傳寫者，並未主張爲繼父異居者有服了。

（七）曾祖父母

喪服：

曾祖父母。

喪服傳曰：

何以齊衰三月也？小功者，兄弟之服也，不敢以兄弟之服服至尊也。

鄭注云：

正言小功者，服之數盡於五，則高祖宜緦麻，曾祖宜小功也。據祖期，則曾祖大功，高祖宜小功也。高祖、曾祖，皆有小功之差，則曾孫、玄孫，爲之服同也。重其衰麻，減其日月，恩殺也。

案，喪服無言及爲高祖有服，其文僅及曾祖而已。鄭康成推之，以爲爲高祖，宜有緦麻或小功的喪服，乃是與喪服作者主張有所不同，至於先秦時代，是否爲高祖有服，因文獻無徵，也就無法置論了。

喪服傳「小功者，兄弟之服也。」此處所謂的「兄弟」，當與齊衰不杖期章的「昆弟」不同，而是喪服記「兄弟皆在他邦，加一等，不及知父母，與兄弟居，加一等。」下傳曰：「小功以下爲兄弟」的兄弟。因曾祖父母地位至尊，因此不敢以小功以下的兄弟之服服之，因此重其衰麻，減其日月，而爲曾祖父母服齊衰三月的喪服。

（八）　大夫爲宗子

喪服：

大夫爲宗子。

案，上文有「丈夫、婦人爲宗子」，彼丈夫大約是士人以下的階級。本條所言，當是專爲大夫階級而設。

喪服傳曰：

何以服齊衰三月也？大夫不敢降其宗也。

士人以下階級的人爲大宗子的喪服是齊衰三月，大夫以尊降，則當爲宗子無服。但大夫位雖尊，仍不能不尊祖而敬宗，因此，爲宗子不降，也穿齊衰三月的喪服。

（九）大夫爲舊君

喪服：

舊君。

喪服傳曰：

大夫爲舊君，何以服齊衰三月也？大夫去，君埽其宗廟，故服齊衰三月也。言與民同也。何大夫之謂乎？言其以道去君，而猶未絕也。

案，依喪服傳的解釋，則此去君之大夫與舊君的關係，蓋有如孟子離婁篇所說的「三有禮」，以及曲禮所謂「爵祿有列於朝，出入有詔於國。」者。雖是去君之後，君臣關係已告終斷，但因屬「以道去君」，彼此恩義仍在，故還爲舊君穿齊衰三年的喪服，檀弓云：

穆公問於子思曰：「爲舊君反服，古與？」子思曰：「古之君子，進人以禮，退人以禮，故有舊君反服之禮也。今之君子，進人若將加諸膝，退人若將隊諸淵，毋爲戎首，不亦善乎。又何反服之禮之有。

由「毋爲戎首」這句話，可知子思所論者，乃是已去國之臣。子思的說法，可以說是孟子對於爲舊君有服無服的議論的張本。不過，從子思的話裏「今之君子」一句話看來，在子思所能見到的時代，似已無人爲舊君服喪了。

（十）　大夫爲曾祖父母爲士者，如衆人

喪服：

爲曾祖父母爲士者，如衆人。

喪服傳曰：

何以齊衰三月也？大夫不敢降其祖也。

從喪服傳的解釋裏，可知本條服喪之人，乃是大夫的身份。大夫以尊降其旁親，於曾祖父母之爲士者，本屬無服，但尊父則以尊祖，尊祖乃以尊曾祖父母。曾祖父母亦是至尊，雖不爲大夫而爲士，但大夫仍不敢降其曾祖父母，而爲之服齊衰三月。

（十一）　女子子嫁者、未嫁者，爲曾祖父母

喪服：

女子子嫁者，未嫁者，爲曾祖父母。

喪服傳曰：

嫁者，其嫁於大夫者也。未嫁者，其成人而未嫁者也。何以服齊衰三月？不敢降其祖也。

敖繼公云：

女子子之適人者，降其父母一等，乃不降其祖與曾祖者，蓋尊服止於齊衰三月，其自大功以

下，則服至尊者不用焉。故父母之三年，可降而爲齊衰期，不可降而爲大功。而祖之齊衰期，不可降而爲大功。曾祖之齊衰三月，又不可降而無服，此所以二祖之服俱不降也。

案，敖氏此說極精。蓋尊服止於齊衰三月，女子子出嫁後，可降其父母，但不可降其二祖，故女子子雖嫁於大夫，或成人未嫁者，均不敢降其祖，而爲祖父母齊衰期，爲曾祖父母齊衰三月。

六、成人大功九月

喪服：

大功布衰裳，牡麻絰、纓，布帶，三月，受以小功衰，卽葛，九月者。……

案，大功有二，一爲成人大功九月，卽本章所要討論者；一是大功殤九月七月，乃是爲未成年者的喪服，本編別有一章專予討論。

大功九月，較之齊衰三月，其喪期較長，而服制則較輕，故五服之中，次於齊衰三月。

成人大功有受服，鄭康成云：「凡天子、諸侯、卿、大夫、旣虞，士卒哭，而受服。正言三月者，天子、諸侯無大功，主於大夫士也。」案士虞記云：「死，三日而殯，三月而葬，遂卒哭。」是旣虞卒哭乃在三月之後，故喪服有三月受服的說法。成人大功，三月受服，則變大功衰爲小功衰，其男子的服制乃爲「小功布衰裳，牡麻絰，卽葛。」，案士虞記云：「丈夫說絰帶于廟門外」，是「卽葛」乃男子改麻帶爲葛帶也。婦人雖受以小功服，但士虞禮云：「婦人說首絰，不說帶。」檀弓云：「婦人不葛帶」，可知婦人受服，但除首絰，而不改麻帶爲葛帶。三月受服之後，至九月服滿遂除，還着吉服。

喪服：

（一）姑姊妹、女子子適人者

姑、姊、妹、女子子適人者。

喪服傳曰：

何以大功也？出也。

鄭注云：

出必降之者，蓋有受我而厚之者。

案，檀弓云：「姑姊妹之薄也，蓋有受我而厚之者。」鄭注當本於此。父爲女子子，姪爲姑，昆弟爲姊、妹，此四者本來都是齊衰期，但因出嫁之後，均有夫婿爲之禫杖期，故從此薄之，而皆降爲大功九月之服。

（二）從父昆弟

喪服：

從父昆弟。

鄭注云：

世父、叔父之子也。其姊妹在室亦如之。

案，爾雅云：「兄之子，弟之子，相謂爲從父昆弟。」郭璞注：「從父而別」。爲同父昆弟是齊衰期，從父昆弟降一等，故服大功。至於鄭康成以爲爲從父姊妹，亦服此服者，因經無明文，故姑備其說而已。簡本甲、乙二本皆無此條。

（三）爲人後者，爲其昆弟

喪服：

爲人後者，爲其昆弟。

喪服傳曰：

何以大功也？爲人後者，降其昆弟。

案，本條是爲人後者，爲其本宗昆弟的喪服。爲同父昆弟，本是服期。但因出而後大宗，降其原來的小宗，故爲本宗昆弟服大功。

（四）庶孫

喪服：

庶孫。

胡培翬儀禮正義云：

有適子者，無適孫。適子在，則凡孫皆爲庶孫也。孫爲祖父母服期，祖父母於庶孫，以尊加之，故不爲報服，而服大功也。若適子先死，則爲適孫一人期。

案，胡氏之說是也。祖父母爲適孫，已詳齊衰不杖期章。祖父母爲至尊，雖孫爲祖父母期，但祖父母以尊加於庶孫，故爲之服大功而已。此條簡本甲、乙二本無。

（五）適婦

喪服：

適婦。

鄭注：

適婦，適子之妻也。

喪服傳曰：

何以大功也？不降其適也。

案，喪服傳此處說「不降其適也」，可知乃爲對庶婦而言。舅姑爲庶婦是小功，而爲適婦不降，故服大功，喪服小記云：

適婦不爲舅後者，則姑爲之小功。

可知舅姑爲適婦本是大功，以適婦不爲舅後，姑乃降之爲小功，小記之文可明舅姑爲適婦不降之理。

（六）女子子適人者，爲衆昆弟

喪服：

女子子適人者，爲衆昆弟。

鄭注云：

父在則同，父沒乃爲父後者服期。

案，鄭注：「父在則同」當指本條而言，「父沒乃爲父後者服期」已詳齊衰不杖期章。婦人出嫁，則爲其本親降服一等，在室時爲昆弟本是服期，既嫁，則降服大功。

喪服記云：

凡妾，爲私兄弟，如邦人。

賈疏云：

妾言凡者，總天子以下至士，故凡以該之也。妾爲私親，疑爲君與女君所厭降，實則不厭，故服同邦人常法，謂如女子子適人者之服也。

案，妾雖賤，但仍不爲其君與女君所厭降，得如邦人之女子子適人者之服，則爲私兄弟亦得服大功九月之服矣。此條，簡本甲、乙二本皆無。

（七）姪、丈夫婦人，報

喪服：

姪、丈夫婦人，報。

喪服傳曰：

姪者何也？謂吾姑者，吾謂之姪。

案，爾雅釋親：「女子謂晜弟之子爲姪」，是姪爲男子。釋名：「姑謂兄弟之女爲姪」，則姪爲女子。左傳僖公十五年：「姪其從姑」，姪指子圉而言，是爲男姪。左傳襄公二十三年：「繼室以其姪」，言繼室，是爲女姪。公羊莊十九年傳：「以姪娣從，姪者何？兄之子也。」是謂女爲姪。喪服言「姪、丈夫，婦人」，則姪乃包括男女而言，敖繼公云：「必言大夫、婦人者，明男女皆謂之姪。」是也。

本條爲姑之已嫁者，爲其姪之喪服。爲姑姊妹適人者服大功，見于本章之首。女子子適人者爲衆昆弟大功，已詳上條，則爲衆昆弟之子，似當再降爲小功。如此，則姪爲姑大功，姑爲姪止小功而已。兩服不同，不知喪服經文何以謂此爲報服？或者，經所言乃指姪女出嫁，姑爲之，雖當降爲小功，然猶不降，仍服大功。姪女嫁者爲姑之已嫁者，亦不降，而服大功。如是，則姑與女乃爲報服矣。案，簡本丙本此條作「經、丈夫婦人」，無「報」字。甲、乙二本，則均僅有一「經」字。以此考之，則三本簡本之傳寫者，均不主張此條有報服，而認爲只是姑爲姪的喪服而已了。

（八）夫之祖父母、世父母、叔父母

喪服：

夫之祖父母，世父母、叔父母。

喪服傳曰：

何以大功也？從服也。夫之昆弟，何以無服也？其夫屬乎父道者，妻皆母道也。其夫屬乎子道者，妻皆婦道也。謂弟之妻婦者，是嫂亦可謂之母乎？故名者，人治之大者也，可無愼乎？

案，妻從夫服，例降一等，夫爲祖父母、世父母、叔父母均服齊衰期，妻爲之則是大功九月。妻爲夫之祖父母、世父母、叔父母，都有喪服。但於夫之昆弟，則不主張有服，喪服傳「夫之昆弟，何以無服也」以下的話，都是在解解所以爲夫之昆弟無服的緣故。鄭康成云：

是爲序男女之別爾。若己以母、婦之服，服兄弟之妻；兄弟之妻，以舅、子之服服己。則是亂昭穆之序也。

鄭氏這幾句話，最能說明叔嫂之間何以無服的道理。案檀弓云：

嫂、叔之無服也，蓋推而遠之。

奔喪云：

無服而爲位者，唯嫂叔及婦人降而無服者，麻。

這兩段記載，也都說是嫂叔無服。孟子離婁上云：「嫂溺，援之以手者，權也。」正表示古代社會家庭裏，嫂叔之間，確有相當嚴格的界限，而妻爲夫之昆弟無服，大約也就是這種觀念下，所訂出來的規矩主張了。

（九）大夫爲世父母、叔父母、子、昆弟、昆弟之子，爲士者。

喪服：

大夫爲世父母、叔父母、子、昆弟、昆弟之子，爲士者。

鄭注云：

子，謂庶子。

喪服傳曰：

何以大功也？尊不同也。尊同，則得服其親服。

爲世父母、叔父母、衆子、昆弟、昆弟之子這些人的喪服，本是服齊衰期。但因這些人只是士人階級，地位在大夫之下，因此，大夫爲這些人，便以尊降服，而爲之大功九月。若是尊同，便爲之服期。

（十）公之庶昆弟、大夫之庶子，爲母、妻、昆弟

喪服：

公之庶昆弟、大夫之庶子，爲母、妻、昆弟。

鄭注云：

公之庶昆弟，則父卒也。大夫之庶子，則父在也。其或爲母，謂妾子也。

賈疏云：

若云公子，是父在，今繼兄而言弟。又公子父在爲母妻，在五服之外，今服大功，故知父卒也。大夫之庶子，繼父而言，又大夫卒，子爲母妻得伸。今但大功，故知父在也。於適妻、君、大夫自不降，其子皆得伸，今爲母但大功，明妾子自爲己母也。

案，喪服記云：

公子爲其母，練冠，麻，麻衣縓緣；爲其妻，縓冠，葛絰帶，麻衣縓緣，皆既葬除之。

喪服傳曰：

何以不在五服之中也？君之所不服，子亦不敢服也。君之所爲服，子亦不敢不服。

依喪服記的記載，及喪服傳作者的解釋，諸侯的妾子，父在對於母、妻，只有象徵性的服制，葬後便告除去，不能算是有正式的喪服。其所以不在五服之中，依作傳者的解釋，是「君之所不服，子亦不敢服也」，是國君爲妾乃無喪服。但左傳昭公二年云：

晉少姜卒，公如晉，及河，晉侯使士文伯來辭曰：「非伉儷也，請君無辱。」

左傳昭公三年云：

齊侯使晏嬰請繼室於晉，……韓宣子使叔向對曰：「寡君之願也，寡君不能獨任社稷之事，未有伉儷，在縗絰之中，是以未敢請。……」

晉侯即晉平公。由這項史實來看，少姜是妾的身份，而晉平公卻爲之「在縗絰之中」，明是諸侯亦爲妾有服。至於所服之服，或者便是喪服緦麻章爲「貴臣、貴妾」的緦麻三月。

又檀弓云：

悼公之母死，哀公爲之齊衰，有若曰：「爲妾齊衰，禮與？」公曰：「吾得已乎哉？魯人以妻我。」

案，悼公之母，鄭注以爲即「哀公之妾」，如檀弓所記，則是爲妾之服，也有如爲妻的齊衰期的情形了。喪服記的作者，以爲國君爲妾無服，或許是其個人主張如此，卻不能說是古之諸侯爲妾無服了。鄭康成於「貴臣、貴妾」下云：「此謂公士大夫之君也」，是爲貴臣、貴妾有緦服，亦可推及公卿大夫等人。父既有服，則妾子爲己母，自也應該有服。至於所服之服，則公子父在爲母或爲小功，但經無明文，喪服記又主張無服，故是否如此，也僅能算是一種推測而已，父卒乃大功。大夫庶子父在大功，父卒乃伸三年。

公之庶昆弟，大夫之庶子，這兩種人，爲母、妻、昆弟，何以服大功九月呢？喪服傳解釋說：

何以大功也？先君餘尊之所厭，不得過大功也。大夫之庶子，則從乎父而降也。父之所不降，子亦不敢降也。

鄭注云：

言從乎大夫而降，則於父卒如國人也。

公之庶昆弟，父卒爲母，似亦當齊衰三年，爲妻仲杖期，但先君雖死，餘尊仍在。君於妾或僅小功，於庶婦或不爲服，故先君死後，今君之庶昆弟爲母、妻，亦僅得伸大功而已。大夫降其妾與庶婦，故大夫之子，父在、從父而降，亦只爲母、妻大功。

鄭注又云：

昆弟，庶昆弟也。舊讀，昆弟在下。其於厭降之義，宜蒙此傳也。是以上而同之，父之所不降，謂適也。

依鄭康成所說，本條經文「昆弟，」二字在其以前的舊讀本裏，原在喪服傳傳文之後，屬下條經文「皆爲其從父昆弟之爲大夫者」的上讀。可是鄭氏以爲「其厭降之義，宜蒙此傳」，因此便以己意而移在傳前的經文裏。以致後代學者，爲此聚訟不已。徐乾學、程瑤田以爲當以舊讀爲正，凌廷堪，胡承珙則主鄭說，胡培翬乃疑「昆弟」二字屬於衍文。今案，簡本丙本有「昆弟」二字，甲、乙二本皆無，二本傳文也無「父之所不降，子亦不敢降也」二句。丙本既有，則二字非衍文甚明。至於「昆弟」二字究竟當屬上讀或下讀，則甚是難以斷定。徐乾學云：

此「昆弟」二字，本在下條「皆爲其從父昆弟之爲大夫者」之上。鄭氏謂宜在此。愚謂此條爲母爲妻與下記公子爲其母妻相照。彼公子以父在，故既葬卽除，此則父沒。故得申大功，至大夫之庶子，又卑於公之庶昆弟，雖父在亦得申大功，故同類言之，初何嘗及於昆弟乎？今雖從注疏之本，不敢擅易，而解義決當以舊讀爲正。

我想徐氏這個說法是比較近理的，「昆弟」二字，似乎也以依舊讀在下條，來得好些。

（十一） 昆弟皆爲其從父昆弟之爲大夫者

喪服：

皆爲其從父昆弟之爲大夫者。

案，此條甲、乙二本無，丙本有，唯「其從父昆」四字缺失。依舊讀本，則當作「昆弟皆爲其從父昆弟之爲大夫者」。

鄭注云：

皆者，言其互相爲服，尊同則不相降。其爲士者，降在小功，適子爲之，亦如之。

由於鄭康成將舊讀本「昆弟」二字移在上條與母妻合文，以致本條經文乃不明何人當服。因此他便將「皆」字解釋爲「言其互相爲服」，以爲本條是從父昆弟之爲大夫者，相互爲服。張爾岐云：

經文「皆」字，謂上文公之庶昆弟、大夫之庶子並然也。註以互相釋之，恐未當。註「其爲士者」，從父昆弟之爲士者也，「適子爲之、亦如之」，明不特大夫之庶子不爲之降也。此又依經推言之。

案，本條經文，若依鄭康成所改定，則以「皆」字起，似是承接上文的語氣，張氏疑鄭說未當，甚是。公之庶昆弟爲其從父昆弟之爲大夫者，因尊同，故服其親服大功九月。大夫之庶子爲之，以父之所不降而不敢降，亦是大功九月。

若依舊讀，則「昆弟」當爲鄭注所說之「庶昆弟」，公之庶昆弟之庶昆弟，自然也是公之庶昆弟，大夫之庶子之庶昆弟，也是大夫之庶子。此二等人爲其從父昆弟之爲大夫者，或以尊同不降，或以父之所不降而不敢降，都是服其大功九月的親服。依照舊讀，「昆弟」屬「皆」字上讀，而後作此解釋，亦甚可通。如此一來，也就不必像鄭康成將「皆」字講作「互相爲服」那樣勉強了，本條當從舊讀爲宜。

（十二）　爲夫之昆弟之婦人子適人者

喪服：

爲夫之昆弟之婦人子適人者。

鄭注云：

婦人子者，女子子也。不言女子子者，因出，見恩疏也。

案，此條是世叔母爲夫之昆弟之女已嫁者的喪服。世叔母爲夫之昆弟之子女，是齊衰不杖期的喪服，因其已嫁，故降服大功。簡本甲、乙二本並無此條。

（十三）　大夫之妾，爲君之庶子

喪服：

大夫之妾，爲君之庶子。

下傳曰：「何以大功也？妾爲君之黨服，得與女君同。」指爲此也。

鄭注云：

案下條「女子子嫁者，未嫁者，爲世父母、叔父母、姑、姊妹」下鄭注云「舊讀合大夫之妾，爲君之庶子、女子子嫁者，未嫁者。言大夫之妾爲此三人之服也。」是今本經文此條，爲鄭康成析自舊讀本之下條者，則下傳「何以大功也？妾爲君之黨服，得與女君同。」當是解釋本條之文。士爲衆子服期，已詳齊衰不杖期章，大夫以尊降，故爲其庶子大功，大夫之妻以體君之故，亦爲庶子大功。妾雖不得體君，但以庶子屬於君黨，妾因君而爲之服，乃視君服以爲節，是以得與女君同，亦爲之大功九月。

（十四）女子子嫁者、未嫁者，爲世父母、叔父母、姑、姊妹

喪服：

女子子嫁者，未嫁者、爲世父母、叔父母、姑、姊妹。

鄭注云：

舊讀合大夫之妾爲君之庶子、女子子嫁者、未嫁者，言大夫之妾、爲此三人之服也。

依鄭康成此注所說，則本條經文與上條「大夫之妾，爲君之庶子」，文本合而爲一。然鄭氏所以破之爲二者。案，本條之喪服傳曰：

嫁者，其嫁於大夫者也。未嫁者，成人而未嫁者也。何以大功也？妾爲君之黨服，得與女君同。下言爲世父母、叔父母、姑、姊妹者，謂妾自服其私親也。

鄭注云：

此不辭，即實爲妾遂自服其私親，當言「其」以見之，齊衰三月章曰：「女子子嫁者，未嫁者，爲曾祖父母」，經與此同，足以見之矣。傳所云「何以大功也？妾爲君之黨服，得與女君

同。」文爛在下爾。

鄭康成這一段話的目的，乃是在於提出他所以破舊讀本爲二的理由。所謂「此不辭」，當非謂傳文，而是指舊讀本將此條與上條合在一起一事而言。他所據的第一個理由是：若是大夫之妾，爲其私親有服，則經文當作「大夫之妾，爲君之庶子、女子子嫁者、未嫁者，爲其世父母、叔父母、姑、姊妹」，但經文無「其」字，因此，舊讀經文的文理語氣，實欠通順。其第二個理由認爲：舊讀本分爲二條後，本條不但語意明順，而且文例也與齊衰三月章「女子子嫁者，未嫁者，爲曾祖父母」相同。第三個理由：他認爲本條下傳文「何以大功也？妾爲君之黨服，得與女君同」應是屬上條經文的傳，而所以在此條者，是由於錯簡的緣故。

那麼，鄭康成於此處析舊讀爲二的做法，是否合理呢？張爾岐云：

舊讀與傳文甚協。鄭君必欲破之，不知何故？且女子子未嫁而逆降旁親，於義亦自可疑。兩存其說可也。

張氏對於鄭君做法的懷疑，所根據的第一個理由是：此條喪服傳的後半段，都是針對大夫之妾而立論的文字。其第二個理由，則認爲女子子未嫁而逆降旁親，與喪服的原則不合。因此，張氏乃認爲鄭說與舊讀。均自可通，而主張「兩存其說」了。

案，喪服傳「何以大功也？妾爲君之黨服，得與女君同。」鄭氏以爲當屬上條，說自可通，至於「下言爲世父母、叔父母、姑、姊妹者，謂妾自服其私親也」二十一字傳文，清代學者，阮元、戴震、秦蕙田、孔廣森、胡承珙、胡培翬等人，均以爲當屬注文，而誤入於傳者，今檢簡本，甲、乙二本，也都無「下言」以下二十一字、則此二十一字，很可能便是本條經文下，用以解釋舊讀的注文了。

至於據鄭氏女子子嫁者、未嫁者，爲世父母、叔父母、姑、姊妹爲大功的喪服，若依盛世佐及凌廷堪二家所解釋，則其逆降之說，亦爲可通。盛氏云：

> 嫁者，因出降也。不云「適人」，而云「嫁」者，見其雖貴爲大夫妻，不再降也。

盛氏又云：

> 昏姻之時，男女之正，王政之所重也。女子二十而嫁，有故，二十三年而嫁，謂父母喪也。聖人權於二者之間，以父母之喪，較之昏姻之時，則服重而時輕，故使之遂其服。以世、叔父諸喪，較之昏姻之時，則服輕而時重。故使之遂其時，此逆降之禮所由設也。（儀禮正義二十三引）

凌廷堪禮經釋例云：

> 未嫁者，謂許于大夫而未嫁者，蓋尊尊之義。故鄭注亦引齊衰三月章以證之，其義甚明。

案，爲世父母、叔父母、姑、姊妹之喪服，本是齊衰期，已嫁，則降爲大功，又嫁於大夫，似當從夫再降爲小功，而所以不再降者，當是不以貴貴，而以親親三義爲旁親着服，故仍爲大功九月。女子在室者，爲旁親本無降服，但因已成人，又許嫁於大夫，身份遂貴，且「以世叔父諸喪，較之昏姻之時則服輕而時重。」故得遂其時，而爲世、叔父等旁親的喪服，乃得逆降，亦服大功九月。

若必依照鄭康成的分法，本條經文，也只有依盛世佐及凌廷堪的說法，才能解釋得通了。若是依舊讀，其實也可以解說得通。蓋如舊讀，則「大夫之妾，爲君之庶子、女子子嫁者、未嫁者」爲一句，「爲世父母、叔父母、姑、姊妹」又爲一句，不必言「其」，詞理自達，並不見有鄭氏所指「不辭」的情形。且喪服傳之文，似又承此而言，雖文理略爲雜亂，猶不致於以詞害意，更不必有逆降的情形發生。

案，大夫以尊降其庶子及女子之未嫁者，爲之大功，於女子之嫁於大夫者，則因尊同之故，亦爲之大功。女君以體其夫，故爲之如夫之服。妾不得體君，唯視君之所服而服。於君之黨乃不得不同於女君，亦爲君之庶子、女子子嫁者、未嫁者三種人服大功之服。

喪服傳云：「下言爲世父母、叔父母、姑、姊妹者，謂妾自服其私親也。」案齊衰不杖期章「公妾，以及士妾，爲其父母」下喪服傳云：「妾不得體君，得爲父母遂也。」又喪服記云：「凡妾，爲私兄弟，如邦人。」可見妾爲其私親，當屬有服。但因妾爲其父母，僅是齊衰期，故爲其旁親之世叔父等人，乃降而爲大功了。

張爾岐對於鄭康成破舊讀爲二的注說有所懷疑，但以兩說義皆可通，而主張「兩存其說可也」，今將二說考述於上，而對於這一問題，也只有以兩存其說的態度處之了。

（十五）　大夫、大夫之妻、大夫之子、公之昆弟，爲姑姊妹，女子子嫁於大夫者

喪服：

大夫、大夫之妻、大夫之子、公之昆弟、爲姑姊妹，女子子嫁於大夫者。

賈疏解釋此條經文說：

大夫、大夫之妻若子、公之昆弟，皆降旁親，姑姊妹已下一等大功。又以出降，當小功。但嫁於大夫尊同，無尊降，直有出降，故皆大功也。

案，賈說是也。但考之簡本，甲、乙二本均無此條，可能是二本傳寫之人，與今本喪服作者，主張有所不同之故。

（十六） 君爲姑姊妹、女子子嫁於國君者

喪服：

君爲姑姊妹、女子子嫁於國君者。

喪服傳曰：

何以大功也？尊同也。尊同則得服其親服。諸侯之子稱公子，公子不得禰先君。公子之子稱公孫，公孫不得祖諸侯，此自卑別於尊者也。若公子之子孫，有封爲國君者，則世世祖是人也，不祖公子，此自尊別於卑者也。是故始封之君，不臣諸父昆弟。封君之子，不臣諸父而臣昆弟。封君之孫，盡臣諸父昆弟。故君之所爲服，子亦不敢不服也。君之所不服，子亦不敢服也。

案，喪服經傳除此條之外，皆無明文謂諸侯於旁親有服，故賈疏乃有「諸侯絕旁期」的說法。但是，從左傳昭公二年以及檀弓的記載，我們却發現了先秦時代，諸侯爲妾也有服喪的情形，以此看來，「諸侯絕旁期」。恐怕只是注疏根據喪服經文的主張，而提出的理論了。

據本條經文，諸侯爲其姑姊妹，女子子之嫁於國君者，尙有大功九月的親服，乃是因所嫁者也是國君的身份，地位之尊，彼此相同。故僅以出降，而不以尊降，仍爲之大功。檀弓云：

齊穀（注：「穀當爲告，聲之誤也」）王姬之喪，魯莊公爲之大功。或曰，由魯嫁，故爲之

服姊妹之服。或曰，外祖母也，故爲之服。

孔疏云：

春秋莊二年「齊王姬卒」。穀梁傳云：「爲之主者，卒之也」。案，莊元年：「秋，築王姬之館於外」下云：「王姬歸于齊」是由魯嫁也。喪服大功章，君爲姑姊妹、女子子嫁於國君者，著大功之服，王姬既比之內女，故服大功也。

案，檀弓所載齊穀王姬與魯莊公的關係究竟爲何，無法確知，若是姊妹，則服大功九月是也。若爲外祖母，則應小功，而魯莊公乃爲之大功，則令人不解矣。引檀弓此條，亦所以供參考而已。喪服傳「諸侯之子稱公子」以下，是作傳者據尊同，而於尊不同者，所發揮的關於尊卑分際的理論。由此亦可以見到，封建宗法制度與喪服制度之間的關係，是如何的密切了。

七、繐衰七月

繐衰是諸侯之大夫爲天子的特定的喪服。

喪服：

繐衰裳，牡麻絰，既葬除之者。……

喪服傳曰：

繐衰者何？以小功之繐也。

鄭注云：

治其縷如小功，而成布四升半，細其縷者，以恩輕也。升數少者，以服至尊也。凡布細而疏者謂之繐。今南陽有鄧繐。

案，繐是一種布的名稱。說文云：「繐，細疏布也」段注云：『小功十升若十一升成布，而此用小功之縷，四升半成布，是爲縷細而布疏，其名曰「繐」者，布本有一種細而疏者曰「繐」，但不若繐衰之大疏，而繐衰之名，實用其意。故鄭舉「凡布」以名之。劉氏釋名說繐衰，亦曰「細而疏如繐也。」』可知繐衰，是因此服衰裳的成布，細而且疏如繐布，故而得名。

繐衰既是諸侯之大夫爲天子的喪服，而喪服又說「既葬除之」，則其喪期可知。案，王制云：「天子，七日而殯，七月而葬。」禮器云：「天子崩，七月而葬。」是諸侯之大夫爲天子繐衰，應服七月的喪期。

依喪服作者的主張，繐衰是專爲諸侯之大夫爲天子而設的喪服。但考之先秦載籍，則有不盡然者。檀弓云：

縣子曰：「綌衰繐裳，非古也。」

鄭注云：

非。時尚輕涼，慢禮。

檀弓又云：

叔仲皮學子柳，叔仲皮死，其妻魯人也，衣衰而繆絰。叔仲衍以告，請繐衰而環絰。曰：「昔者，吾喪姑姊妹亦如斯，末吾禁也。」退，使其妻繐衰而環絰。

襄公二十七年左傳云：

夏，衞獻公殺甯喜，公子鮮曰：「逐我者出，納我者死，賞罰無章，何以沮勸，君失其信，而國無刑，不亦難乎？且鱄實使之。」遂出奔晉，公使止之，不可。及河，又使止之，止使者而盟於河，託於木門，不鄉衞國而坐，終身不仕。公喪之如稅服終身。

杜注云：

稅即繐也。喪服繐衰裳，縷細而希，非五服之常，本無月數，痛愍子鮮，故特為此服，此服無月數，而獻公尋薨，故言終身。

由這些記載來看，可知繐衰可能不是一種很古老的喪服，但是在春秋時代，諸侯之大夫為天子而外，他種人亦有着此服的事情，則繐衰並非專為諸侯之大夫為天子的喪服而設者，甚明。至於喪服只有一條經文載之，可能是作者特別的主張了。

繐衰服既然在先秦時代，所着之人不只一等，而又「既葬除之」，則其喪期，似也當因死者的階級地位而異。可惜檀弓及左傳的記載，都未詳其喪期，以致無法考知，杜預說它「本無月數」，當初事實或許亦屬如此。現因喪服經文只有諸侯之大夫為天子服此服，故據之而定為繐衰七日：

（一）　諸侯之大夫為天子

喪服：

諸侯之大夫為天子。

喪服傳曰：

何以繐衰也？諸侯之大夫，以時接見乎天子。

鄭注云：

接，猶會也。諸侯之大夫，以時會見于天子而服之，則其士庶民不服可知也。

案，周禮大宗伯云：「時聘曰問，殷頫曰視。」又大行人云：「時聘以結諸侯之好，殷頫以除邦國之慝。」鄭康成云：「時聘者，亦無常期，天子有事乃遣大夫來聘。」又云：「殷頫，謂一服朝之歲，以朝者少，諸侯乃使卿以大禮衆聘焉。」是古時有朝聘之事，而諸侯之大夫得以時會見天子，天子於諸侯之大夫，則以禮待之，以有恩義在，故天子崩，則諸侯之大夫爲天子繐衰。所以不服斬衰三年者，蓋諸侯之大夫自有君，爲其君斬衰，便不再爲天子服斬了。

賈疏云：

畿外大夫接見天子者乃有服，不聘天子者，卽無服。

通典載徐整問射慈曰：

諸侯之大夫，以時會見於天子，故爲繐衰七月。不知此大夫，時以何事而得見之也？遠國大夫在蕃荒服者，未嘗及見天子，亦爲服不？答曰：「諸侯之大夫有出朝聘之事，會見天子，故言時會，雖未會見，猶服此服。」

對於接見與未接見於天子者，是否均應有服，賈公彥與射慈兩人的意見並不一致。張爾岐云：

諸侯使大夫來見天子，適有天子之喪，則其服如此。

我覺得張爾岐的見解是比較合理的，其曾否接見於天子一節，並不足據。蓋古時交通不便，雖曾接見於天子，若非適逢其喪，則得到赴告的消息時，必已經過相當長的時間，甚至可能已過葬期了，既過葬期，如何尙得有服？其遠國大夫在蕃荒者，更無論矣。本條的解釋，當以張氏之說爲正。

八、成人小功五月

喪服：

小功布衰裳，牡麻絰，卽葛，五月者。……

案，小功也分爲成人小功服與小功殤服二類，喪期則均爲五個月。本章所論者，乃專指成人的小功服而言。

小功服的服制。比大功服爲輕，喪期也較短。死者與着服的人，關係也比大功以上者疏遠。小功也有變服，但所變者，僅爲在三月葬後，男子變麻帶，麻絰爲葛絰帶，婦人則除首絰，帶則不變爲葛帶。是小功所變者，僅爲絰帶而已，衰裳則仍舊無變，如此，直到五月期滿後，乃告除服。

（一）從祖祖父母、從祖父母，報

喪服：

從祖祖父母、從祖父母，報。

鄭注云：

祖父之昆弟之親也。

爾雅釋親云：

父之世父、叔父，爲從祖祖父。父之之世母、叔母，爲從祖祖母。父之從父昆弟爲從祖父，父之從父昆弟之妻爲從祖母。

案，爲世父母，叔父母，都是齊衰期的喪服，則，爲父之世、叔父母，似當大功才是。然而爲什麼竟降至小功呢？萬斯同解釋說：

五服，唯兄弟行遞降一等，而其他則否。所謂四世而緦，服之窮也。不然，則服及五世矣。案，喪服於兄弟行遞降一等，故爲昆弟期，爲從父昆弟大功，爲父之從父昆弟及祖之昆弟及遞降而爲小功了。

由於着服的人與所服者的關係較爲疏遠，親疏則恩輕，爲使相互施恩，故喪服作者乃提出兩相爲服的主張，而說它是報服了。

簡本甲、乙二本，自此至「爲人後者，爲其姊妹適人者」計五條，均無文記載，可能是二本傳寫的人，均不主張有服的緣故。

(二) 從祖昆弟

喪服：

從祖昆弟。

鄭注：

父之從父昆弟之子。

賈疏：

此是從祖父之子，己之再從兄弟。

案，從祖昆弟乃是與己同一曾祖者。爲從祖昆弟小功者，黃勉齋云：「兄弟期，疏一等，故從父昆弟大功，從祖昆弟小功。」

（三）從父姊妹

喪服：

從父姊妹。

鄭注：

父之昆弟之女。

賈疏云：

不言出適與在室姊妹，既逆降宗族，亦逆降報之。

案，爲從父昆弟是大功服，本條經文只說「從父姊妹」，並無說明已嫁或在室，賈疏乃以逆降作爲解釋，未免過於牽強附會。盛世佐駁之云：

女子子所逆降者，唯旁期耳。爲其嫁當及時，不可以旁親故妨之也。至於大功之末，可以嫁子，於昏姻之時固無害。故其成人而未嫁者，亦與未成人者，同無逆降例也。

張爾岐疑賈氏之說云：

此說可疑，當通下文「孫適人者」爲一節。皆爲出適而降小功也。

敖繼公云：

從父姊妹、孫適人者，當連讀。三者適人、其服同之，適人則爲女孫無嫌，故不必言女。依賈疏之說，於經義實爲難通，盛氏已辨其誤。若從張氏、敖氏的說法，則於從父姊妹本爲大功，因出適而得降服小功。如此經義乃暢通無窒，本條解釋，當以張、敖二家之說爲是。

（四）孫適人者

喪服：

孫適人者。

鄭注：

孫者，子之子，女孫在室亦大功。

案，本條當與上條「從父姊妹」連讀，說已詳上。祖父母爲庶孫本服大功，今因其出嫁，故降而爲之小功。

（五）爲人後者，爲其姊妹適人者

喪服：

爲人後者，爲其姊妹適人者。

案，齊衰不杖期章「爲人後者，爲其父母、報」下喪服傳曰：「持重於大宗者，降其小宗也。爲人後者孰後：後大宗也。」可知爲人後者，以後於大宗之故，乃得降其本宗的小宗一等。爲父母三年，降而爲齊衰期，爲昆弟姊妹、本是服期，則降爲大功。今因姊妹已嫁，故又降一等，而爲之小功。陳銓對於此一降再降的情形，給予一個名詞，說它是「累降」。

（六）為外祖父母

喪服：

為外祖父母。

喪服傳曰：

何以小功也？以尊加也。

馬融云：

外祖父母者，母之父母也。本服緦，以母所至尊，加服小功。（儀禮正義二十四引）

案，外親之服不過緦麻三月，因外祖父母是母之至尊，以尊於母，乃推而加尊於外祖父母，故為之服小功五月。

喪服記曰：

庶子為後者，為其外祖父母、從母、舅無服。不為後，如邦人。

服問云：

母出則為繼母之黨服，死則為其母之黨服。為其母之黨服，則不為繼母之黨服。

喪服小記云：

為君母後者，君母卒，則不為君母之黨服。

又曰：

為母之君母，母卒則不服。

又曰：

為慈母之父母無服。

喪服傳曰：

出妻之子，為外祖父母無服。

由以上的記載歸納起來，可知為外祖父母有服的情形，共計有六種：一是為因母的父母；二是母出，為繼母之父母；三是庶子君母在，為君母之父母；四是庶子為繼母之父母；五是庶子不為父後者，為己母之父母；六是為人後者，為所後母之父母。除了最後一種情形外，前五種當包括外孫及外孫女在室者在內。除此六種情形外，便為外祖父母無服了。

（七）從母、丈夫婦人，報

喪服：

從母，丈夫婦人，報。

鄭注云：

從母，母之姊妹。

案，爾雅云：「母之姊妹為從母」，與鄭康成所說相同。「丈夫、婦人」鄭注云：「姊妹之子，男女同」，可知本條乃是指姨母與外甥男女之間的喪服而言。

喪服傳曰：

何以小功也？以名加也。外親之服，皆緦也。

外親是異姓的親屬，從母本是外親，只當有緦麻三月的喪服，但因有母名，故加之而爲小功五月。姨母因受外甥加服之恩，爲了報答，也爲外甥服小功五月，如此相爲服，而成爲所謂的「報服」了。

簡本甲、乙二本的經文，只有「從母」二字，而無以下「丈夫婦人報」五字。可能是二本傳寫的人，只主張爲從母有服，而不主張從母爲外甥男女也有所謂「報服」了。

喪服記云：

庶子爲後者，爲其祖父母、從母、舅無服。不爲後，如邦人。

案，緦麻章「庶子爲父後者，爲其母」下喪服傳說是：「與尊者爲一體，不敢服其私親也。」可知庶子爲父後者，爲其母僅服緦麻三月，則爲從母等外親，便應無服了。若是庶子不爲父後，則爲從母便可同於邦人，服小功五月。

（八） 夫之姑姊妹，娣姒婦，報

喪服：

夫之姑姊妹，娣姒婦，報。

喪服傳曰：

娣姒婦者，弟長也。何以小功也？以爲相與居室中，則生小功之親焉。

鄭注云：

娣姒婦者，兄弟之妻相名也。長婦謂穉婦爲娣婦，娣婦謂長婦爲姒婦。

案，爾雅云：「長婦謂穉婦爲娣婦，娣婦謂長婦爲姒婦。」郭注云：「今相呼先後，或云妯娌」。所謂

「娣姒婦」乃是兄弟之妻間互相的稱呼，今日則謂之「妯娌」。本條所指的乃是兄弟之妻與夫之姑姊妹之間往返的喪服。

夫爲姑姊妹的正服是齊衰期，出嫁降爲大功。妻從服降一等，爲在室者正服大功，出嫁者降服小功。但經文只言「夫之姑姊妹」，並未說明已嫁未嫁，依喪服篇作者的主張，却又不分已嫁未嫁，一律降服小功。因此，鄭康成便解釋說：「因恩輕，略從降」。案，婦人與夫之姑姊妹固然恩輕，但爲在室者是否可以據此理由，略而從已嫁者降爲小功，則屬尙有疑問。胡培翬正義二十四云：「婦人爲夫之從父昆弟之妻有服，而爲夫之從父姊妹無服，亦是其略也。」由於喪服篇作者主張爲夫之姑姊妹均爲小功，本條也只有依鄭注及胡氏所引緦麻章之例來作解釋了。

本條喪服傳先釋娣姒之義，而後發「何以小功」之問，因此，學者大多以傳爲專指娣姒婦而言，胡培翬正義二十四云：

> 緦麻章「爲夫之從父昆弟之妻」，傳亦曰：「以爲相與同室，則生緦之親焉」，正以昆弟妻本無爲服之義，其制服實由相與居室中及同室而生，則此傳爲專釋娣姒婦明矣。

案，胡氏之說甚是，若夫之姑姊妹已嫁者，便未必有相與居室之親了。娣姒婦之間本是路人，但以分別嫁於昆弟，遂相與居室之中，而生親情。婦人爲夫之昆弟大功，從服昆弟之妻，是爲小功，故傳云「生小功之親」。

娣姒婦，以及娣姒婦與夫之姑姊妹，彼此之間，本屬路人。却因或從夫所服，或相與居室之中，而有小功之親，故喪服篇作者乃主張這些人有往返相服的報服了。

（九）大夫、大夫之子、公之昆弟，爲從父昆弟、庶孫、姑姊妹、女子子適士者

喪服：

大夫、大夫之子、公之昆弟，爲從父昆弟、庶孫、姑姊妹、女子子適士者。

鄭注云：

從父昆弟及庶孫，亦謂爲士者。

案，爲從父昆弟、庶孫、姑姊妹及女子子適人者，正服大功，但因這些人或爲士，或所嫁者爲士人階級，大夫、大夫之子及公之昆弟，爲之皆以尊降一等，服小功五月。

簡本丙本與今本同有此條，唯「女子子適」四字缺失。甲、乙二本則無此條。或係二本之傳寫者不主張此條有服之故。

（十）大夫之妾，爲庶子適人者

喪服：

大夫之妾，爲庶子適人者。

鄭注云：

君之庶子，女子子也。庶女子子在室大功，其嫁於大夫亦大功。

賈疏云：

此適人者，謂適士也。

案，大夫之妾，爲君之庶子的喪服是大功九月，大功章已有明文規定。其爲君之庶女子子在室者，亦當是大功。若是嫁於大夫，因尊同，亦大功不降。若是所適者爲士人階級，則以尊降，而爲小功五月。鄭康成云：「凡女，行於大大以上曰嫁，行於士庶人曰適人。」今經文云「庶子適人者」，可知此條乃是針對大夫之妾，爲君之庶女子適於士庶人階級者所作的規定。此條馬融以出降一等爲說，王肅以適士降一等爲說，秦蕙田主馬氏之說，賈疏則同於王說，當以王氏、賈氏之說爲是。

(十一) 庶婦

喪服：

庶婦。

案，此條與上條於簡本甲、乙二本均無，丙本則與今本同。

婦爲舅姑，是齊衰期服，舅姑爲婦，則有適庶之別。爲適婦大功，是因適子爲父後的緣故。庶子不爲父後，則舅姑爲庶婦。乃再降之爲小功。

(十二) 君母之父母、從母

喪服：

君母之父母、從母。

鄭注云：

君母，父之適妻也。從母，君母之姊妹。

賈疏云：

此謂妾子，爲適母之父母及姊妹。

案，妾於夫之適妻，謂之女君，妾子因之，於適母乃謂之君母。喪服傳曰：

何以小功也？君母在，則不敢不從服。君母不在，則不服。

由喪服傳的解釋，可知此條乃是根據從服之例所作的規定。大傳曰：「從服有六，有屬從，有徒從，……」孔疏謂：「妾爲女君之黨，庶子爲君母之親，皆是徒從也。」是本條所說的從服，卽爲徒從。若君母在，因其有配父之尊，故不敢不從服，而爲君母之父母、姊妹，乃如己之外親，服小功五月。若是君母或卒或被出，則君母之尊不復存在，無可從服，爲別於己之外親，乃不爲君母之親有服。喪服小記云：「從服者，所從亡則已。」所說與喪服傳同。蓋所從者亡，則無可從服，故君母不在，則爲君母之父母、姊妹無服也。

（十三）　君子子爲庶母慈己者

喪服：

君子子爲庶母慈己者。

喪服傳曰：

君子子者，貴人之子也。爲庶母何以小功也？以慈己加也。

所謂「君子子」，喪服傳說是「貴人之子」，但是，什麼身份的人，才能算是貴人呢？鄭康成云：「君子子者，大夫及公子之適妻子」，則所謂「貴人」，乃是指大夫及公子兩種人而言。馬融則謂「貴人者，適夫人也」，是以貴人爲適夫人，所言據母而非據父。可能是本於「母以子貴，妻以夫貴」而立說者。然而，依喪服傳的說法，貴人似是指君子而言，古時婦人無稱「君子」者，馬說恐非。通典引石渠禮議云：

戴聖對曰：「君子子爲庶母慈己者，大夫之適妻之子，養於貴妾，大夫不服賤妾，慈己則緦服也。其不言大夫之子，而稱君子子者，君子猶大夫也。」

據此，則漢宣帝時戴聖對於本條「君子」的解釋，只指大夫一種人而已，到鄭康成，則將範圍擴大，而及於公子。但不知鄭氏究何所據？因此，當以戴聖之說爲較妥。所謂「君子子」者，卽大夫之適妻之子。

慈母本是庶母，爲慈母如母者，是齊衰三年，士爲庶母，則是緦麻三月。大夫適妻之子，爲庶母慈己者，上既不及於齊衰三年，下又非如士之爲庶母緦麻三月。其所以小功者，喪服傳云：「以慈己加也」，可知君子子爲庶母，本如士禮之緦麻三月，但因恩慈於己，故加服，而爲之小功五月。

九、成人緦麻三月

喪服：

緦麻三月者……

鄭注云：

緦麻，布衰裳而麻絰帶也，不言衰絰，略輕服，省文。

喪服經文只說「緦麻三月者……」，未明衰絰之制，鄭康成乃說這是因服輕而省文的緣故，同時又作了「布衰裳而麻絰帶也」的補充說明。有關服制問題，均於別編討論，茲不贅焉。

緦麻服是五服當中最輕的一服，喪期止有三個月，既葬乃除，且無受服。本章所論者，爲專就成人緦麻服而言，其殤緦麻服，則另以一章論列。

（一）族曾祖父母、族祖父母、族父母、族昆弟

喪服：

族曾祖父母、族祖父母、族父母、族昆弟。

鄭注云：

族曾祖父者，曾祖昆弟之親也。族祖父者，亦高祖之孫，則高祖有服明矣。

賈疏云：

此即禮記大傳云：「四世而緦，服之窮也」，名爲四緦麻者也。族曾祖父母者，己之曾祖親兄弟也。族祖父母者，己之祖父從父昆弟也。族父母者，己之父從祖昆弟也。族昆弟者，己之三從兄弟也。皆名爲族。族。屬也，骨肉相連屬。以其親屬，恐相疏，故以族言之耳。此四緦麻又與己同出高祖，己上至高祖爲四世，旁亦四世，旁四世既有服，于高祖有服明矣。鄭言此者，舊有人解齊衰三月章，直見曾祖父母，不言高祖，以爲無服，故鄭從下鄉上推之，高祖有服可知。

案，賈疏於此解說「族曾祖父母，族祖父母，族父母，族昆弟」，這幾種人的親屬關係，甚是明白。爲從祖祖父母、從祖父母、從祖昆弟，皆是小功五月。今族祖父母等人，又疏一等，以曾祖、祖、父、己旁殺之義推之，則爲之皆是緦麻三月的喪服。

據大傳所云：「四世而緦，服之窮也」，爲族曾祖父母等人，猶有緦服，則己上至高祖，亦爲四

世，推之似當有服才是。故鄭康成以爲「高祖有服明矣」，但喪服篇中，正親僅及於曾祖父母，而無明文謂高祖有服，可見得喪服篇作者也認爲高祖無服了。鄭氏之說，雖可備之，但不可從。

此條甲、乙二本皆無，丙本有，唯少「族曾祖父母」句。

(二) 庶孫之婦

喪服：

庶孫之婦。

案，甲、乙二本均無此條，丙本則有之。

爲庶孫之婦緦麻三月者，賈疏云：

以其適子之婦大功，庶子之婦小功，適孫之婦小功，庶孫之婦緦，是其差也。

此說以差降之理推之，甚爲合理，但小功章並無「爲適孫之婦」之文，敖繼公以爲是「文脫」之故，雖未有證，但本條也只有依賈疏的說法來加以解釋了。

(三) 從祖姑姊妹適人者，報

喪服：

從祖姑姊妹適人者，報。

案，甲、乙二本亦無此條。所謂「從祖姑」，是從祖祖父之女，即父之從姊妹。「從祖姊妹」則是從祖祖父之孫女，即己之再從姊妹。爲此三種人之在室者本爲小功。今因已適人，故降一等而爲緦麻三月。經言「報」，則此條爲兩相爲服的報服可知。

（四）外　孫

喪服：

外孫。

此條甲、乙二本亦無，丙本有。

外孫爲外祖父母，由母推而尊之，故加服小功。外祖父母由女推之，無所加尊，故爲外孫緦麻三月。

（五）庶子爲父後者，爲其母

喪服：

庶子爲父後者，爲其母。

此條所謂的「庶子」，當是指妾子而言。賈疏云：「此謂無冢適，唯有妾子，父死，庶子承後，爲其母緦也。」是本條所規定者，乃庶子爲父後者，爲其本生母的喪服。

本條經文但言「庶子爲父後者，爲其母」，却未說明庶子所爲後之父是何種身份。鄭康成於本條喪服傳下注云：「君卒，庶子爲母大功。大夫卒，庶子爲母三年。士雖在，庶子爲母皆如家人。」其謂「君卒，庶子爲母大功。大夫卒，庶子爲母三年。」當是本於大功章「公之庶昆弟、大夫之庶子，爲母、妻、昆弟」的條文，但仍未能確定本條所謂之「父」的身份究竟爲何？考於喪服篇中，亦無法解決此一問題，因此，鄭注此條，也只有以兼舉君，大夫，士的辦法出之了。

父卒爲母，本是齊衰三年之服。然則，庶子爲父後者，爲本生母却只是緦麻三月之服呢？喪服傳曰：

何以緦也？傳曰：「與尊者爲一體，不敢服其私親也。」然則何以服緦也？有死於宮中者，則爲之三月不舉祭，因是以服緦也。

由喪服傳所引舊傳「與尊者爲一體，不敢服其私親也」二語，可知庶子爲父後，傳父之重，即與父爲一體。而妾母不得體君，是己之私親，不得視爲正親，因此乃不敢爲之有服。是庶子爲父後，即不服其母。而所以猶服緦麻三月者，喪服傳作者解釋說是：「有死於宮中者，則爲之三月不舉祭，因是以服緦也。」胡培翬正義云：

雜記曰：「父母之喪將祭，而昆弟死，既殯而祭。如同宮，則雖臣妾，葬而後祭。」即其義也。

由胡氏正義所引雜記的說法，本條喪服的規定就容易解釋了。庶子爲父後者，爲其母雖本當無服，但因家中有人死了，不論是昆弟或臣僕之喪，都爲之三月不舉祭，妾母也應算是同居一宮的人，因此，庶子爲父後者，便借着三月不舉祭的這段時間，爲其母服緦麻三月的喪服了。

（六）士爲庶母

喪服：

士爲庶母。

喪服傳曰：

何以緦也？以名服也，大夫以上，爲庶母無服。

這一條是，指士人爲庶母的喪服。此庶母是父之妾，並非本生母，而所以緦者，是由於庶母有母名的緣故。大夫以上，因地位較尊，降士人一等，故為庶母無服。甲、乙二本無傳文「大夫以上，為庶母無服」二句。

（七）貴臣、貴妾

喪服：

貴臣、貴妾。

鄭注云：

此謂公士大夫之君也，殊其臣妾貴賤而為之服。貴臣，室老士也；貴妾，姪娣也。天子諸侯降其臣妾，無服。士卑無臣，則士妾又賤，不足殊，有子則為之緦，無子則已。

依鄭康成所說，為貴臣、貴妾的喪服，是據公卿大夫身份的人而言。士人階級低，妾無貴賤之分，但若妾有男女，則士為之亦有緦麻之服。喪服小記云：「士妾有子而為之緦，無子則已。」鄭注當本於此。是士人亦有為妾服緦的情形。又據檀弓所云：

悼公之母死，哀公為之齊衰。有若曰：「為妾齊衰，禮與？」公曰：「吾得已乎哉？魯人以妻我。」

悼公之母是哀公之妾，哀公為之齊衰，有若於此也只是懷疑為妾齊衰是否合禮，並未懷疑諸侯是否為妾應該有服。左傳昭公二年，晉平公為其妾少姜亦有「在縗絰之中」的記載，由此二證，則春秋時，諸侯為妾有服乃是事實。因此為貴妾服緦者，至少也當包括諸侯在內，非僅公士大夫等人而已。

為貴臣、貴妾所以緦服者，喪服傳曰：

何以緦也，以其貴也。

案，曲禮云：「大夫不名家相，長妾。」所謂貴臣，是指家相，邑宰而言，貴妾則謂姪娣，或即曲禮所說的「長妾」，大夫不名家相，長妾，正以其貴之故，爲臣妾本當無服，因其貴，故爲之服緦，以別於其它臣妾。

張爾岐句讀云：

大夫以上，爲庶母無服，而服其貴臣貴妾，於義似雖強通，此殆承上「士爲庶母」之文，言士禮耳。其私屬亦可謂之臣，妾之有子者，卽貴者也。

案，張氏以爲士亦有貴臣貴妾，士妾有子，則母以子貴，稱之爲「貴妾」，似爲可通。但士無地，不得君稱，恐無貴臣，至於以本條爲承上「士爲庶母」之文的說法，考於甲、乙二本，二條並非連寫，則本條非承上文之專言士禮者可知。張氏之說當屬臆斷，非也。

（八）乳母

喪服：

乳母。

喪服傳曰：

何以緦也？以名服也。

所謂「乳母」，鄭注說是：「養子者有他故，賤者代之慈己。」是母有疾病或他故，不能自養其子，乃僱他人之婦以乳哺之，而稱爲「乳母」。爲乳母所以緦麻三月者，是因乳母以其乳養於己，有母名，故服緦，荀子禮論篇云：「乳母飲食之者也，而三月。」說與此同。

（九）從祖昆弟之子

喪服：

從祖昆弟之子。

鄭注云：

族父母爲之服。

本條是言族父母爲從祖昆弟之子的喪服。爲從祖昆弟是小功五月，爲從祖昆弟之子，降一等而爲緦麻三月。簡本甲、乙二本無此條文，或係傳寫者不主張有此規定的緣故。

（十）曾孫

喪服：

曾孫。

爾雅云：

孫之子爲曾孫。

此條是曾祖爲曾孫之服。以本服的差降而言，爲子期，爲孫大功，則爲曾孫似當爲小功才是，而所以服緦者，敖繼公云：「以曾孫爲己齊衰三月，故己亦爲之緦麻三月，蓋不可以過於其爲己之月數也。不分適庶者，以其卑遠略之，且不可使其庶者無服也。」是也。

（十一）父之姑

喪服：

父之姑。

鄭注云：

歸孫爲祖父之姊妹。

賈疏：

爾雅云：「女子謂昆弟之子爲姪，謂姪之子爲歸孫。」是以鄭據而言焉。

案，爾雅云：「王父之姊妹爲王姑」，父之姑卽是王姑。爲父之姑所以緦麻三月者，盛世佐云：「此同曾祖之親也，其成人而未嫁者，服之如從祖父，適人者降一等，故在此經，不言適人者，亦文省。」依盛氏之說，本條當是指父之姑之適人者，但經文並未明言在室或適人。若在室，則父之姑宜小功，今乃降而爲緦，則或卽如盛氏所言，省略適人之文故也。

簡本甲、乙二本，此條並上「曾孫」條皆不見記載。

（十二）從母昆弟

喪服：

從母昆弟。

爾雅云：

從母之男子爲從母昆弟。

喪服傳曰：

何以緦也？以名服也。

案，此爲姊妹之子相爲之服。爲外親服不過緦，但從母因有母名，故加至小功，爲從母昆弟亦有緦服者，馬融云：「以從母有母名，以子有昆弟名」，因既有從母之母名，又有昆弟之名，故以名服，而爲從母昆弟緦麻三月。

（十三）甥

喪服：

甥。

喪服傳曰：

甥者何也？謂吾舅者，吾謂之甥。何以緦也？報之也。

所謂「甥」，鄭康成說是「姊妹之子」，然服之者，依傳所言，乃專指舅。若從母，則甥服小功，從母亦以小功報之矣。舅是外親，甥從母而服之以緦，舅亦爲甥以緦，故傳云「報之也」。

（十四）壻

喪服：

壻。

鄭注云：

女子子之夫也。

案，爾雅云：「女子子之夫爲壻。」與鄭注同。

喪服傳曰：

何以緦？報之也。

本章下條「妻之父母」謂壻從妻而服妻之父母以緦，故妻之父母亦報之服，爲壻緦麻三月。

（十五） 妻之父母

喪服：

妻之父母。

喪服傳曰：

何以緦？從服也。

依喪服傳的解釋，壻爲妻之父母的喪服是「從服」。而從服之例，率多降所從之人一等。但夫爲妻之父母，則差降其妻三等之多。所以如此者，或即崇己族而抑外親之觀念所使然。服問云：「有從重而輕，爲妻之父母。」鄭注云：「妻齊衰而夫從緦，不降一等，言非服差。」服問又云：「有從有服而無服，公子爲妻之父母。」鄭注云：「公子厭於君，降其私親，女君之子不降也。」喪服小記云：「世子不降妻之父母」鄭注：「世子，天子諸侯之適子」。徐乾學讀禮通考卷十五云：「世子不降妻之父母，而公子反無服，何也？豈諸侯可以厭公子，不可以厭世子耶？蓋緣世子得遂其妻服，而公子於妻則在五服之外，緦冠麻衣，既葬而卽除，彼於妻既不服，則妻之父母又何服之有？」案，徐說是也。

（十六） 姑之子

喪服：

姑之子。

鄭注云：

外兄弟也。

案，此爲舅之子爲姑之子的喪服。鄭氏謂姑之子爲「外兄弟」，謂舅之子爲「內兄弟」，此一內、外兄弟的分法，不知其理論根據何在？胡氏正義云：「馬氏云：『今之中外兄弟也』，然則謂舅之子爲內兄弟，謂姑之子爲外兄弟，乃漢時之稱，鄭據以釋經也。」孔達生師以爲此說最善，是也。喪服傳曰：

何以緦？報之也。

下經姑之子爲舅之子服緦，故舅之子亦爲姑之子報以緦麻三月。

（十七）舅

喪服：

舅。

喪服傳曰：

何以緦？從服也。

舅是母之昆弟，爲外親，故從母服，爲舅緦麻三月。

（十八）舅之子

喪服：

舅之子。

鄭注云：

內兄弟也。

喪服傳曰：

何以緦？從服也。

此乃姑之子為舅之子之服。從服者，亦從於母而服之。母為昆弟之子服大功，子從之而服緦也。

（十九） 夫之諸祖父母，報

喪服：

夫之諸祖父母、報。

此條丙本同，甲、乙本皆無。

諸祖父母者，鄭康成謂即「夫之所為小功從祖祖父母、外祖父母。」妻從服降一等而為之緦。鄭注又云：「或曰，曾祖父母。曾祖於曾孫之婦無服，而云報乎？曾祖父母，正服小功，妻從服緦。」案，此是當時有人解釋諸祖父母，以為曾祖父母亦包在內，故鄭氏駁之，以為經明言「報」，曾祖父母於曾孫之婦無服，自不得言報，如此，則曾祖父母不當包在諸祖父母之內可知。是本條為妻為夫之從祖祖父母及外祖父母的喪服，夫之從祖祖父母及外祖父母因係旁尊，故亦報之以緦麻三月也。

（二十） 君母之昆弟

喪服：

君母之昆弟。

喪服傳曰：

何以緦？從服也。

鄭注云：

從於君母而服緦也。君母在則不敢不服，君母卒，則不服也。

此條是庶子爲君母之昆弟的喪服。服君母之昆弟義與服舅同，亦是緦麻三月。喪服小記云：「從服者，所從亡，則已」，既從君母而服其昆弟，則君母在乃服，若君母或卒或被出，則不服君母之昆弟。

（二十一）　爲夫之從父昆弟之妻

喪服：

爲夫之從父昆弟之妻。

此條簡本甲、丙本同，乙本作「爲妻之從父昆弟之妻」。

夫之從父昆弟之妻，賈疏謂即「同堂娣姒也」。喪服傳曰：

何以緦也？以爲相與同室，則生緦之親焉。

案，此條爲同堂娣姒相爲之服，親娣姒相爲小功，同堂娣姒降一等服緦麻三月。鄭康成云：「同堂者，不如居室之親也」是也。

十、殤大功九月七月

所謂「殤」，鄭康成云：「殤者，男女未冠笄而死，可哀傷者。」古者男二十而冠，女二十而笄，故鄭以殤爲未冠笄而死，來作解釋。釋名云：「未二十而死曰殤，殤，傷也，可哀傷也。」廣雅釋詁云：「殤，惕也，惕與傷通。」是皆以男女未成人而死，以其可哀傷，故名爲「殤」也。

男子二十而冠，女子二十而笄，是一般被視爲成人的標準。但也有年未二十而不視其爲殤者，鄭康成云：「女子許嫁，不爲殤也。」喪服小記云：「丈夫冠而不爲殤，婦人笄而不爲殤。」曲禮：「女子許嫁，笄而字。」內則：「十有五年而笄」。春秋僖公九年「伯姬卒」、文公十二年「叔姬卒」，公羊傳皆云：「此未適人，何以卒？許嫁矣。婦人許嫁，字而笄，死則以成人之喪治之。」從這些理論與事實，可以知道女子許嫁而笄，雖年未二十，即不爲殤。通典云：「凡臣不殤君，子不殤父，妻不殤夫。」蓋女子有未成人而嫁者，男子亦有早冠而娶妻生子者，喪服於君、父、夫、妻皆無殤服，可知亦有年未二十，而不爲殤者。

喪服傳曰：

年十九至十六，爲長殤。十五至十二，爲中殤。十一至八歲，爲下殤。不滿八歲以下，皆爲無服之殤。無服之殤，以日易月。以日易月之殤，殤而無服。故子生三月，則父名之，死則哭之，未名則不哭也。

由喪服傳這一段話，可以知道喪未成人者的殤服，依年齒的大小，而分爲上、中、下，三種殤服。其八歲以下之殤則無服，鄭康成云：「以日易月，謂生一月者，哭之一日也，殤而無服者，哭之而已。」可知八歲以下之殤，但視其所生月數，易之以日哭之而已，不爲着服。若子生猶未命名，則連哭之之禮也沒有了。

喪服曰：「大功布衰裳，牡麻絰，無受者……」，此乃是殤大功服，所謂「無受」，則此服無變服可知，喪服傳解釋說：「何以無受也？喪成人者，其文縟。喪未成人者，其文不縟。故殤之絰不樛垂，蓋未成人也。」由於喪未成人者，禮文比較簡單，所以不變服，這也是與已成人者，在服制上的一項分別。

殤服既分爲三等，但殤大功服只有長殤、中殤二等，其下殤則爲殤小功五月，不在殤大功之列。喪服曰：「其長殤，皆九月，纓絰。其中殤，七月，不纓絰。」據此，則殤大功服的長殤與中殤，在喪期上，是有九月、七月的分別，而在服制上，也有纓絰與不纓絰的不同了。

（一）子、女子子之長殤中殤

喪服：

子、女子子之長殤中殤。

喪服傳曰：

何以大功也？未成人也。

案，言女子子之殤者，其爲在室之女可知。父母爲子及女子子在室者，本是齊衰期服，但因其未成人而死，故降服大功。其長殤九月，中殤則爲七月。鄭康成云：「凡言子者，可以兼男女，又云「女子子」者，殊之以子，關適庶也。」鄭氏以爲「凡言子者，可以兼男女」，但喪服篇經文於子、女子子分別言之者甚多，鄭玄此處之說，恐未必然。其言「關適庶」則是。

鄭康成注又云：「爲昆弟之子、女子子亦如之。」此當是據下「夫之昆弟之子、女子子之長殤中殤」而推測得之者，其理由乃是，妻爲夫之昆弟之子、女子子之長殤中殤者有服，則夫對這些人關係應更親近，因此也該有服才是，但經無明文，鄭氏此說也就只能當作一項推測而已了。

（二）叔父之長殤中殤，姑姊妹之長殤中殤，昆弟之長殤中殤，夫之昆弟之子、女子子之長殤中殤，適孫之長殤中殤，大夫之庶子爲適昆弟之長殤中殤，公爲適子之長殤中殤，大夫爲適子之長殤中殤

喪服：

叔父之長殤中殤，姑姊妹之長殤中殤，昆弟之長殤中殤，夫之昆弟之子、女子子之長殤中殤，適孫之長殤中殤，大夫之庶子爲適昆弟之長殤中殤，公爲適子之長殤中殤，大夫爲適子之長殤中殤。

這一段所列者，計有八條，簡本甲、乙二本均無記載。丙本有，但間有缺失。如「昆弟之長殤中殤」之「弟」字，「夫之昆弟之子，女子子之長殤中殤」之「弟之子，女子」五字，「大夫之庶子，爲適昆弟之長殤中殤」之「昆弟之」三字，「公爲適子之長殤中殤」少「公爲」二字，「大夫爲適子之長殤中殤」之「爲適子之長殤中殤」八字。

以上八條所列者，其中前六條，皆是成人齊衰期，因殤，故降爲大功。公與大夫之適子，皆是成人斬衰之服，以其殤，亦降在大功。其喪期，皆爲長殤九月，中殤七月。

十一、殤小功五月

喪服：

　小功布衰裳，澡麻帶、絰，五月者。……

喪服這裏所說的是殤小功服，其喪期與成人小功服同爲五月。但成人小功用牡麻絰，三月變麻卽葛，有變服。小功殤服則經帶用澡麻，不變服，與成人小功服有異。

（一）叔父之下殤，適孫之下殤，昆弟之下殤，大夫庶子爲適昆弟之下殤、爲姑姊妹女子子之下殤，爲人後者爲其昆弟、從父昆弟之長殤

喪服：

　叔父之下殤，適孫之下殤，大夫庶子爲適昆弟之下殤、爲姑姊妹女子子之下殤，爲人後者爲其昆弟、從父昆弟之長殤。

自「叔父」至「從父昆弟之長殤」這一段，丙本與今本同，甲、乙二本則但有「叔父之下殤」及「從父昆弟之長殤」二條，餘皆不著。「爲人後者爲其昆弟，從父昆弟之長殤」一條，依今本所寫，似指爲人後者，爲其昆弟及從父昆弟二者之長殤而言。但爲人後者爲其昆弟，其成人者爲大功，長殤固然降在小功，而爲人後者爲其從父昆弟之成人者，例降爲親昆弟一等，在小功，則其長殤似爲緦麻三月，而不應在此小功之列。敖繼公云：

爲從父昆弟者，異人也，經文省爾，其姊妹之殤亦如之。

張爾岐云：

爲人後者，爲其昆弟，與凡人之爲從父昆弟，二者本服大功，其長殤則小功。

案，敖氏、張氏均以爲「從父昆弟之長殤」是一般人爲之服者，非謂爲人後者爲之。必也分之爲二條，才能解釋得通，且甲、乙二本「從父昆弟之長殤」亦寫作獨立的條文，敖氏、張氏之說可從。

自叔父至女子子八人，其成人者，皆是齊衰期的喪服，長殤中殤則大功九月、七月，其下殤又降，故在小功五月。

爲「從父昆弟之長殤」的條文，已見於此章，緦麻章有「從父昆弟之下殤」，但經文却沒有關於中殤的明文，因此喪服傳便解釋這個情形說：

問者曰：「中殤何以不見也？」大功之殤，中從上。小功之殤，中從下。

由這個解釋可以知道，殤服之例，凡是成人當服大功者，其中殤與長殤同爲小功。而成人當服小功者，其中殤與下殤同爲緦麻三月。此爲男子服殤者的辦法，若是婦人爲夫族的服殤之法，則緦麻章喪服傳所謂「長殤中殤降一等，下殤降二等，齊衰之殤，中從上，大功之殤，中從下。」是也。

(二) 爲夫之叔父之長殤

喪服：

爲夫之叔父之長殤。

鄭注云：

不見中殤者，中從下也。

案，此是婦人為夫族服殤，故知其中殤從下殤，在緦麻三月。為夫之叔父之成人者本服大功，故長殤降一等在小功。

此條丙本有，甲、乙二本皆不著錄。

（三）　昆弟之子、女子子，夫之昆弟之子、女子子之下殤

喪服：

昆弟之子、女子子，夫之昆弟之子、女子子之下殤。

案，此是伯叔父母為之服者。其成人者皆在齊衰期，下殤降二等，故在小功。

此條丙本有，甲、乙二本皆不著錄。

（四）　為姪、庶孫、丈夫婦人之長殤

喪服：

為姪、庶孫、丈夫婦人之長殤。

此是姑為姪，祖為庶孫之長殤者的喪服。言「丈夫婦人」，則姪與庶孫均包括男女可知。此皆成人大功，其長殤則降為小功。

丙本與今本同，甲、乙二本皆不著錄。

（五）　大夫、公之昆弟、大夫之子，為其昆弟、庶子、姑姊妹、女子子之長殤

喪服：

大夫、公之昆弟、大夫之子，爲其昆弟、庶子、姑姊妹、女子子之長殤。

鄭注云：

大夫爲昆弟之長殤小功，謂爲士者，若不仕者也。以此知爲大夫無殤服也。公之昆弟不言庶者，此無服，無所見也。大夫之子不言庶者，關適子亦服此殤也。云公之昆弟爲庶子之長殤，則知公之昆弟猶大夫。

案，此條所說的是大夫，公之昆弟及大夫之子，這三等人各爲其昆弟、庶子、與姑、姊、妹、女子子等七種人之殤者之服。內則云：「五十命爲大夫」是古代命爲大夫者，大都已冠成人，故鄭康成乃說「爲大夫無殤服」，大夫無殤服，則大夫之昆弟之殤者，必非大夫身份，而是士人或不仕者了。鄭注「此無服」三字，通典引作「此無母服」。若依今本鄭注，則注文「公之昆弟不言庶者，無所見也」，實無法令人明瞭其義。必也從通典所引作「此無母服」，才能通曉，蓋大功章公之昆弟言庶者，主見妾母之服，此無取於庶之義，故不言庶也。又大夫及公之昆弟爲庶子以下之殤服同，故鄭謂「公之昆弟猶大夫」也。

大夫、公之昆弟、大夫之子，此三等人爲其庶子、姑、姊、妹、女子子、及昆弟之爲士或未仕者，其成人皆服大功，而其長殤，則皆降爲小功五月。

丙本有此條，唯其間「公之昆弟，大夫之子」句，「公」及二「之」字缺失。甲、乙二本則皆不著。

（六）　大夫之妾爲庶子之長殤

喪服：

大夫之妾爲庶子之長殤。

鄭注云：

君之庶子。

敖繼公云：

上已言君之庶子，故此略之，爲君之女子子亦然。是雖大功之殤亦中從上，葢女君之爲此子與夫同，而妾爲君之黨，或得與女君同，故皆宜中從上，而不可以婦人之從服者例論也。其下殤亦不服之。

案，敖說是也。此庶子當包男女而言，大夫之妾爲君之庶子，其成人大功，長殤則降一等在小功。此條丙本與今本同，甲、乙二本則無著錄。

十二、殤緦麻三月

緦麻三月，是五服當中最輕的一種喪服。因其喪服僅爲三個月，服制又已極輕，故此服殤者與成人無異。茲爲行文之便，故別立一章論之。

（一）庶孫之中殤

喪服：

庶孫之中殤。

鄭注云：

庶孫者，成人大功，其殤中從上。此當爲下殤，言中殤者，字之誤爾。又諸言中者，皆連上、下。

案，鄭說是也。庶孫之成人者，祖父母爲之服大功，若是中殤，則大功之殤中從上，長中殤皆當入於小功。今在此緦麻章，已降二等，故鄭康成知其當爲下殤，經文應作「庶孫之下殤」才是，今之作中殤者，是「字之誤」的緣故。

又喪服傳說明殤服之例，以爲「大功之殤，中從上；小功之殤，中從下。」是凡殤之內，都無單言中殤的情形，故鄭注說是「諸言中者，皆連上下」，此條單言中殤，亦可知其宜爲下殤之誤。

此條丙本有，甲、乙二本則皆不著。

（二） 從祖父、從祖昆弟之長殤

喪服：

從祖父、從祖昆弟之長殤。

鄭注云：

不見中殤，中從下。

案，爲從祖父及從祖昆弟之成人者，本服小功，其長殤降一等，故在緦麻三月。其中殤及下殤則皆無服，故經文不見。

此條丙本有，甲、乙二本亦皆不著錄。

（三）　從父昆弟、姪之下殤，夫之叔父之中殤下殤

喪服：

從父昆弟、姪之下殤，夫之叔父之中殤下殤。

鄭注云：

言中殤者，中從下。

案，爲從父昆弟、姪，其成人者皆大功，長殤小功，其下殤乃再降而爲緦麻三月。爲夫之叔父成人者，亦大功，大功中殤從下，婦人服夫族之法如此，故爲夫之叔父之中殤下殤，皆降在緦麻三月。

此條丙本有，甲、乙二本皆不著錄。

（四）　從母之長殤，報。

喪服：

從母之長殤，報。

爲外親之服皆緦，從母因有母名，加服小功，故長殤乃緦麻三月，中下殤則皆無服。以爲從母之服小功，本是加服，小功章已言報，今其長殤亦有服，故亦言報，以示兩相施恩，互爲報服也。

此條丙本有，甲、乙二本亦皆無著錄。

（五）　夫之姑姊妹之長殤

喪服：

夫之姑姊妹之長殤。

婦人爲夫之姑姊妹，成人本服小功，其長殤降一等，故在緦麻三月。
此條丙本有，甲、乙二本亦皆無著錄。

（六）從父昆弟之子之長殤，昆弟之孫之長殤

喪服：

從父昆弟之子之長殤，昆弟之孫之長殤。

爲從父昆弟是大功服，從父昆弟之子降一等在小功，其長殤乃降爲緦麻三月。爲昆弟期，昆弟之子大功，昆弟之孫小功，長殤則降爲緦麻三月。

此條丙本有，甲、乙二本則無著錄。

喪服傳曰：

長殤中殤降一等，下殤降二等。齊衰之殤，中從上，大功之殤中從下。

鄭注云：

齊衰、大功，皆明其成人也。大功之殤中從下，則小功之殤亦中從下也。此主謂妻爲夫之親服也。凡不見者，以此求之。

案，此爲婦人爲夫族之殤服之法，喪服傳於此發之，以別於小功章男子服殤之法。其主要的分別，乃是男子服殤，則「大功之殤中從上」爲服小功。婦人則「大功之殤中從下」，降二等而服緦麻矣。

十三、喪期表

本宗五服親屬圖

				高祖母	高祖父				
			族曾祖母	曾祖母	曾祖父	族曾祖父			
		族祖母	從祖祖母	祖母	祖父	從祖祖父 從祖祖姑	族祖父		
	族母	從祖母	世叔母	母 庶母	父	世叔父 姑	從祖父 從祖姑	族父	
族昆弟之妻	從祖昆弟之妻	從父昆弟之妻	昆弟婦	妻 妾	己身	昆弟 姊妹	從父昆弟、從父姊妹	從祖昆弟、從祖姊妹	族昆弟 族姊妹
	從祖昆弟之子婦	從父昆弟之子婦	昆弟之子婦	婦	子 女子子	昆弟之子、女子子	從父昆弟之子、女子子	從祖昆弟之子、女子子	
		從父昆弟之孫婦	昆弟之孫婦	孫婦	孫 女孫	昆弟之孫、孫女	從父昆弟之孫、孫女		
			昆弟之曾孫婦	曾孫婦	曾孫 曾孫女	昆弟之曾孫、曾孫女			
				玄孫婦	玄孫 玄孫女				

喪期表

喪期	斬衰三年	齊衰三年
高祖行		
曾祖行		
祖父長	父卒然後爲祖後者爲祖（據喪服傳）	
父行	父（女子子在室爲父、子嫁反在父之室爲父與男子同） 爲人後者爲所後之父	父卒爲母 繼母如母 慈母如母
己行	妻爲夫 妾爲君	母爲長子
子行	父爲長子	
孫行		
曾孫行		
玄孫行		

齊衰杖期	齊衰不杖期
	祖父母（女子子嫁者、未嫁者與男子同） 大夫爲祖父母爲士者
父在爲母 妻出之子爲母 繼母嫁從爲之服（報）	世父母叔父母 爲人後者爲其本生父母（報） 女子子適人者爲其父母
妻 父沒，大夫之適子爲妻	大夫之適子爲妻 昆弟 女子子適人者爲其昆弟之爲父後者
	衆子（女子子在室者同） 昆弟之子 女子子適人無主者
	適孫 大夫爲適孫爲士者

齊衰不杖期

繼父同居者	姊妹適人無主者（姊妹報）	夫之昆弟之子（報）
婦爲舅姑／姑適人無主者（姑報）	大夫之庶子爲適昆弟	公妾、大夫之妾爲其子
大夫之子爲世父母、叔父母之爲大夫命婦者（報）	妾爲女君	大夫之子爲其子、昆弟之子爲大夫者（昆弟之子報、唯子不報）
大夫之子爲姑爲命婦無主者（報）	大夫之子爲昆弟之爲大夫者（報）	大夫之子爲女子子爲命婦無主者（報）

齊衰不杖期	齊衰三月	殤大功九月
	曾祖父母（女子子嫁者、未嫁者與男子同） 大夫為曾祖父母為士者	
公妾以及士妾為其父母	繼父不同居者	叔父之長殤
大夫之子為姊妹為命婦無主者（報）		姊妹之長殤
		子、女子子之長殤
		適孫之長殤

殤大功九月	殤大功七月
姑之長殤	叔父之中殤 姑之中殤
昆弟之長殤 大夫之庶子爲適昆弟之長殤	姊妹之中殤 昆弟之中殤 大夫之庶子爲適昆弟之中殤
夫之昆弟之子女子子之長殤 公爲適子之長殤 大夫爲適子之長殤	子、女子子之中殤 夫之昆弟之子女子子之中殤 公爲適子之中殤 大夫爲適子之中殤
	適孫之中殤

成人大功九月

夫之祖父母					
姑適人者	夫之世父母叔父母	大夫爲世父母叔父母爲士者	公之庶昆弟、大夫之庶子爲母	大夫、大夫之妻、大夫之子、公之昆弟，爲姑嫁於大夫者	
姊妹適人者	從父昆弟	爲人後者爲其昆弟	女子子適人者爲衆昆弟	大夫爲昆弟爲士者	公之庶昆弟、大大之庶子爲妻、昆弟
女子子適人者	姪（男女皆報）	適婦	爲夫之昆弟之婦人子適人者	大夫爲子之爲士著	大夫爲昆之子爲士者
庶孫					

成人大功九月			
君爲姑嫁於國君者	大夫之妾爲世父母、叔父母、姑		
大夫、公之庶昆弟、大夫之庶子皆爲其從父昆弟之爲大夫者	大夫、大夫之妻、大夫之子公之昆弟爲姊妹嫁於大夫者	大夫之妾爲姊妹	君爲姊妹嫁於國君者
大夫、大夫之妻、大夫之子、公之昆弟爲女子女嫁於大夫者	君爲女子子嫁於國君者	大夫之妾爲君之庶子、女子子嫁者未嫁者	

殤小功五月				
叔父之下殤	姑之下殤	爲夫之叔父之長殤	大夫、公之昆弟、大夫之子爲其姑之長殤	
昆弟之下殤	姊妹之下殤	爲人後者爲其昆弟、從父昆弟之長殤	大夫庶子爲適昆弟之下殤	大夫、公之昆弟、大夫之子爲其昆弟、姊妹之長殤
子、女子子之下殤	姪（男女）之長殤（報）	昆弟之子、女子子之下殤	夫之昆弟之子女子子之下殤	大夫、公之昆弟大夫之子爲其庶子、女子子之長殤
適孫之下殤	庶孫（男女）之長殤（報）			

	成人小功五月
	從祖祖父母（報）；外祖父母；妾子爲君母之父母
	從祖父母（報）；從母（丈夫婦人報）；夫之姑（報）；大夫大夫之子公之昆弟爲姑適士者
	從祖昆弟；從父姊妹適人者；爲人後者爲其姊妹適人者；夫之姊妹（報）；娣婦（報）
大夫之妾爲庶子之長殤	庶婦；大夫、大夫之子、公之昆弟爲女子子適士者；大夫之妾爲庶子適人者
	孫適人者；大夫、大夫之子、公之昆弟、爲庶孫爲士者

成人小功五月	緦麻三月
	族曾祖父母
	族祖父母；父之姑
妾子爲從母；君子子爲庶母慈己者	族父母；從祖姑適人者(報)
娰婦(報)；大夫、大夫之子、公之昆弟爲從父昆弟爲士者；大夫、大夫之子、公之昆弟、爲姊妹適士者	族昆弟；從祖姊妹適人者（報）
	從祖昆弟之子；甥
	庶孫之婦；庶孫之下殤
	曾孫

緦麻三月

- 庶子為父後者為其母
- 士為庶母
- 乳母
- 妻之父母
- 舅
- 夫之諸父母（報）
- 君母之昆弟
- 夫之叔父之中下殤

- 從母昆弟
- 姑之子
- 舅之子
- 為夫之從父昆弟之妻
- 從祖昆弟之長殤
- 從父昆弟之下殤
- 夫之姊妹之長殤

- 壻
- 姪之下殤
- 從父昆弟之子之長殤

- 外孫
- 昆弟之孫之長殤

緦麻三月
從祖父之長殤　從母之長殤（報）

在上面所列的兩個圖表裏，其「本宗五服親屬圖」是根據禮記大傳所說：「四世而緦，服之窮也。」以及喪服小記：「親親以三爲五，以五爲九，上殺、下殺、旁殺、而親畢矣。」的理論，而推定的。由己上推之，四世而至高祖，下推之，四世而及玄孫，又旁推之，四世而及族昆弟，從圖中縱橫的親屬關係，我們可以明白看出其間親疏尊卑的分別。喪服的輕重，便是依此而定。而我們所看到的喪服制度中本宗的親屬，也都不出於圖中之範圍。

至於「喪期表」的內容，有兩點是必須加以說明的：第一、表中所列的，都是根據儀禮喪服篇的條文，而作的安排。凡是他處所見或注疏之說，皆不採用。如以「四世而緦，服之窮也」的理論，爲高祖及玄孫本當有服才是，然喪服篇中並無關於這兩種人有服的明文。因此，表中乃闕之不載。

第二、表中所列的，只是各種親屬之間，因親屬關係而服喪的情形。其非親屬而有服者，如「諸侯爲天子」、「君」、「公士大夫之衆臣爲其君」（以上斬衰）。「爲夫之君」、「爲君之父、母、妻、長子、祖父母」（以上齊衰不杖期）。「寄公爲所寓」、「丈夫婦人爲宗子、宗子之母、妻」、

「爲舊君、君之母妻」、「庶人爲國君」、「大夫在外，其妻、長子爲舊國君」、「大夫爲宗子」、「舊君」（以上齊衰三月）。「諸侯之大夫爲天子（繐衰）」。「貴臣、貴妾」（緦麻）。這些喪服的規定，或以政治關係，或以致敬宗廟，或以從屬之故，只是少數的特別服制，且此表既以親屬關係而立，自無地位可供安排此少數特設之服。爰乃說明於此，表中亦闕之不載

叁、服　制

「服制」一詞可以分爲廣義的服制與狹義的服制兩種定義來說。舉凡服喪者與死者因何種關係而應當穿那一種喪服，服多久的喪期，以及居喪中表現在衣服、飲食、居處等生活上的情形，都可包括在廣義的服制之中。狹義的服制則是專指服喪者身上所穿戴的各種喪服的服飾制度而言，只居於廣義服制中生活上衣服這一部分而已。

關於服喪者與死者的關係，以及應穿何種喪服，當服多久喪期，這些問題我們在前篇喪期裏都已有所說明。因此服制這一篇裏所要討論的，主要的是服飾制度與居喪生活兩大部分。

服飾本是生活中的一部分，但因它在整個喪服制度上具有代表性的意義，因此喪服經文於每服之首皆先言所服之服飾，然後列舉服喪之人。其重要由此可知。故本文特別將之獨立說明。在服飾制度這一部分裏，我們首先將各種喪服成服時的服飾制度加以討論，其虞後卒哭以至除喪，這中間某些喪服變除的情形，則總於受服章中加以說明。

在居喪生活這一部分裏，我們也將把各種喪服，自始死至終喪，其服喪者的飲食居處等生活及其改變的情形逐一加以說明。

甲、服飾制度

一、斬衰服

根據儀禮喪服篇的規定，斬衰服因男女性別的不同，而服制有異。此外，公士大夫之衆臣爲其君，以身份特殊之故，其斬衰服制，又與一般男子所服者略有不同。故斬衰服因着服之人性別身份之殊，而有三種不同的服制，玆分別敘述於下：

(一) 男子斬衰服

喪服：

斬衰裳、苴絰、杖、絞帶、冠繩纓、菅屨者。

鄭注云：

凡服，上曰衰，下曰裳。麻在首、在要，皆曰絰。……首絰象緇布冠之缺項，要絰象大帶，又有絞，帶象革帶。

案，鄭康成在這裏將「絰」說成有首絰及腰絰兩種，與士喪禮「苴絰大鬲，下本在左，要絰小焉」的記載相合，鄭氏之說是也。左傳襄公十七年：

齊晏桓子卒，晏嬰麁絰衰斬、苴絰、帶、杖、菅屨。

案，此左傳所記晏嬰服其父之喪服與喪服經文正相同可見當時斬衰服制很可能就是喪服經文所規定的服制了。

喪服傳曰：

斬者何，不緝也。

由喪服傳的解釋，我們可以知道，所謂「斬衰」，乃是因爲此服的衣裳，作時均不縫邊，故而得名。凡是喪服，其愈重者，表現於服制之上，則愈是粗而難看。斬衰是所有喪服中，最重的一服，因此，不但其衣裳的質料，比他服爲粗，其製作也較他服爲簡陋。齊衰以下的喪服均有縫邊，唯獨斬衰不縫邊者，正可見斬衰服之粗重簡陋在他服之上。

根據喪服篇的規定，可以知道，一般男子的成套的斬衰服，當包括有：斬衰裳（斬衰衣、斬衰冠）、苴絰（首絰、腰絰）、苴杖、絞帶、冠繩纓（斬衰冠、冠繩纓）、菅屨等穿着佩戴之物。茲將這些服飾的各別形，制逐一考述於下。

1. 衰

喪服的衰，有廣義，狹義兩種不同的形制。據喪服篇首「斬衰裳」下，鄭注云：「凡服，上曰衰，下曰裳。」是衰爲上衣的別名。此爲廣義的「衰」。另者，喪服記：「衰，長六寸，博四寸。」鄭注：「廣袤當心也。前有衰，後有負板，左右有辟領，孝子之心，無所不在。」此「衰」是一塊長六寸，寬四寸的麻布，置於上衣當心之處，與「負」、「適」，分別附加於衣上，具有象徵性的意義。是爲狹義的「衰」。

周禮春官小宗伯：

縣衰冠之式于路門之外。

鄭注：

制色宜齊同。

肆師：

禁外內命男女之衰不中法者。

周禮雖晚出，然由上引二條，可知古時對於喪服之褢是何等的重視了。

古代服制及裁剪方法，始終是研究三禮者所感到相當困難的問題。葢以年代湮久，文獻無徵。從前的學者們所能致力的，也只是從喪服、玉藻、深衣三篇殘缺的記載中，去加以推測而已。現在我們也未曾發現更新的資料，所以在這裏也只有仍然根據前人說法，力求其合理而已。

衰的形制，喪服記說是：

凡衰、外削幅。……負，廣出於適寸。適，博四寸，出於衰。衰，長六寸，博四寸。衣帶下，尺。衽，二尺有五寸。袂，屬幅。衣，二尺有二寸。袪，尺二寸。

以上一段話，是喪服記關於衰的形制，用布多少，以及尺寸大小的記載。

所謂「凡衰，外削幅」者，當如賈疏所說：「謂縫之邊幅向外」是也。

「負」、「適」、「衰」，是三樣附加於喪服上衣的東西。「衰」是一塊長六寸，寬四寸的麻布，鄭注說它：「廣袤當心」，可知是綴於外衿之上當心之處。「適」的位置，則是在兩肩之上，鄭注說它是「辟領」，每邊的辟領有四寸寬，再加上兩邊各四寸的濶中，則辟領橫廣計尺六寸。「負」鄭注云：「在背上者也，適，辟領也，負出於辟領外，旁一寸。」則「負」是一塊綴在背上的一尺八寸四方的麻布。鄭康成云：「前有衰，後有負板，左右有辟領，孝子哀戚，無所不在。」是「負」、「適」、「衰」均爲附於喪服衣上，具有象徵意義的服飾。

「衣帶下，尺」，鄭注：「衣帶下尺者，要也，廣尺，足以掩裳際也。」張爾岐云：「此謂帶衣之帶，非大帶、革帶類也。用布高一尺，上綴衣身，遶要前後。」

「衽，二尺有五寸」，鄭注：「衽，所以掩裳際也。二尺五寸，與有司紳齊也。上正一尺，燕尾二尺五寸，凡用布三尺五寸。」疏云：「取布三尺五寸，廣一幅，留上一尺爲正，不破。一尺之下，從一畔旁入六寸，乃向下邪向，下一畔一尺五寸，去下畔亦六寸，橫斷之，留下一尺爲正，如是則用布三尺五寸。得兩條衽，衽各二尺五寸，然後兩旁皆綴於衣，垂之向下，掩裳際，此謂男子之服，婦人則無。」

「袂」，今謂之「袖」。疏云：「屬幅者，謂整幅二尺二寸，不削去其邊，取其與衣縱橫皆二尺二寸正方也。」

「衣，二尺有二寸」，鄭注：「此謂袂中也，言衣者，明與身參齊，二尺二寸，其袖足以容中人之肱也。衣自領至要，二尺二寸，倍之，四尺四寸，加闊中八寸，而又倍之，凡衣用布一丈四寸。」

「袪，尺二寸」，鄭注：「袪，袖口也，尺二寸，足以容中人之併兩手也。」

陳瑞庚同學於其士昏禮服制考中說：

前人對衣領的裁制，都是根據深衣所說：「曲袷如矩以應方。」而裁成一個正方形。我想其中或有誤會，因為我們現在可以見到的漢石刻或陶俑圖形，都沒有一件衣服的衣領像清人所畫的正方形。我們再從深衣本文推敲，曲袷如矩，那應是袷像矩；方，只是應而已，並不是袷形就是方。我們再以這種瞭解去看漢石刻和陶俑之類，果然發現他們的衣服，衣領緣邊後和正一支矩尺一樣。其次，衣袂，雖然司服鄭注說：「其袪尺二寸，大夫以上侈上；侈之者，蓋半而益一焉。半而益一，則其袂三尺三寸，袪尺八寸。」但我們從漢石刻，陶俑看來，即使士不侈袂，他們的袖子也不至於像清人畫的那麼削直，而是圓圓的垂下一大幅。所以深衣：「袂圜以應規。」鄭注：「謂胡下也。」說文：「胡，牛顄垂也。」鄭注所說的胡下，正是指明衣袖像牛頸子下面那片垂下的肉一樣。

案，陳君的說法，是否就是先秦原來的形制，固然不敢斷定，但仍不失為一較前人合理的說法，茲從其說。

至於斬衰衣服的升數，則喪服傳曰：

衰三升。

喪服記云：

衰三升，三升有半。

鄭注：

衰，斬衰也。或曰三升半者，義服也。

案，孔達生師曰：

考之先秦典籍，皆無「義服之說，喪服篇中，更無一字提及「義服」者，止有正服、降服二種。所謂「義服」，當是漢以後才有的說法。後儒所以有義服之說，可能是因喪服記所說衰裳升數，斬衰有三升與三升半，大功有八升與九升，小功有十升與十一升等不同，因而創出「義服」之說。其實喪服記所記一種服制而有二種升數之布者，可能是表示可以任用其一之意，而非作一成不變的硬性規定。先秦之世，當無義服之說可知。

先生之說是也。如此，則斬衰所用者，當為三升，或三升半之布。既夕記：「衰三升」，間傳：「斬衰三升」。所說皆同。

2. 裳

喪服記云：

凡衰，外削幅；裳，內削幅，幅三袧。

鄭注云：

內殺其幅，稍有飾也。……袧者，謂辟兩側，空中央也。祭服、朝服，辟積無數，凡裳，前三幅，後四幅也。

賈疏云：

裳內削幅者，亦謂縫之邊幅向內。云幅三袧者，據裳而言。為裳之法，前三幅，後四幅。幅皆三辟攝之。……腰中廣狹在人麤細，故袧之辟攝亦不言寸數多少，但以三為限耳。

又云：

七幅布，幅二尺二寸，兩畔各去一寸爲削幅，共十四尺，故須辟積腰中也。

案，祭服，朝服皆爲吉服，辟積無數，正所以盡其文理之飾。但喪服爲凶服，儘量要避免裝飾，故其辟積僅辟每幅布之兩側，而空其中央而已，即所謂「幅三袧」是也。此爲喪服與吉服的重要不同之處。

裳的長度，根據玉藻：「韠，長三尺。」又：「子游曰：『三分帶下，紳居二焉。』紳、韠，結之齊。」的說法來推測，知是四尺五寸。又既夕記：「有前後裳，不辟，長及轂。」鄭注：「轂，足跗也，凡他服，短無見膚，長無被土。」據此，則裳之長短，當以「短無見膚，長無被土」爲原則。

既夕記云：

明衣裳，……縓綼緆。

鄭注：

一染謂之縓，今紅也。飾裳，在幅曰綼，在下曰緆。

由此可知、死者所穿的裳是飾以紅邊的，吉服自不例外，但是喪服既以粗陋爲主旨，避免加飾，且文獻上又無有關喪服飾邊的記載。因此，我們對於裳的形制，似宜假定其爲無飾，來得合於喪服的原則。

至於斬衰裳用布升數，據喪服傳曰：「衰三升」注：「裳與衰同可知。」喪服記：「衰三升，三升有半。」注：「衰，斬衰也。」可知斬衰裳用布亦爲三升或三升半。

3. 苴絰

喪服：

苴絰。

鄭注：

麻在首、在要皆曰絰，絰之言實也。明孝子有忠實之心。首絰象緇布冠之缺項，要絰象大帶。

絰分首絰、腰絰，鄭注是也。據注說，則首絰爲相當於緇布冠之缺項，而腰絰乃相當於大帶，其作用大概也是如此。至於穿着苴絰的意義，是否如鄭所說「明孝子有忠實之心」，則不敢斷言。不過由喪服傳：「苴絰者，麻之有蕡者也。」一句讀：「蕡，麻子，麻之有子者，質色粗惡。」，可知苴絰的質色必甚粗惡，以之作爲喪服，必定有其用意的。間傳云：

斬衰何以復苴，苴惡貌也。所以首其內而見諸外也。斬衰貌若苴，齊衰貌若枲，大功貌若止，小功緦麻，容貌可也。此哀之發於容體者也。

關係愈近則喪服愈重，服愈重，則愈粗惡。斬衰用苴絰的主張，可能就是基於「哀之發於容體」的觀念，而如間傳所說「斬衰貌若苴」了。

茲將苴絰分爲首絰、要絰二項，敍述於下。

(1) 首　絰

喪服傳曰：

苴絰者，麻之有蕡者也。苴絰大搹，左本在下。去五分一以爲帶。

鄭注：

盈手曰搹，搹，扼也。中人之扼，圍九寸，以五分一為殺者，象五服之數也。

案，士喪禮也有相同的記載：

苴絰大鬲，下本在左，要絰小焉。

鄭注云：

苴絰，斬衰之絰也。苴麻者，其貌苴，以為絰，服重尚麤惡，絰之言實也。鬲，搤也，中人之手，搤圍九寸，絰帶之差，自此出焉。下本在左，重服統於內而本陽也。要絰小焉，五分去一。

由以上的說法，可知所謂苴絰，乃是指用以作絰的麻，其貌粗惡如苴而言。張爾岐云：

苴絰大搹者，首絰之大，其圍九寸，應中人大指食指之一扼也。左本在下者，本謂麻根，首絰之制，以麻根置左，當耳上，從前額遶項後，復至左耳上，以麻之末加麻根之上，綴束之也。

張氏於此將首絰的大小及着絰的方法說得很是明白。

據鄭注所說，首絰象緇布冠之缺項。士冠禮：

緇布冠缺項。

鄭注：

缺，讀如有頍者弁之頍，緇布冠無笄者著頍，圍髮際，結項中，隅為四綴以固冠也。項中有緬，亦由固頍為之耳。今未冠笄者著卷幘，頍象之所生也。滕、薛名蔮為頍。

對於緇布冠缺項、鄭玄作如上的解釋，後來學者於此說解亦多，然迄未有定論。我想，鄭注「首絰象緇布冠之缺項」者，乃是說斬衰的首絰相當於緇布冠的缺項，非謂其形制與之全同也。

喪服篇並未說明斬衰首絰是否有纓，但大功章云：

其長殤，皆九月，纓絰。其中殤，七月，不纓絰。

鄭注：

絰有纓者，爲其重也。自大功已上，絰有纓。以一條繩爲之，小功已下，絰無纓也。

賈疏：

絰之有纓，所以固絰，猶如冠之有纓以固冠，亦結於頤下也。但諸文唯有冠纓，不見絰有纓之文，鄭檢此經長殤有纓法，則知成人大功已上絰有纓明矣。鄭知一條繩爲之者，見斬衰冠繩纓通屈一條繩，屈之爲武，垂下爲纓，故知此絰之纓，亦通屈一條屬之絰，垂下爲纓可知。

案，斬衰首絰之有纓明矣，其制鄭、賈亦說之甚詳。至於結纓之法，張惠言儀禮圖絰圖下云：「纓絰之繩。或不必交項後。」是否如此，未敢遽斷。

(2) 要　絰

喪服傳曰：

苴絰大搹，左本在下，去五分一以爲帶。

依鄭注「要絰象大帶」，故知喪服傳所說之帶即是要絰。斬衰之首絰大搹，其圍爲九寸，去五分一以爲帶，則斬衰之要絰，其大小當爲七寸二分。

士喪禮：

苴絰大鬲，下本在左，要絰小焉，散帶垂，長三尺。

賈疏：

此小斂絰，有散麻帶垂之，至三日成服，絞之。婦人初而絞之，與小功以下男子同。

案，士喪禮：「士舉遷尸……卒斂……主人髻髮，袒，衆主人免于房，婦人髽于室，士舉，男女奉尸，俠于堂……主人拜賓……即位，踊，襲絰于序東，復位。」雜記云：「小斂環絰公大夫士一也。」可知小斂之後，主人便已穿上首絰腰絰，而腰絰則散垂之，至三日成服，乃絞之不使散垂。依賈疏，則婦人亦襲絰，唯腰絰不散垂而已。

鄭康成謂「腰絰象大帶」，玉藻云：「紳帶長制，士三尺。」士喪禮云：「要絰小焉，散帶垂，長三尺。」則腰絰之長爲三尺可知。

至於腰絰之結法，或有以爲如首絰之「左本在下」，然細審喪服傳文之義，「左本在下」似專指首絰而言，非冒下文「去五分之一以爲帶」也。經考於士喪禮：「苴絰大鬲，下本在左，要絰小焉，散帶垂。」及既夕記：「三日絞垂」（注：「成服日，絞要絰之散垂者。」）然後知始死三日之前，男子服斬衰者，要絰散垂，三日之後成服乃絞之也。婦人則要絰不散垂。

4. 杖

士喪禮云：

三日成服，杖。

可知杖是成服以後才有，與小斂就有的苴絰，在時間上是有先後之別的。

> 喪服傳曰：
>
> 苴杖，竹也，削杖，桐也。杖各齊其心，皆下本。

問喪：

> 爲父苴杖，苴杖，竹也。

三年問：

> 斬衰，苴杖。

喪服小記：

> 苴杖，竹也；削杖，桐也。

又云：

> 絰殺五分而去一，杖大如絰。

注云：

> 如要絰。

張爾岐云：

> 苴杖，斬衰所用；削杖，齊衰所用。

根據以上之說，斬衰所用之杖當爲苴杖。孔達生師曰：「苴杖，或指竹之貌如苴之惡。」是苴杖爲貌惡如苴的竹杖，其大小如要絰，則七寸二分也。其長度則與柱杖者之心齊高。苴杖既以竹爲之，則其形爲圓可知。柱杖之法，是以杖之根部在下，既夕記云：「杖下本，竹桐一也。」說與喪服傳同。喪服傳曰：

杖者何？爵也，無爵而杖者何？擔主也。非主而杖者何？輔病也。童子何以不杖？不能病也。婦人何以不杖，亦不能病也。

根據此處喪服傳所說，可知杖的主要意義有二：一是用以代表爵位或喪主之身份；一是用以輔病。案，雜記云：

古者貴賤皆杖，叔孫武叔朝，見輪人以其杖關轂而輠輪者，於是有爵而后杖也。

這一個記載如果可信的話，那麼以杖來代表有爵的意義，已經是春秋晚年才開始的事了。問喪云：

或問曰：「杖者，以何爲也？」曰：「孝子喪親，哭泣無數，服勤三年，身病體羸，以杖扶病也。」

這個說法正可作爲喪服傳杖以輔病的注脚。不過喪服傳的作者，以「不能病」爲理由，來解釋童子及婦人不杖之故，却甚令人不解，何以別種人能「病」，而童子及婦人偏偏「不能病」呢？傳云童子婦人皆不杖，賈疏以爲：

此庶童子不杖，若當室童子，則免而杖矣。又喪服小記云：「女子子在室爲父母，其主喪者不杖，則子一人杖。」鄭注：「無男昆弟，使同姓爲攝主，不杖，則子一人杖，謂長女也。」是婦人亦有時當杖。

賈疏又云：

禮記諸文，言婦人杖者甚衆，何言無杖。

張爾岐云：

禮記雜出漢儒，當據此傳爲正。

案，斬衰服必有杖，童子婦人亦有服此服者，是亦當有杖也。喪服傳與禮記諸文，或以爲無杖，或以爲有杖，乃是因各家立說有所不同之故，固不必強論其誰是誰非也。

關於斬衰之杖制，禮記一書中，記載甚多，如：

喪服小記云：

庶子不以杖即位。父不主庶子之喪，則孫以杖即位可也。

又曰：

婦人不爲主而杖者，姑在爲夫杖。

又曰：

女子子在室爲父母，其主喪者不杖，則子一人杖。

雜記曰：

爲長子杖，則其子不以杖即位。

喪大記：

君之喪，三日，子、夫人杖。五日既殯，授大夫世婦杖。子、大夫，寢門之外杖，寢門之內輯之。夫人、世婦在其次，則杖卽位，使人執之，子有王命則去杖，國君之命則輯杖，聽卜有事於尸則去杖。大夫於君所則輯杖；於大夫所則杖。

又曰：

大夫之喪，三日之朝既殯，主人、主婦，室老皆杖。大夫有君命則去杖，大夫之命則輯杖。內子爲夫人之命去杖，爲世婦之命授人杖。

又曰：

士之喪，二日而殯，三日之朝，主人杖，婦人皆杖。於君命，夫人之命如大夫；於大夫、世婦之命如大夫。子皆杖，不以卽位。大夫、士哭殯則杖，哭柩則輯杖。弃杖者，斷而弃之於隱者。

檀弓曰：

公之喪，諸達官之長杖。

鄭注：

謂君所命雖有官職，不達於君則不服斬。

案，以上所引諸條，皆與喪服所規定當服斬衰者相合。爲父斬衰，庶子雖杖，然不以卽朝夕哭位者，爲下於適子也。父不主庶子之喪，則庶孫爲其父主喪，故得以杖卽位也。女子子在室爲父，謂童子也，無男昆弟，使同姓爲攝主不杖，則長女一人杖也。妻爲夫斬衰，若不當主，然姑以不厭婦之故，婦得爲夫杖。父主長子之喪，爲之斬衰，則長子之子不爲主，遂不得以杖卽位，所以避尊者也。

君之喪，三日，子、夫人杖者，親親之義也，五日既殯，然後授大夫世婦以杖者，爲其疏也。大夫之喪，室老杖者，卽喪服「公士大夫之衆臣，爲其君布帶繩屨。」之斬衰也。凡有去杖者，皆以有尊者之命故也。輯杖卽歛杖，所以表敬也。公之喪，諸達官之長杖者，以臣於君而居官，得直接達於君，故服斬而杖也。

5. 絞帶

喪服：

斬衰裳，苴絰，杖，絞帶，冠繩纓，菅屨者。

鄭注：

絞帶象革帶。

張爾岐句讀云：

苴絰，杖，絞帶，苴字冒下三事，謂以苴麻爲首絰，要絰，苴竹爲杖，又以苴麻爲絞帶。

喪服傳：

絞帶者，繩帶也。

賈疏云：

絞帶者，以絞麻爲繩作帶，故云絞帶也。王肅以爲絞帶如要絰焉。鄭不言，當依王義。雷氏以爲絞帶在腰絰之下言之，則要絰五分去一爲帶。但首絰象頍項之布，又在首，要絰象大帶用繒，又在要，故須五分去一以爲帶，與要絰同在要，一則無上下之分，二則無麤細可象，而云去要絰五分一爲絞帶，失其義也。但絰帶至虞後變麻服葛，絞帶虞後雖不言所變，案公士衆臣爲君服布帶，又齊衰已下亦布帶，則絞帶虞後變麻服布，於義可也。

張惠言儀禮圖云：

吉時大帶四寸，革帶二寸，則絞帶小於要絰。雷氏是也。

案，絞帶之制，但知其象革帶，然其粗細長短，均無明文可徵，諸家之說皆屬臆測之詞，是以未便遽斷，其是否與革帶同其形制，固不可知，此暫存疑可也。至於賈疏以爲「絰帶至虞後變麻服葛，絞帶至虞後亦當變麻服布。」。此說經無明文，當屬以意推之者。今案，間傳：「既虞卒哭，去麻服葛，葛帶三重。」雖不言何帶，但斬衰絞帶既與要絰同用苴麻，則虞後絞帶似宜與要絰同用葛，賈疏以爲絞帶虞後變麻服布，恐非。

6. 冠繩纓

喪服：

斬衰裳……冠繩纓……。

案，喪服於斬衰之服制，雖未明言何冠，然由「冠繩纓」一語，可知斬衰有冠，其冠纓則繩纓也。

喪服傳曰：

冠繩纓，條屬，右縫，冠六升，外畢，鍛而勿灰。

鄭注：

屬，猶著也。通屈一條繩爲武，垂下爲纓，著之冠也。……雜記曰：「喪冠條屬，以別吉凶，三年之練冠，亦條屬右縫，小功以下左縫。外畢者，冠前後屈而出，縫於武也。

賈疏云：

冠繩纓者，喪用繩爲纓，著之冠，垂之爲纓也。右縫者，大功以上哀重，其冠三辟積，向右爲之，從陰。小功緦麻哀輕，其冠亦三辟積，向左爲之，從陽，二者皆條屬，但從吉從凶不同也。外畢者，前後兩畢之末向外攝之也。鍛而勿灰者，以冠爲首飾，布倍衰裳而用六升，但加以水濯勿灰。冠六升勿灰，則七升以上固灰也。故大功章，鄭注云：「大功布者，其鍛治之功麤沽之。」則七升以上皆用灰也。

又云：

通屈一條繩爲武者，吉冠則纓武別材，凶冠則纓武同材。謂將一條繩從額上約之至項後，交過兩廂，各至耳爲武，綴之，各垂於頤下結之。武纓皆上著冠也。引雜記者，證條屬是喪冠，若吉冠則纓武異材也。前後屈而出縫於武者，冠廣二寸，落項前後，兩頭皆在武下鄉外出，反屈之，縫於武而爲之。兩頭縫畢向外，故云外畢。案，曲禮云：「厭冠不入公門。」鄭注云：「厭猶伏也。喪冠厭伏。」是五服同名。由在武下出，反屈之，故得厭伏之名。吉冠則辟積無殺（殺，疑當作數），橫縫亦兩頭皆在武上向內反屈而縫之，不得厭伏之名。

案，斬衰冠用布六升，據「纓武同材」，則冠繩纓亦用布六升可知。有關喪服及斬衰冠繩纓之形制，注疏均說之甚詳。除喪服傳外，他處亦有關於喪冠制度之記載，皆可有助吾人之瞭解。

既夕記：

冠六升，外縪，纓條屬，厭。

鄭注：

縪謂縫著於武也。外之者，外其餘也，纓條屬者，通屈一條繩爲武，垂下爲纓，屬之冠。

厭，伏也。

喪服記：

衰三升，三升有半，其冠六升。

鄭注：

衰，斬衰也。

雜記：

喪冠條屬，以別吉凶，三年之練冠，亦條屬右縫。

檀弓：

古者冠縮縫，今也橫縫，故喪冠之反吉，非古也。

檀弓又云：

喪冠不緌。

以上的一些說法，可謂皆能相合。從其中加以歸納，喪冠有以下幾點特徵：一是纓武同材；二是條屬，三是縮縫；四是外縪；五是三辟積；六是厭伏；七是不緌。又斬衰冠除上述七點喪冠共同特徵外，其制與他服之冠異者爲：一、用布六升；二、繩纓；三、右縫（小功緦麻左縫）；四、勿灰。

7. 菅　屨

喪服：

斬衰裳……菅屨者。

喪服傳曰：

菅屨者，菅菲也，外納。

賈疏：

菅菲者，周公時謂之屨子，夏時謂之菲。納，收餘也，謂正向外編之。

案，釋名云：「齊人謂草屨曰屝。」屝與菲同，說文：「屝，屨屬。」段注云：「屨之麤者曰屝。」方言：「屝，麄屨也。杜注左傳曰：「屝，草屨也。」是菲爲草屨之名。菅是草名，廣雅：「菅，茅也。」王念孫疏證云：「爾雅『白華野菅』鄭注云『菅，茅屬。』又曰：『藗，牡茅。』注云『白茅屬』。小雅『白華菅兮，白茅束兮。』傳云：『白華野菅也，已漚爲菅。』箋云：『人刈白華於野，已漚名之爲菅，菅柔忍中用矣，而更取白茅收束之，茅比於白華爲脆，是菅與茅不同物也。但菅茅同類。亦可通名，故說文以管茅互釋。菅可爲索。陳風：『可以漚菅。』陸璣疏云：『菅似茅而滑澤無毛，互下五寸，中有白粉者柔韌，宜爲索，漚乃尤善矣。』又可爲筲，士喪禮下篇『菅筲三，其實皆瀹。』又可爲席，南山經云：『白菅爲席』又云『毛傳，已漚爲菅。』菅對野菅言之，非對茅也。」由此可知菅是一種茅類的草，性柔韌，故可用以編織爲屨也。

又，外納者，既夕記：「屨外納」，注云：「納收餘也。」疏云：「謂收餘末，向外爲之，取醜惡不事飾故也。」張爾岐云：「外納謂編屨畢，以其餘頭向外結之。」是外納猶衰之外削幅之義，目的也在於表現粗惡之貌，避免裝飾也。

菅屨編織之法，及其形制，皆未見記載。斯坦因西域考古記載有漢代戍邊者之繩屨出土照片二幀，其形制各異，然原書並未加以說明，是否與此菅屨同，亦無可考。後人於此也都作憑空附會，自是難以採信。

（二）婦人斬衰服

喪服：

布總、箭笄、髽、衰、三年。

鄭注云：

此妻、妾、女子子喪服之異於男子者。

賈疏云：

經之體例，皆上陳服，下陳人。此服之異，在下言之者，欲見與男子同者如前，與男子異者如後，故設文與常不例也。

又云：

上文列服之中，冠繩纓非女子所服，此布總笄髽等，亦非男子所服，是以為文以易之也。

案，男子冠而婦人笄，上文所列的各種斬衰服飾中，冠繩纓只是男子之服，非女子所服，因此喪服作者特在斬衰章後將婦人斬衰服之異於男子的部分加以提出，即所謂「布總、箭笄、髽、衰。」四事，其餘絰、杖、絞帶、菅屨等則與男子斬衰服全同。

茲將布總、箭笄、髽、衰等婦人斬衰服之各別形制，敍說於下。

1. 布總

喪服：

布總。

鄭注：

總，束髮。謂之總者，既束其本，又總其末。

是總爲婦人用以束髮者。由於束髮時，既束其本，又總其末，故謂之爲總。

喪服傳曰：

總六升，長六寸。

鄭注：

總六升者，首飾象冠數。長六寸，謂出紒後所垂爲飾也。

張爾岐云：

總六升，謂象斬衰冠之數。餘服當亦各象其冠布之數。長六寸，註知其指紒後者，以其束髮處，人所不見，無寸可言也。

案，喪服傳謂斬衰之總長六寸，然依鄭注，則所謂「長六寸」者，乃是指出紒後所垂爲飾之部分而言，其束髮處，人所不見，無寸可言。則斬衰總之用布，其長爲不止六寸矣。

內則云：

子事父母……櫛縰笄總……。

孔疏云：

總者，裂練繒爲之，束髮之本，垂餘於髻後。

案，孔疏此處說結總之法與鄭注同。吉服之總，裂練繒爲之，則喪服之總，當是裂布爲之，其升數則視服之冠所用布而異，斬衰六升，齊衰則七升也。

2. 箭笄

喪服：

箭笄。

鄭注：

箭笄，篠竹也。

案，爾雅釋草：「篠，箭」，郝懿行義疏云：「篠，說文作筱，云：『箭屬，小竹也。』蓋篠可以爲箭，因名爲箭。」則所謂箭笄者，蓋以小竹爲之也。

喪服傳曰：

箭笄長尺，吉笄尺二寸。

據此，則箭笄之制，乃用長一尺之小竹爲之者也。

黃榦儀禮經傳通解云：

始死，將斬衰，婦人去笄，至男子括髮著麻，髽之時，猶不笄。今成服始用箭笄，婦人箭笄終喪，有除無變，唯妾爲君之長子，雖服斬衰，不著箭笄。

案，喪服小記云：「箭笄終喪，三年。」喪服：「布總，箭笄，髽，衰，三年。」是婦人斬衰者，除妾爲君之長子不著箭笄外，餘皆自成服至三年終喪，均著箭笄而無變，終喪除之而已。

3. 髽（附括髮、免）

喪服：

髽。

鄭注云：

髽，露紒也，猶男子之括髮。斬衰括髮以麻，則髽亦用麻也。蓋以麻自項而前，交於額上，郤繞紒，如著幓頭焉。小記曰：「男子冠而婦人笄，男子免而婦人髽。」

案，據鄭意，蓋以婦人之髽與男子之髺髮，免，三者之形象略同，謂皆「如著幓頭」。鄭注士喪禮，與此經之注略同而說更詳之。

士喪禮：

卒斂……主人髺髮，袒，衆主人免于房，婦人髽于室。

鄭注云：

始死，將斬衰者雞斯，將齊衰者素冠。今至小斂，又將初喪服也。髺髮者，去笄纚而紒。衆主人免者，齊衰將袒，以免代冠。冠，服之尤尊，不以袒也。免之制未聞，舊說以爲如冠狀，廣一寸。喪服小記曰：「斬衰髻髮以麻，免而以布。」此用麻布爲之，狀如今之著幓頭矣。自項中而前，交於額上，卻繞紒也。于房、于室，釋髻髮宜於隱者，今文免皆作絻，古文髻作括。始死，婦人將斬衰者，去笄而纚，將齊衰者，骨笄而纚，今言髽者，亦去笄纚而紒也。齊衰以上，至笄猶髽，髽之異於髻髮者：既去纚，而以髮爲大紒，如今婦人露紒，其象也，檀弓曰：「南宮縚之妻之姑之喪，夫子誨之髽曰：爾毋縱縱爾，爾毋扈扈爾。」其用麻布，亦如著幓頭。

案，據此注，是鄭意以爲至小斂時，男子將斬衰者髻髮，將齊衰者免，而婦人則皆髽，其將斬衰與將齊衰者之別，唯用麻用布之別而已。今因括髮、免、髽三者形制略同，故並於此節論之，以爲行文之便。

綜合喪服及士喪禮之記載與鄭康成的注說，可知男子之括髮、免，乃著於小斂之時者，而婦人之髽則分爲二種：一爲未成服時小斂之髽；一爲成服後之髽。玆一一論述於下：

(1) 括　髮

士喪禮：

卒斂……主人髻髮，袒

括髮之制，鄭注之說，前已引之。今日吾人研究此一問題，所能據爲參考者，也唯有鄭注之說而已，至於是否如鄭所云，則以文獻無徵，亦無法考定。據鄭注，則是始死，男子將斬衰者雞斯，至小斂乃變而髻髮。今案，問喪云：「親始死，雞斯徒跣。」注云：「雞斯當爲笄纚。」是鄭以爲親始死，將斬衰者乃去冠而笄纚也。至小斂卒斂乃去笄纚而括髮也。

鄭謂括髮爲「去笄纚而紒，用麻布爲之，狀如今之著幓頭矣，自項中而前，交於額上，却繞紒也。」案，胡培翬正義云：「紒與結同，卽今之髻。」幓頭乃斂髮之巾，卽方言、廣雅所謂之「幧頭」，又謂之「帞頭」，「絡頭」，方言云：「絡頭，帞頭也，自河以北，趙魏之間曰幧頭。」釋名又有「綃頭」云：「或謂之陌頭，言其從後橫陌而前也。」此處釋名所載陌頭之著法，或者卽鄭所謂「自項中而前，交於額上。」的括髮之著法。據此，則括髮乃是去笄、纚，但以麻束髮，使不至於散髮而已。

喪大記云：

小斂，主人卽位于戶內，主婦東面，乃斂。卒斂，主人馮之，踊，主婦亦如之。主人袒，說髦，括髮以麻，婦人髽，帶麻于房中。

此一記載，可謂與士喪禮全同。喪服小記云：

斬衰括髮以麻，爲母括髮以麻，免而以布。

據此，則不僅爲父括髮，爲母亦括髮以麻矣。

喪服小記云：

奔父之喪，括髮於堂上，袒，降踊，襲絰于東方。是奔父之喪亦有括髮之事也。

檀弓云：

袒，括髮，變也。去飾，去美也。袒、括髮，去飾之甚也。

案，孝子去飾之方式甚多，然以首飾最尊，故檀弓乃解釋括髮，以爲是去飾之中最爲甚者。

檀弓又云：

叔孫武叔之母死，既小斂，舉者出尸，尸出戶，且投其冠，括髮。子游曰：「知禮」。

案，據檀弓所記此一事實看來，所謂「括髮」並非如鄭玄所說的僅爲將斬衰者之制，爲母齊衰，亦有括髮也。此與喪服小記所說者同。又叔孫武叔之括髮以前，仍然有冠，且括髮又在舉尸出戶之後，非小斂卒斂之時，與士喪禮、喪大記所載不同。然子游乃稱其爲「知禮」。我想這種同異互見的情形，乃是由於立說者主張有異之故。至於括髮的禮制之行於先秦，則是無可懷疑的事實了。

(2) 免

士喪禮：

卒斂……衆主人免于房

免也是男子在小斂卒斂之後的一種喪服首飾，不過著免的人與死者的關係，依鄭玄所說，乃是指將齊衰者，而與將斬衰者之括髮有所分別，如士喪禮所說「主人括髮，衆主人免」是也。始死至小斂以前，將齊衰者素冠，檀弓云：「始死，羔裘玄冠者，易之而已。」或即指此而言。到了小斂，齊衰將袒者，乃以免代冠。

免的形制，鄭於注說「未聞」，又引舊說以爲「如冠狀，廣一寸。」同時根據喪服小記：「斬衰括髮以厤，免而以布。」以意推之，而以爲免與括髮之制同，「狀如今之著幓頭矣」，所差者，斬衰用厤，免而以布而已。是括髮與免皆爲廣一寸之厤、布，狀如冠，以之束髮，使不至於散而已。

問喪云：

或問曰：「冠者不肉袒何也？」曰：「冠至尊也，不居肉袒之體也，故爲之免以代之也。然則，禿者不免，傴者不袒，跛者不踊，非不悲也，身有錮疾，不可以備禮也。

據此，則免乃是小斂之時，有喪服者將袒，不可以服冠，故爲之免以代之，其作用蓋爲如此。依鄭注士喪禮，但言免爲將齊衰者至小斂變服而著之，然禮記一書所載，免之制度，實有不僅於此者，今著之於下，以見其制。

檀弓：

公儀仲子之喪，檀弓免焉。

鄭注：

禮，朋友皆在他邦，乃袒、免。

案，鄭康成此注當本於喪服記：「朋友皆在他邦，袒、免，歸則已。」由檀弓此一事實之記載，可知朋友皆在他邦，死而無主者，當爲之主，每至袒時則去冠代之以免也。

喪服小記：

緦、小功，虞卒哭則免。既葬而不報虞，則雖主人皆冠，及虞則皆免。爲兄弟既除喪已，及其葬也，反服其服，報虞卒哭則免，如不報虞則除之。遠葬者比反哭者皆冠，及郊而后免反哭。君弔雖不當免時也，主人必免，不散麻，雖異國之君免也，親者皆免。

又曰：

又曰：

主人未除喪，有兄弟自他國至，則主人不免而爲主。

爲母括髮以麻，免而以布。

又曰：

男子免而婦人髽。

又曰：

奔母之喪不括髮，袒於堂上，降，踊，襲免于東方，絰，即位成踊，出門哭止，三日而五哭三袒。

雜記：

非從柩與反哭，無免於堩。

玉藻：

小功不說笏當事，免則說之。

左傳哀公二年：

六月乙酉，晉趙鞅納衞大子于戚宵迷，陽虎曰：「右河而南，必至焉。」使大子絻，八人衰絰，僞自衞逆者，告於門，哭而入，遂居之。

由以上這些記載與事實看來，可知免非爲喪服常有之制，乃有時用之而已。免輕於括髮，故爲父括髮，爲母則免，然則又以冠飾爲服之重者，故緦，小功之虞卒哭，遠葬者之及郊反哭，主人之於君弔，皆以不可無冠飾之故而必免也。免之於喪服，其用途可謂廣矣。

(3) 髽

士喪禮：

卒斂……婦人髽于室。

髽是婦人喪服的一種髮式，鄭康成以爲婦人之髽猶男子之括髮，而髽之異於括髮者，亦唯有「既去纚，而以髮爲大紒。」而已。說髽之形制「如今婦人露紒」，其注喪服，也說「髽，露紒。」，可是他又說「今言髽者，亦去笄纚而紒也。」，時而言「紒」，又時而言「露紒」，則究竟爲何紒，乃不能得以確定，可見鄭康成於髽之制也未能得到明確的認識，更毋怪後人異說紛傳了。爲避免說之越遠，本文仍據鄭注之說，來加以推敲，因其於士喪禮及喪服之注均言「露紒」，故暫定髽之制如露紒。又因鄭意以爲髽猶男子之括髮，又與免略同，所差者唯髽去纚而以髮爲大紒，故定其制爲一廣一寸之厤布，自項中而前，交於額上，却繞紒，束髮如髻，使不至於散髮而已。至其形狀則檀弓曰：「南宮縚之妻之姑之喪，夫子誨之曰：爾毋縱縱爾，爾勿扈扈爾。」是髽之形貌，不得過於高大，如喪冠之厭伏，亦不得過於寬廣也。

髽有斬衰之髽與齊衰之髽，其分別亦在斬衰用厤，齊衰用布而已。大功以下則無髽，玆爲行文之便，齊衰之髽亦並於本節論之。

賈疏據喪服及士喪禮之所記，而謂髽有二種。疏云：

髽有二種：一是未成服之髽，卽士喪禮所云者是也，將斬衰者用厤，將齊衰者用布。二是成服後露紒之髽，卽此經注是也。

案，喪大記云：

小斂……卒斂，主人袒，說髦，括髮以麻，婦人髽，帶麻于房中。

此記與士喪禮同，蓋士喪禮所云之髽，是已去笄纚，但用麻、布之髽，以對男子用麻之括髮與用布之免。而斬衰婦人成服後之髽，則是喪服所謂布總、箭笄之髽，以對男子斬衰之冠繩纓。而檀弓記孔子誨南宮縚之妻喪姑之髽，所謂「榛以爲笄」，喪服記所謂「惡笄有首以髽」，爲婦人齊衰之髽，以對男子齊衰之冠布纓。賈疏分髽爲成服之髽與成服後之髽是也，然其於成服後之髽但言「露紒之髽」，則是語意未盡矣。

由喪服所說：「布總，箭笄，髽，衰三年」可知斬衰之髽爲終喪之服。又喪服小記云：「齊衰惡笄以終喪」喪服記云：「惡笄有首以髽」，則齊衰之髽亦爲終喪可知。

婦人之髽，除了士喪禮所云小斂之髽與喪服所規定的成服後之髽外，於喪禮啓殯之時及奔喪時也都有髽，既夕禮云：

二燭俟于殯門外，丈夫髽，散帶垂，即位如初。

鄭注云：

爲將啓變也。此互文以相見耳。髽，婦人之變。

張爾岐云：

據疏，當云：「丈夫免，婦人髽」，此或偶脫去三字，註以爲互見也。疏又云：「啓殯之後，雖斬衰亦免而無括髮。」

案，陳祥道禮書云：「啓殯之髽雖在成服之後，蓋亦無笄，以對男子之袒而免故也。」我想陳氏這個說法是對的。否則，啓殯已在成服之後，既夕禮便勿須特地言髽了。

奔喪云：

婦人奔喪，升自東階，殯東西面坐，哭盡哀，東髽，卽位，與主人哭踊。

喪服四制云：

禿者不髽，……以權制者也。

葢以禿者無髮，難以爲髽，故權宜制之，禿者可以不髽也。

檀弓云：

魯婦人之髽而弔也，自敗於臺鮐始也。

案，魯人敗於臺鮐一事，載於左傳襄公四年：

冬十月，邾人，莒人伐鄫，臧紇救鄫侵邾，敗于狐鮐，國人逆喪者皆髽，魯於是乎始髽。

杜注云：

髽，麻髮合結也，遭喪者多，故不能備凶服，髽而已。

髽本是喪服而非弔服，但因魯師敗于臺鮐，家家有喪，故髽而相弔，魯人因之而未改，於是自此魯之婦人乃髽而相弔。在這裏，值得注意的是杜預對髽之形制的解釋與鄭康成不同。孔疏云：

髽之形制，禮無明文，先世儒者各以意說。鄭衆以爲枲麻與髮相半結之；馬融以爲屈布爲巾，高四寸，著於顙上。鄭玄以爲去纚而紒。案檀弓言「爾毋從從爾，爾毋扈扈爾。」鄭云：「從從謂太高，扈扈謂太廣。」若布高四寸，則是定制，何當慮其從從扈扈而謂之哉！如鄭去纚而空露其紒，則髮上安得與衰共文而謂之髽衰也？魯人逆喪皆髽，豈直露紒迎喪哉？凶服以麻表髽，字從髟，是髮之服也。杜以鄭衆爲長，故用其說。

今案，鄭衆、馬融、鄭玄三家於髽之形制，說之不同，孔疏於此似主馬氏之說而論鄭玄之非，然髽之形制，禮無明文，固難以遽定誰家之說爲是，唯引此文，以供學者參考而已。

4. 衰　裳

喪服：

布總、箭笄、髽、衰，三年。

鄭注云：

凡服，上曰衰，下曰裳。此但言衰不言裳，婦人不殊裳。衰如男子衰，下如深衣，深衣則衰無帶下，又無衽。

案，喪服經文此處所說的婦人喪服的衣服，只說衰而不言裳，乃是因爲婦人之衣服與男子有所不同之故。男子的一套衣服裁開爲上衰下裳兩件，而婦人的衣服則是連裳於衣，合爲一套。故喪服雖只言衰，而裳已包括在內了。

婦人服喪衣服之制，據鄭注，以爲「衰如男子衰，下如深衣，深衣則無帶下，又無衽。」是婦人之衰除了無帶下與衽二者之外，其他皆如男子之衰。其形制也應如喪服記所說的：「凡衰，外削幅，……負，廣出於適寸，適，博四寸，出於衰。衰，長六寸，博四寸……袂屬幅，衣，二尺二寸。祛，尺二寸。」衰制已見前，茲不贅焉。

至於「下如深衣」者，據深衣所記下裳之制云：

> 短毋見膚，長毋被土。續衽鉤邊，要縫半下……制十有二幅，以應十有二月。……負繩及踝以應直，下齊如權衡以應平。

案，所謂「短毋見膚，長毋被土。」當是指裳之下擺之長短，以不露出皮膚及不沾泥土爲原則。「續衽鉤邊」注云：「衽在裳旁者也，屬連之，不殊裳前後也。……鉤邊，若今曲裾也。」疏云：「衽謂深衣之裳，以下濶上狹謂之爲衽，接續此衽而鉤其旁邊。……今深衣一旁則連之相著，一旁則有曲裾掩之，與相連無異。」是衣裳相連之處，其旁有鉤相連著，以掩裳上際也。「要縫半下」乃是指衣裳相連之腰身，濶爲裳下擺之半。「制十有二幅」注云：「裳六幅，幅分之，以爲上下之殺。」疏云：「深衣其幅有六，每幅交解爲二，是十二幅也。」是下裳用布六幅，每幅交解爲二，成十二幅，前後皆六幅，下長當七尺二寸，腰則爲三尺六寸也。「負繩及踝以應直」者，疏云：「衣之背縫及裳之背縫，上下相當如繩之正，故云負繩。」其說是也。「下齊如權衡以應平」者，謂裳之下際當裁製平齊如權衡也。

婦人斬衰服衣服用布的升數，當與男子之制同，也是三升或三升半。

(三)　公士大夫之衆臣爲其君之斬衰服

喪服：

> 公士大夫之衆臣，爲其君布帶繩屨。

鄭注云：

士，卿士也。公卿大夫厭於天子諸侯，故降其衆臣布帶繩屨。貴臣得伸，不奪其正。

案，公士大夫之衆臣與其君之身份地位，以及彼此間的關係，已見前文喪期斬衰三年章「公士大夫之衆臣爲其君」條下。

由於公卿大夫的地位在天子諸侯之下，故其與衆臣之間，雖有君臣之名，但不得比於天子諸侯之君。因而其衆臣雖也爲之斬衰三年，然服制則與一般男子之斬衰服略有不同。

賈疏云：

除其衆臣布帶繩屨二事，其餘杖冠絰則如常也。其布帶則與齊衰同，其繩屨則與大功等也。

據此，則公士大夫之衆臣爲其君之斬衰服，除布帶、繩纓二事異於絞帶，菅屨外，其餘衰裳、絰、杖、冠等則與一般男子之斬衰服無異。

所謂布帶與齊衰同，張爾岐云：「七升布爲帶，以象革帶。」今案，齊衰布帶之升數，經無明文，張氏以爲七升，不知何據？

繩屨與大功同者，不知賈疏何所據而言。喪服傳：「繩屨者，繩菲也。」是繩屨者，蓋以繩爲屨也。斯坦因西域考古記載有漢代戍邊者之繩屨出土照片二幀，其形制各異，然原出並未加以說明，是否即喪服此經所言之繩屨，亦不可考。

二、齊衰服

齊衰服的服制是五服之中，粗重僅次於斬衰的喪服。同爲喪服，而斬衰所以以「斬」爲名，齊衰所以以「齊」爲名者，據喪服傳：「斬者何，不緝也。」又曰：「齊者何，緝也。」喪服記云：「若齊，裳內，衰外。」鄭注云：「齊緝也。凡五服之衰，一斬，四緝，緝裳者內展之，緝衰者外展之。」所謂緝與不緝之別，乃是指衰裳之下，是否用針功縫緝而言。斬衰服因爲只是裁布爲衰裳，而不縫緝其邊，故名「斬衰」。齊衰及以下大功、小功、緦麻等四種服制，則於衰裳之下皆用針功縫緝，看起來便不像斬衰之粗惡難看。齊衰以下四種服制，既然皆緝其衰裳之下，則四者似皆可以以「齊」爲名。但因爲此四種喪服之喪期及服制又有輕重之別，故以「齊衰」爲僅次於斬衰之喪服的專名，然後以大功、小功、緦麻爲其他三服之名，以爲五服區別之義，齊衰服又因其以四升麤布爲衰裳，或謂之「疏衰」。

齊衰服由於喪期與服制的不同，而分爲：齊衰三年、齊衰杖期、齊衰不杖期、齊衰三月等四種齊衰服，且男女服制有異。茲分別敍述之。婦女齊衰服則總於齊衰不杖期節詳之。

（一）齊衰三年服

喪服：

疏衰裳，齊。牡麻絰、冠布纓、削杖、布帶、疏屨，三年者。

案，喪服經文此處所言者爲男子之服，婦人服此服者，除以布總、惡笄、髽代男子之冠布纓，衰與男子衰裳形制不同外，其餘牡麻絰，削杖、疏屨等皆同於男子。又由喪服此文看來，齊衰三年服之異於一般男子之斬衰服者，主要在於服飾所用材料之異，與衰裳縫製精粗之別而已。

1. 疏衰裳

喪服：

疏衰裳。

鄭注：

疏猶麤也。

喪服傳：

齊者何？緝也。

喪服記：

若齊，裳內，衰外。

鄭注：

齊，緝也。凡五服之衰，一斬四緝，緝裳者內展之，緝衰者外展之。

張爾岐句讀云：

此言衰裳之下，用針功緝之者，斬衰裳不緝，故言若以別之。

案，據鄭注，則自齊衰以下等四種喪服，其衰之邊幅，緝時爲向外展之，而裳之邊幅，緝時爲向內展之。

喪服記：

齊衰四升。

鄭注云：

此謂爲母服也，齊衰正服五升，其冠八升；義服六升，其冠九升。

間傳云：

爲母疏衰四升。

又云：

斬衰三升，齊衰四升、五升、六升。

陳祥道禮書云：

服有降有正有義，而其別有升數……間傳於喪服斬衰少一等，而無三升有半，齊衰多二等，而有五升六升……蓋斬衰三升正服也，三升有半義服也。齊衰四升降服也，五升正也，六升義服也……。

案，先秦無義服之說，前已辨之，見前章斬衰服制男子衰條。鄭注喪服記「齊衰四升」以爲「此謂爲母服也」當是據間傳而云者。而間傳又云「齊衰四升、五升、六升。」陳祥道乃以爲齊衰四升是降服，五升是正服，六升是義服，而有「服有降有正有義，而其別有升數。」之說。今案，此說自漢代以來之學者莫不如此云云，如喪服記：

大功八升，若九升。小功十升，若十一升。

鄭注云：

此以小功受大功之差也。不言七升者，主於受服，欲其文相値。言服降而在大功者衰七升，正服衰八升，其冠皆十升。義服九升，其冠十一升……其降而在小功者衰十升，正服十一升，義服衰十二升。」

是自鄭玄以來，卽以爲服有降有正有義，且升數有別也。此說不知究何所據，或者卽據間傳有「爲母疏衰四升」之說，又有「齊衰四升五升六升；大功七升八升九升；小功十升十一升十二升。」之文，因而說此服有三種升數之情形卽爲降服、正服、義服之別。然此實後人附會解釋之說，先秦固有降服之制。然由檀弓所記縣子瑣有「古者不降，上下各以其親。」之言觀之，降服之制可能晚至春秋之時而始有之。且徧考於先秦載籍，雖有降服，然皆未言降服之升數與正服有別，此前人以降服之升數與正服有別之說爲可疑者也。且服之升數之等，間傳所記有多於喪服記者，亦有少於喪服記者，如齊衰多五升六升二種，大功多七升一種，小功多十二升一種；斬衰則少三升半一等。竊以爲此一情形當是因記人之不同，所記乃有詳略多寡之異耳，服之升數有二種乃至三種者，當是表示可以任用其一之意，具有伸縮性而非一成不易之規定，後人以爲服有降有正有義，且升數有別，實爲附會之說。後人於古代制度，每愛附會曲說，而終致去古愈遠，面目全非，此其顯著之例歟！

案，男女疏衰裳之形制除緝其邊及用布四升五升六升二事外，餘均與斬衰裳同。

2. 牡麻絰

喪服：

喪服傳曰：

牡麻絰。

牡麻者，枲麻也。牡麻絰右本在上。

張爾岐句讀：

牡麻，麻之華而不實者。牡麻爲絰，其本在冠右而居末上，此首絰結束之法也。

案，牡麻爲雄麻，與苴麻爲有子之雌麻不同。齊衰之首絰要絰蓋以牡麻爲之。首絰結束之法爲絰之本在冠右而居末上，要絰結或亦如之。

喪服傳於斬衰下曰：

齊衰之絰，斬衰之帶也，去五分一以爲帶。

案，據喪服傳「苴絰大搹」是斬衰之首絰圍九寸，要絰去首絰五分一爲七、二寸。據傳文推之，則齊衰之首絰，其麻之粗細亦爲七、二寸；要絰則爲五、七六寸。

由以上之瞭解，齊衰之絰與斬衰之絰不同者有三；一爲質用牡麻；二爲右本在上；三爲粗細之制爲斬衰之絰之五分之一，除此三事，餘則同於斬衰之絰。

服問：

凡見人無免絰，雖朝於君，無免絰，唯公門有稅齊衰。傳曰：「君子不奪人之喪，亦不可奪喪也。」

鄭注：

見人謂行求見人也。無免絰，絰重也。稅猶免也。有免齊衰，謂不杖齊衰也。於公門免齊衰，則大功有免絰。

案，喪服主凶，故爲人所忌諱。然君子不奪人之喪，亦不可奪喪，故雖有事將見於人，其服齊衰以上之喪者，亦不去絰，以示對於絰之尊重。

3. 冠布纓

喪服：

冠布纓。

喪服傳曰：

冠者沽功也。

鄭注云：

沽猶麤也，冠尊，加其麤，麤功，大功也。

張爾岐句讀云：

齊衰冠用七升布而麤加人功，以冠尊，故升數恒多而加飾也。

賈疏云：

斬冠六升，不言功者，六升雖是齊之末，未得沽稱，故不見人功。此三年齊冠七升，初入大功之境，故言沽功，始見人功沽麤之義，故云麤功，見人功麤大不精者也。

喪服記：

齊衰四升，其冠七升。以其冠爲受受，冠八升。

鄭注：

言受以大功之上也。

喪服傳曰：

齊衰、大功，冠其受也。

案，綜合以上的說法，可知齊衰冠的升數與其受服大功之衰相等，間傳：「大功七升八升九升」，鄭注喪服記云：「言受以大功之上也。」可知齊衰冠之升數爲七升。因布七升已入大功，故喪服傳說是「冠者沽功也」，用以說明齊衰冠所用之布已粗加人功，自較斬衰冠爲略細。

齊衰之冠與斬衰冠除了用布有七升與六升之別外，冠纓之制亦有不同，斬衰用繩纓，以麻繩爲之，而齊衰冠則纓以布爲之，此外其餘形制則齊衰冠皆同於斬衰冠。

4. 削杖

喪服：

疏衰裳……削杖。

喪服傳曰：

削杖，桐也。杖各齊其心，皆下本。

賈疏云：

案變除謂削之使方。

案，士喪記云：「杖下本，竹桐一也。」喪服小記云：「削杖，桐也。」，問喪云：「爲母削杖，削杖，桐也」。以此數說證之，則削杖爲齊衰之杖，蓋以桐爲之，其質爲木，與斬衰之以苴竹爲杖，在材料之使用上有所不同。至其長短則「杖各齊其心」，皆以與杖者之心等高爲度。柱杖之法則「皆下本」是也。

喪服小記云：

杖大如絰。

鄭注云：

如要絰也。

據此，則齊衰削杖當圍五、七六寸。

有關削杖形制之引起後人爭論者，乃是削杖爲圓爲方的問題。賈疏據戴德喪服變除篇，以爲「削之使方」。王肅亦云：

削杖，削爲四方。（儀禮正義二十一引）

杜元凱則說是：

員削之，象竹。（儀禮正義二十一引）

溫公書儀云：

爲母上圓下方。（讀禮通考卷三十三引）

朱子家禮云：

齊衰三年，齊衰杖期，用桐木爲之，上圓下方。長齊心，圍五寸餘。（讀禮通考卷三十三引）

以上所引諸說，紛紜如此，徐乾學讀禮通考乃曰：

小記言「杖大如絰」，絰之形既圓，則杖形亦圓可知。況桐之言同，謂其制同之於父也。何必取天圓地方之說乎。

案，天圓地方之說爲孔疏所發，實嫌附會，我想，削杖爲圓爲方，當以徐氏之說最爲有據。所謂「削」，當是指削去桐木上之枝葉而言，而非謂削之使方。削杖之形制。當以爲圓較屬合理。

5. 布帶

喪服：

疏衰裳……布帶。

賈疏云：

布帶者，亦象革帶。以七升布爲之，此卽下章「帶緣各視其冠」是也。

案、喪服：「疏衰裳……布帶……期者。」下喪服傳曰：「帶緣各視其冠。」賈疏所據者此傳也。今據喪服記：「齊衰四升，其冠七升。」則此齊衰布帶用布之升數，當亦七升可知。

6. 疏屨

喪服：

疏衰裳……疏屨，三年。

喪服傳曰：

疏裳者，蔗蒯之菲也。

賈疏云：

藨是草名。案玉藻云：「屨蒯席。」則蒯亦爲草類。

案，此謂用藨、蒯之草爲屨。菲與屝同，詳前斬衰菅屨條。說文：「藨，鹿藿也。一曰𦾓之屬。」段注云：「南都賦：『其艸則藨苧薠莞。』廣韻曰：『可爲席。』或作苞、蔍。」蒯，說文作𦾓。辭海：「蒯，本作𦾓，植物名，莎草科。生水邊，草本。高四尺許，多叢生，葉狹長，互生。秋日，莖梢葉腋綴小穗，如總狀，黃褐色，莖可織席、爲索，子可食。」史記集解云：「蒯，茅之類，可爲繩。」郝敬云：「藨，蒯皆草，而較細於菅。」。由以上所引諸說，可知藨、蒯皆爲較細於菅之草，其莖可以爲繩、織席、或以之爲屨，即喪服此經所謂之「疏屨」是也。疏屨當較菅屨爲細。

斬衰之菅屨，喪服傳說是「外納」。此齊衰之衰裳皆齊，傳又不言疏屨外納，則此疏屨編織之時，當收納餘草，若衰裳之緝邊矣。

（二）齊衰杖期服

喪服：

疏衰裳，齊，牡麻絰，冠布纓，削杖，布帶，疏屨，期者。

案，喪服此經所記者，亦主言男子之服。此服與前齊衰三年級所異者，僅爲喪期三年，一年之差，其餘衣裳服制皆與齊衰三年服完全相同。皆詳前齊衰三年服章。又婦人齊衰杖期服則於下齊衰不杖期節詳之。

（三）齊衰不杖期服

喪服：

不杖，麻屨者。

鄭注云：

此亦齊衰，言其異於上。

案，此亦為齊衰服，其喪期與前齊衰杖期服同為一年，而服飾之制則較之為輕。喪服但言「不杖，麻屨，」乃略言之而僅舉其異於齊衰杖期服者而已。除不杖，麻屨二事之外，服此服者，其衰裳、牡麻絰、冠布纓、布帶等制度，皆同於齊衰杖期服，均見前齊衰三年服節。

杖的意義有二：一是表示有爵位，一是表示為喪主，其功用則在於輔病。服齊衰不杖期者，其所以不杖的主要原因乃是由於不為喪主，不主死者之喪的緣故。如孫為祖父母是齊衰期服，但以祖父母之喪，有父為之主，孫不得主祖父母之喪，故而不杖。

麻屨者當是以麻為屨，齊衰杖期以上之服，其屨皆是以草為之，齊衰不杖期則改為麻屨，所用材料有異。麻屨當亦內納。

由於喪服經文於齊衰之服制，但舉男子之服，而不及於婦人，故以上所論二種齊衰服，皆是主言男子之服，今因喪服記有言及齊衰不杖期婦人之服，故將婦人之齊衰服并此節述之。

婦人之服以不殊衰裳之故，形制與男子有異，然其用布三升數以及縫緝之法，則與男子同。婦人齊衰服之衰裳與斬衰者，亦為用布四升五升六升，以及衰裳之下緝邊二事。其餘形制皆同斬衰，詳前婦人斬衰條。

齊衰婦人服與男子另一不同之處，乃是婦人以布總、惡笄。髽等首服代男子之冠布纓。喪服經雖無明文，然有喪服記正可補此不及之處。

喪服記云：

女子子適人者，爲其父母；婦爲舅姑，惡笄有首以髽。卒哭，子折笄首以笄，布總。

鄭注云：

言以髽，則髽有著笄者明矣。

案，女子子適人者爲父母與舅姑，皆是齊衰不杖期服，已見喪期齊衰不杖期章。因經文未言齊衰婦人首服，故記以此明之。其他齊衰婦人之首服，雖無明文，然皆宜以此記爲憑，蓋男子齊衰者皆冠布纓，則婦人之首服亦當皆如此記也。

喪服記又云：

「妾爲女君，君之長子，惡笄有首，布總。」

敖繼公云：

「笄總與上同，乃別見之者，明其不髽也。或曰，不言髽，省文。」

案，賈疏云：「妾爲君之黨服得與女君同，故爲長子亦三年也。」喪服傳曰：「妾之事女君，與婦之事舅姑等。」是妾爲女君、君之長子，皆爲齊衰之服，以其情輕，故雖布總惡笄，然無髽，故喪服記特明之以見與其他婦人之服齊衰者有異。

記云：「惡笄有首以髽」，異於斬衰三年者之箭笄而髽。此處以笄、髽連言，當是指已成服後之髽。其未成服小斂之髽，與啓殯之髽則無笄也。檀弓云：

> 南宮縚之妻之姑之喪，夫子誨之髽曰：「爾毋縱縱爾，爾毋扈扈爾。」蓋榛以爲笄，長尺，而總八寸。

檀弓此所言者卽婦爲姑之首服，與喪服記甚合，云「總八寸」，則齊衰之總大斬衰之總二寸。髽，總之制詳前斬衰婦人布總、箭笄、髽、衰下。

喪服傳曰：

> 笄有首者，惡笄之有首也，惡笄者，櫛笄者。折笄首者，折吉笄之首也。吉笄者，象笄也。何以言子折笄首而不言婦？終之也。

鄭注云：

> 櫛笄者，以櫛之木以笄，或曰榛笄。有首者，若今時刻鏤摘頭矣。卒哭而喪之大事畢，女子子可以歸於夫家，而著吉笄折其首者，爲其大飾也。吉笄尊，變其尊者，婦人之義也。據在夫家，宜言婦，終之者，終子道於父母之恩。

案，喪服傳云「笄有首者，惡笄之有首也。」者，當是恐人疑箭笄亦爲有首，故如是云云，且卽申言之曰：「惡笄者，櫛笄也。」以明齊衰之笄非斬衰之箭笄。敖繼公集解因傳云「笄有首」，而疑記文「惡」字爲衍文，非也。

又記文但云：「子折笄首」，傳恐人疑爲折惡笄之首，故云：「折笄首者，折吉笄之首也。」，又云：「吉笄者，象笄也。」言吉笄以象骨爲之。據周禮弁師：「天子諸侯皆玉笄。」王后夫人當亦同用玉笄。則此象笄當爲大夫以下男女吉時所用之笄也。據斬衰章喪服傳：「箭笄長尺，吉笄尺二寸。」則齊衰所用之惡笄，當亦長一尺。

齊衰之惡笄，傳云：「惡笄者，櫛笄也。」鄭注云：「櫛笄者，以櫛之木爲笄。」又云：「或曰榛笄，蓋見檀弓有「榛以爲笄」之文，故鄭乃兩解之也。櫛笄，賈疏云：

> 據玉藻：「櫛用樿櫛。」謂櫛用樿木爲之，故鄭云：「以櫛之木爲笄。」

案，櫛是梳子，據玉藻所云，櫛用樿木爲之，則賈疏乃以爲齊衰惡笄亦用樿木爲木爲之也。敖繼公集解云：

> 此傳之櫛，疑卽檀弓之榛，蓋聲相近而轉爲櫛耳。

王引之經義述聞云：

> 榛本不得謂之櫛，沐所用之櫛亦有象櫛，但云「櫛笄」，何以別於下文之「象笄」？且樿木爲笄，則直稱樿笄可矣，何必迂回其文而云「櫛笄」乎？蓋櫛當讀爲卽，卽，柞木也。柞木麤惡，故以爲喪笄。爾雅曰：「槻，采薪。」采薪，卽薪，舍人曰：「槻名菜薪，又名卽薪。」樊光曰：「荆州柞木曰采木。」是采薪，卽薪，皆柞木之別名，單名之則或曰「采」，或曰「卽」，韓非子五蠹篇之「采椽」及此傳之「櫛笄」是也。

案，賈疏及敖氏之說皆未的，當從經義述聞之說爲正，櫛笄之櫛，當讀爲卽，蓋以柞木爲之也。

婦人服喪著笄之法，喪服斬衰章云：「布總，箭笄，髽，衰，三年。」則婦人服斬衰者，蓋著箭笄三年以終喪也。喪服記云：「女子子適人者，爲其父母；婦爲舅姑，惡笄有首以髽，卒哭，子折笄首以笄，布總。」傳云：「折笄首者，折吉笄之首也。吉笄者，象笄也。何以言子折笄首而不言婦，終之也。」案此乃專指齊衰不杖期服，婦人著笄之法而言。鄭云：「卒哭而喪之大事畢，女子子可以歸於夫家。」者，蓋既葬而虞，虞而卒哭，而喪之大事至此乃告一段落，喪大記云：

婦人喪父母，既練而歸。

鄭注云：

歸，謂歸夫家也。

案，雜記云：「期之喪，十一月而練。」據喪大記則婦人喪父母。當以十一月既練而歸夫家爲正法。卒哭後若以夫家有事而歸，則是權宜之法也。由於惡笄純凶，歸夫家後若仍著惡笄，恐爲夫家之人所嫌，故易惡笄，而改以折首之吉笄。吉笄所以折去其首者，蓋以吉笄之首有刻鏤紋飾，故折而變之也。鄭注又云：「據在夫家，宜言婦。終之者，終子道於父母之恩。」案，鄭氏此注實屬誤會傳文，迂曲爲說，張爾岐句讀辨之云：

按傳言終之者，因記本以女子子與婦並言。「惡笄有首以髽」下，單言「子折笄首，布總。」而不言婦當如何，故解之曰：「終之也」，謂當以惡笄終期也。註云：「據在夫家宜言婦。」仍指女子子而言，誤會傳文。又疏云：「出適女子與在家婦，俱著惡笄，以女子外成，既以哀殺事人，故獨折笄首耳。」此即傳文正解。

案，敖繼公集解云：

終，終喪也，言婦惡笄以終喪，無折笄首之事，故不言婦也。

敖氏，張氏之說並是，鄭注解誤傳文，非也。綜合以上論說，可知婦人服齊衰不杖期者，其著笄之法，在家婦皆以惡笄終喪，女子適人者爲其父母，若卒哭之後有事歸於夫家，則改著折首之吉笄。

至於服齊衰三年服與齊衰杖期服者，因皆屬在家婦，故據以上所得之結論推之，亦皆爲著惡笄以終喪可知。其服齊衰三月者，據喪服：「疏衰裳，牡麻絰，無受者。」，服之者，因葬後卽除，故經云「無受」。葬後卽除服，自無卒哭後改著折首笄之事，則亦爲惡笄以終喪明矣。

綜上所述，婦人齊衰服與斬衰異者爲：一、衰四升五升六升；二、衰裳緝邊；三、牡麻絰；四、布帶；五、削杖（不杖期與齊衰三月無杖）；六、齊衰三年與齊衰杖期著疏屨，不杖期著麻屨，齊衰三月著繩屨；七、笄用惡笄（女子子適人者爲其父母，卒哭後歸於夫家則改著折首之吉笄。）；八、布髽；九、布總八寸。

（四）齊衰三月服

喪服：

疏衰裳，齊，牡麻絰，無受者。

鄭注云：

無受者，服是服而除，不以輕服受之。不著月數者，天子諸侯葬異月也。小記曰：「齊衰三月，與大功同者，繩屨。」

張爾岐句讀云：

凡受服，皆因葬、練、祥乃行，此至葬後卽除，故無變服之理。雖不言月數，大夫士三月葬，故以三月爲主。

案，服此服者，因葬後遂除，故無變服，卽喪服所云「無受」是也。王制：「天子七日而殯，七月而葬；諸侯五日而殯，五月而葬；大夫士庶人三日而殯，三月而葬。」是天子、諸侯、大夫、士、庶人因階段不同而葬期有殊，則服此服者，除服之期亦因之而異。喪服傳此處言「何以服齊衰三月也？」故知此服以三月爲主，因以「齊衰三月」名此服。

喪服經文於此服但言衰、絰，當是省文。喪服小記曰：「齊衰三月，與大功同者，繩屨。」據此，則屨當爲大功之繩屨。此服輕於不杖期，當亦無杖。除此二事外，其餘冠布纓，布帶，衰絰等制則皆同於齊衰三年服，詳見前，其婦人之服則見前不杖期節。

繩屨之制，胡氏正義二十三引李氏云：

繩屨者，以麻糾繩爲之。凡用麻者，以繩爲輕，故齊衰期麻屨，無受者繩屨。

據李氏之說，則麻屨、繩屨雖皆用麻爲質，猶有糾麻爲繩與未糾爲繩之異。繩屨當亦「內納」。斯坦因西域考古記載有漢代戍邊者之繩屨出土照片二幀，其形制各異，不知是否有與此繩屨同者，因原書未加以說明，亦不可考。

三、大　功　服

大功服的服制是五服之中，粗重次於齊衰的喪服。其所以以「大功」爲名者，乃是由於此服的衰裳以大功布爲之，故名「大功」，卽喪服所云：「大功布衰裳。」是也。

大功服因死者的成人與否，而分爲二種：一是對於成年人的大功服；一是對於未成年人的大功服，卽殤大功服是也。關於殤的界說，已見喪期殤大功九月七月章，此處就不再加以贅述了。

（一）殤大功服

喪服：

大功布衰裳，牡麻絰，無受者。

鄭注云：

大功布者，其鍛治之功，麤沽之。

賈疏云：

斬衰章傳云：冠六升，不加灰，則此七升言鍛治，可以加灰矣，但麤沽而已。若然，言大功者，用功麤大，故沽疏，其言小者，對大功是用功細小。

案，斬衰，疏衰不言布者，以不加人功，未成布也。此則稍加以人功，而鍛治之功麤略，故謂之大功布也。若小功，則其所加人功又較此細密矣。

喪服經文於此但言衰裳、牡麻絰，而不及於冠纓帶屨之制，徐乾學讀禮通考云：

喪服本經大功以下皆不言用何屨，唯喪服小記言：「齊衰三月與大功同者繩屨。」則大功用繩屨也。

又云：

斬衰，齊衰皆言冠，大功以下不言冠，蓋齊衰言布纓，則大功以下亦布纓可知也。斬衰言條屬，則齊衰以下亦條屬可知也。其異者，唯緦麻則澡纓，小功以下則左縫及布之升數有不同爾。其冠之形制無不同也。

案，徐氏此說是也。唯未言何帶，今據喪服成人大功有「大功布衰裳，牡麻絰纓，布帶。」之文，則殤大功亦用布帶可知。

綜上所述，則殤大功男子之服乃爲：大功布衰裳，牡麻絰，冠布纓，布帶，繩屨等物。

衰裳之形制已見前斬衰章，所異者，大功衰裳之下，亦有針功緝之；其用布升數，喪服記云：「大功八升、若九升。」間傳云：「大功七升、八升、九升。」，則大功衰裳用布爲或七升或八升或九升也。

大功之絰亦以牡麻爲質，喪服傳曰：「大功之絰，齊衰之帶也，去五分一以爲帶。」則大功之首絰與齊衰之腰絰同，圍五·七六寸。去五分之一以爲要絰，則要絰之圍爲四·六一寸。結絰之法，經無明文，齊衰喪服傳曰：「牡麻絰，右本在上。」則大功牡麻絰，亦右本在上歟。又據喪服：「其長殤，皆九月，纓絰；其中殤，七月，不纓絰。」，則殤大功之首絰，長殤九月者之絰有纓，而中殤七月者之絰無纓矣。又喪服傳曰：「殤之絰不樛垂，蓋未成人也。」鄭注：「不樛垂者，不絞其帶之垂者，雜記曰：『大功以上散帶。』」張爾岐句讀云：「此喪至小斂，大功以上皆散麻帶之垂者，至成服乃絞之，小功以下，初卽絞之。此殤大功，亦于小斂服麻散垂，至成服亦不絞，以其未成人也。」

是殤大功之要經以死者尙未成人之故，雖成服亦不絞而散垂也。

大功之冠亦同齊衰之冠布纓，所異者唯有用布升數之差而已。鄭康成云：「服降而在大功者衰七升，正服衰八升，其冠皆十升。」通典云：「殤大功……十升布爲冠。」據此，則殤大功之冠用布爲十升，其布纓與冠用材，亦爲十升。

大功亦有布帶，據喪服傳：「帶緣各視其冠。」則大功之布帶用布當亦十升。

喪服小記云：「齊衰三月與大功同者繩屨。」則大功之屨爲繩屨，詳前齊衰三月服與斬衰菅屨條。

以上所論者爲殤大功男子之服。其婦人之服與男子異者，除衰裳形制不同外，又無冠布纓。斬衰、齊衰婦人之服，皆以布總、笄、髽代男子之冠布纓，經於大功婦人之服皆無明文。注疏之說，又不言大功有髽，崔靈恩喪服變除論云：「大功以下無髽也。」（讀禮通考卷三十七引）則大功以下婦人或爲無髽矣。又鄭注云：「總……首飾，象冠數。」張爾岐句讀云：「總象冠升數，餘服當亦各象其冠布之數。」賈疏云：「南宮縚之妻爲姑，總八寸大功當與齊衰同八寸。」據此，則大功之總用布十升，長八寸矣。大功之笄亦不明何笄，黃榦儀禮經傳通解云：「案女子子既卒哭折吉笄之首，又婦人相弔者，吉笄無首，大功以下之笄或亦然與。」是黃氏以爲大功之笄用吉笄而去笄首，吉笄去首，長當一尺。

今案，婦人大功之服，經皆無明文，以上所言，皆屬後人以意推之者，是否爲此，亦不敢妄斷，姑存其說用以待考。

據喪服所規定，殤大功服無受服，其所以無受者，喪服傳曰：

何以大功也，未成人也。何以無受也，喪成人者其文縟，喪未成人者其文不縟，故殤之絰不樛垂，蓋未成人也。

鄭注：

縟猶數也。其文數者，謂變除之節也。

案，此服所服之對象，其成人者本爲斬衰或齊衰，今因未成人而死，故服降而在大功，是服殤者關係之親近應在成人大功之上。關係愈親近，服當愈重，殤大功所以無受者，正見其重於成人大功也。又因爲喪成人者，儀節多變化，故服有變除；喪未成人者，儀節少變化，故服無變除，殤大功無受服，則不以輕服受重服，終喪一服而無變也。

(二)　成人大功服

喪服：

大功布衰裳，牡麻絰纓，布帶，三月受以小功衰，即葛，九月者。

鄭注云：

受猶承也，凡天子諸侯卿大夫既虞，士卒哭，而受服，正言三月者，天子諸侯無大功，主於大夫士也。此雖有君爲姑姊妹，女子子嫁於國君者，非內喪也。

案，此成人之大功服也，有受服，與殤大功服之無受者有別，故喪服經分之，特明於此。大功受服之制度，詳下受服節。此服除有受服與殤大功服異者外，其餘男女服式均與殤大功同，牡絰纓亦與長殤九月者同，並見前。

四、繐衰服

喪服：

繐衰裳，牡麻絰，既葬除之者。……

喪服傳曰：

繐衰者何，以小功之繐也。

鄭注云：

治其縷如小功，而成布四升半。細其縷者，以恩輕也。升數少者，以服至尊也。凡布細而疏者謂之繐，今南陽有鄧繐。

案，繐是一種布的名稱、說文：「繐，細疏布也。」段注云：「小功十升若十壹升成布，而此用小功之縷四升半成布，是爲縷細而布疏，其名曰「繐」者，布本有一種細而疏者曰「繐」，但不若繐衰之大疏，而繐衰之名實用其意。故鄭舉「凡布」以名之，劉氏釋名說繐衰之亦曰「細而疏如繐也。」」可知繐衰是因其服衰裳的成布細而且疏如繐布，故而得名。

由儀禮喪服篇的規定看來，繐衰似是專爲諸侯之大夫爲天子而設的喪服，但從檀弓所記叔仲衍使其妻爲叔仲皮繐衰而環絰；以及左傳襄公二十七年所載衞靈公爲公子鮮之喪稅服終身（杜注：稅卽繐也。）兩項事實來看，則在春秋時代繐衰非專爲諸侯之大夫爲天子而設的喪服甚明。詳前喪期繐衰七月章。

依喪服作者的主張，繐衰既然是諸侯之大夫爲天子之服，則此服當是五服之外特殊的一服，天子七月而葬，既葬除服，故服在大功九月之下，小功五月之上。

喪服既云「繐衰裳」，則此服蓋以繐布爲衰裳也，喪服記云：「繐衰四升有半，其冠八升。」，喪服傳云：「繐衰者何？以小功之繐也。」是繐衰之衰裳乃以四升半而又縷細如小功之繐布爲之，其形制參前斬衰、齊衰二節。

繐衰用牡麻爲絰，與小功之用澡麻異，與大功之用牡麻絰同，則繐衰之絰當從大功之制，敖繼公云：「七月而除，則絰未必纓也。」絰制見前殤大功服。

喪服記云：「繐衰……其冠八升。」可知此服有冠。冠以八升布爲之，則布纓亦八升也。

喪服經文不明此服何帶，然當以用布帶，升數視其冠、則八升是也。

此服之屨，戴德、射慈皆以爲「吉屨無絇」，敖繼公云：「此承大功之下，疑其亦用繩屨，與齊衰三月者同，蓋服至尊之屨或當然也。」，繐衰所用何屨，經皆無明文，諸家之說皆屬臆測，唯敖氏之說似較近理，暫著於此，用以待考。

又喪服云：「既葬除之。」則此服當無受服可知。

五、小功服

小功是五服之中，粗重次於大功的喪服。由於此服衰裳所用之布，其縷雖粗於緦麻之縷，然又比大功之縷爲細，故曰小功，以對大功立文也。

小功亦分爲殤小功服與成人小功服二種，茲分別敍述於下。

(一) 殤小功服

此服儀禮喪服篇在成人小功之上，蓋以此服中叔父、適孫、昆弟等之下殤、其成人本皆爲齊衰之親，今因下殤降而在小功，其親屬關係實較成人小功爲親近，且喪未成人者又無受服，故此服列在成人小功之上。

喪服：

小功布衰裳，澡麻帶絰，五月者。

鄭注云：

澡者，治去莩垢，不絕其本也。小記曰：「下殤小功，帶澡麻，不絕其本，屈而反以報之。」

案，喪服此經但言殤小功之衰裳、絰帶、月數。不言冠與布帶，又不言屨，當是文略之故，茲一一敍述於下。

殤小功服男女衰裳之形制均見斬衰，所異者亦用布升數與緝邊二事而已。喪服記云：「小功十升若十一升。」間傳云：「小功十升十一升十二升。」據此，則殤小功服用布爲十升、十一升、或十二升。

此服之絰，喪服云：「澡麻帶絰」，鄭注云：「澡者，治去莩垢，不絕其本也。」。案，澡麻，謂洗去麻皮上之汚垢，使略潔白也。大功以上之麻不澡，小功以下澡治之者，蓋以服輕略加人工爲飾也。鄭注又引小記之文以證殤小功之要絰不絕其本，張爾岐句讀云：

> 大功以上，絰帶有本，小功以下斷本，此殤小功重於成人小功，故帶不絕本，與大功同。

據此，則殤小功之要絰不絕本，而首絰則與成人小功同爲絕本矣。要絰結束之法，鄭引小記云：「屈而反以報之」（小記之文，屈作詘，鄭引作屈，義同。）賈疏云：

> 屈而反以報之者，謂先以一股麻不絕本者爲一條，展之爲繩。報，合也。以一頭屈而反鄉上合之，乃絞垂。

案，上殤大功喪服傳云：「殤之絰不樛垂。」則此殤小功之要絰當亦散帶垂可知，其要絰結束之法，當是屈所垂散麻上於至要中合而糾之以垂下也。賈疏說不甚明。

又據喪服：「其中殤，七月，不纓絰。」大功七月首絰無纓，則小功以下之首絰無纓可知。

至於此服絰帶之大小，據斬衰喪服傳：「小功之絰，大功之帶也，去五分一以爲帶。」，則小功首絰圍四寸六分；要絰圍約三寸八分。

喪服不言此服之冠，當是行文省略之故，小功冠制與大功以上略有不同。雜記云：

> 喪冠條屬以別吉凶，三年之練冠亦條屬，右縫，小功以下左。

鄭注云：

> 左辟象吉，輕也。

斬衰喪服傳下賈疏云：

> 右縫者，大功以上哀重，其冠三辟積，向右爲之從陰；小功緦麻哀輕，其冠亦三辟積，向左

爲之從陽。二者皆條屬，但從吉從凶不同也。

據雜記與賈氏之說，則小功以下因哀輕，其辟積之縫得向左，此與大功以上之冠形制之異者也。除此而外，其形制皆與齊衰大功同。雜記云：「緦冠繰纓。」則小功或同齊衰，大功之布纓歟？據齊衰杖期章喪服傳云：緦麻小功、冠其衰也。則小功以下衰冠升數相同，若然，則小功冠布纓用布爲十升、十一升、十二升三等。

賈疏云：「不言布帶與冠，文略也。」是此服亦用布帶以象革帶。布帶用布當亦十升、十一升、十二升，各視其冠而定。

此服亦不言屨，據喪服成人小功鄭注云：「舊說，小功以下，吉屨無約也。」則此殤小功或爲吉屨無約。案士喪禮：「乃屨，綦結于跗，連約。」鄭注云：「約，屨飾，如刀衣鼻，在屨頭上。」，據此則小功以下之屨蓋用吉時所着之屨，唯去飾無約以爲喪屨耳。

又喪服於殤大功言無受，於此不言無受，然喪服傳曰：「何以無受也，喪成人者其文縟，喪未成人者其文不縟。」據此，則殤小功當亦無受才是，且下成人小功言「卽葛」，此不言「卽葛」，則此服當爲無受明矣。

檀弓云：

曾子曰：「小功不稅。」則是遠兄弟，終無服也，而可乎？

鄭注云：

據禮而言也。日月已過，乃聞喪而服曰稅，大功以上然，小功輕，不服。

喪服小記曰：

降而在緦小功者，則稅之。

鄭注云：

謂正親在齊衰、大功者，正親緦、小功不稅矣。

案，據上引檀弓及小記之言，可知於殤小功服當有追服，於成人小功則無追服也。

此服婦人之服除衰裳形制與男子異者外、又無冠布纓。其餘皆同男子。大功以下婦人無髽，則此服當亦無髽，其布總既象冠升數，則或十升、或十一升，或十二升，視冠而定。總之長，賈疏云：「小功緦麻同一尺。」小功之笄，楊復婦人首飾圖云：

女子子既卒哭，折吉笄之首以笄，又婦人相弔者吉笄無首素總，則此大功以下之笄，或者亦吉笄無首而加以布總歟？

案，大功以下婦人首飾之制，經皆無明文可徵，凡此諸說皆屬臆測，是否如此，亦不可考，著之於此，以供參考而已。

(二) 成人小功服

喪服：

小功布衰裳，牡麻絰，即葛，五月者。

鄭注云：

即，就也。小功輕，三月變麻，因故衰以就葛絰帶而五月也。間傳曰：「小功之葛與緦之麻同。」舊說：「小功以下，吉屨無約也。」」。

案，此爲成人小功服，因有「卽葛」之文，故知此服既虞，卒哭之後有受服也，此服受服之情形詳下受服章。今本喪服此經有「牡麻絰」三字，簡本甲、乙二本則皆無此三字，或卽因前殤小功服已言澡麻帶絰，故二本傳寫之人乃於此略之歟。又喪服此言牡麻絰而不言澡，然殤小功服重於成人小功，其絰帶之麻既澡，則此服之牡麻絰亦當澡之無疑。

此服與殤小功異者有三：一、首絰要絰皆斷本；二、有受服；三、無稅服，除此三事之外，其餘制度皆與殤小功同，詳上殤小功服節。

六、緦麻服

喪服：

緦麻三月者。

鄭注云：

緦麻，布衰裳而麻絰帶也。不言衰絰，略輕服，省文。

賈疏云：

以緦如絲者爲衰裳，又以澡治莩垢之麻爲絰帶，故曰緦麻。

案，注疏之說是也，緦是布名，猶大功、小功皆布名也。因此服衰裳以緦布爲之，絰帶以澡麻爲之，故名之曰「緦麻」。又因此服喪期止有三月，既葬除之，雖有成人、有殤服，皆無受服可知。

喪服傳曰：

緦者，十五升抽其半，有事其縷，無事其布，曰緦。

鄭注云：

謂之緦者，治其縷，細如絲也。或曰有絲。朝服用布，何衰用絲乎？抽猶去也。雜記曰：「緦冠澡纓。」

張爾岐句讀云：

縷細如朝服，而數則半之，細而疎也。事，鍛治之事，治其縷，不治其布也。澡纓者，以澡治之布爲冠纓也。

案，張氏之說是也。雜記云：「朝服十五升，去其半而緦，加灰錫也。」是緦爲縷細如朝服，升數七升半，細而疎之布也。此服升數雖少於大功小功，然五服之布皆以縷之粗細爲序，服愈重則縷愈粗，服愈輕則縷愈細，此服之縷在五服中爲最細，故服在五服之中爲最輕，宜其在小功之下也。

此服衰裳用緦布爲之，亦緝其衰裳之下。其男女衰裳形制詳斬衰、齊衰。

喪服傳：「緦麻之絰，小功之帶也，去五分一以爲帶。」則緦麻首絰約圍三寸八分，要絰約圍三寸。張爾岐句讀云：「大功以上，絰帶有本，小功以下斷本。」則此服之首絰要絰皆無根也。其絰帶所用之麻當同於小功之澡麻。據喪服傳：「殤之絰不樛垂。」則殤緦麻之要絰散垂，而成人緦麻之要絰於成服後已絞之矣。緦麻絰帶結束之法未詳。

雜記云：「緦冠澡纓。」注云：「澡當爲澡麻帶絰之澡，謂有事其布以爲纓。」是緦麻之冠用布亦同於衰裳，冠纓則以加澡治之緦布爲之，此服之冠當與小功同左縫，與大功以上右縫有異，其餘形制參斬衰冠制。

此服不言布帶，然於理亦當有之，此或以緦布爲之以象革帶歟？

鄭注引舊說以爲「小功以下，吉屨無約。」則緦麻當與小功同用去飾無約之吉屨矣。詳前小功服。

大功以下婦人首飾之制，經皆無明文可考。賈疏以爲大功以下無髽，又以爲小功緦麻之總同一尺。據鄭注：「總象冠數。」則緦麻之總亦以緦布爲之，七升半，縷細如朝服。笄之制，楊復以爲吉笄無首，長一尺。凡此諸說皆屬臆測，著之以供參考而已。

檀弓云：「小功不稅。」，喪服小記云：「降而在緦小功者，則稅之。」據此，則正親在緦小功者皆不稅，正親在大功，降而在緦麻者，如爲庶孫本服大功，其下殤者雖降而在緦麻，亦有稅服也。若從母本是小功，其長殤雖降而在緦麻，則不稅服也。

七、公子父在，爲母、妻之服

喪服記云：

公子爲其母，練冠，麻，麻衣縓緣；爲其妻，縓冠，葛絰帶，麻衣縓緣，皆既葬除之。

鄭注云：

公子，君之庶子也，其或爲母，謂妾子也。……諸侯之妾不厭於父，爲母不得伸，權爲制此服，不奪其恩也。爲妻繚冠葛絰帶，妻輕。

胡培翬正義二十五云：

言公子，謂父存也，大功章言公之庶昆弟，則父沒也，父沒爲母妻大功，父存則制此服。

案，胡氏之說是也。公子父沒然後爲母妻服大功，在五服之內，說詳喪期成人大功章「公之庶昆弟、大夫之庶子，爲母、妻、昆弟。」條。若是父在，則以君之所厭，公子爲母、妻乃不得伸，故權爲制此服，以見公子爲母、妻不可無服。

此服不在五服之中，喪服傳的解釋說：

何以不在五服之中也，君之所不服，子亦不敢服也；君之所爲服，子亦不敢不服也。

鄭注云：

君之所不服，謂妾與庶婦也，君之所爲服，謂夫人與適婦也。諸侯之妾，貴者視卿，賤者視大夫，皆三月而葬。

案，國君固然不服庶婦，然於妾之貴者則當有服，此可由檀弓所記魯哀公爲其妾齊衰，以及左傳昭公二年晉平公爲其妾少姜有「在縗絰之中」的記載這二個事實得到證明（詳喪期成人緦麻章貴臣貴妾條）。君於貴妾有服，則貴妾之子爲其母當亦有服才是，那麼喪服傳「君之所不服」以下的說法，便可能是一種通論的性質。而公子父在，爲母、妻服不在五服之中，並且別制此服，也可能就是喪服記作者的主張了。

此服雖不在五服之中，然以公子父沒後爲母妻大功，服在五服之內，故本文於此章中加以敘述，以資參較。

（一）公子父在為母服

喪服記：

公子為其母，練冠，麻，麻衣縓緣。

1.練冠

鄭注云：

練冠而麻衣縓緣，三年練之受飾也。

胡培翬正義云：

五服皆用生布，此用練熟布為冠，故云練冠也。說文：「練，湅繒也。」段氏注云：「湅者、灡也。灡者、淅也。淅者、汏米也。湅繒汏諸水中，如汏米然。已湅之帛曰練。」今案，布之名練，亦是已湅者。方氏愨謂：「用練帛為冠。」非矣。沈氏彤云：「練冠升數，經傳無文，今以既葬受冠升數推之，則斬衰當八升，齊衰當九升。開元禮：『練冠八升、九升。』是也。此麻衣之練冠當十升。注云：『此麻衣如小功布。』小功布降服十升，則練冠亦十升也。喪服四制曰：『父母之喪，十三月而練冠。』是練冠為餘服，非正服，蓋奪其正服，即以餘服為正也。」

案，胡氏於此以練冠為用練熟之布為冠，非謂用練帛為之，其說是也。至於練冠升數，則以胡氏所引沈彤之說最為近理，茲從沈說定此服之練冠為十升。

練冠之形制，除雜記云：「喪冠條屬以別吉凶，三年之練冠亦條屬，右縫。」知其亦條屬右縫外，其餘之制均未聞。愚意以爲練冠亦爲凶冠。除用布之異外，其形制似當同於大功以上之喪冠。詳斬衰服冠下。

2. 麻

鄭注此云：

麻者，緦麻之經帶也。

據此，則公子父在爲母之經帶，制度與緦麻之經帶同，詳前緦麻服之經帶。

3. 麻衣縓緣

鄭注此云：

此麻衣者，如小功布，深衣，爲不制衰裳變也。詩云：「麻衣如雪。」縓，淺絳也，一染謂之縓。練冠而麻衣縓緣，三年練之受飾也。檀弓曰：「練、練衣黃裏縓緣。」

案，雜記云：「大夫卜宅與葬日，有司麻衣。」鄭注：「麻衣，白布深衣。」又間傳：「又期而大祥，素縞麻衣。」鄭注：「麻衣，十五升布深衣也，謂之麻者，純用布，無采飾也。」是有司之麻衣與大祥之麻衣同爲十五升之白布深衣，此公子爲母之麻衣則是小功布所爲之深衣，形制同而用布異也。所以用小功布者，胡氏正義引詩經曹風蜉蝣孔疏云：

大功章公之庶昆弟父卒爲母大功，父在之時雖不在五服之例，其縷粗細宜降大功一等，用小功布。

我想，孔疏此一說法可算得是相當合理的解釋，公子父在之時爲母之喪，雖以厭於父而無五服之內的喪服，然人子之情，又不可使其無飾以表哀痛之情，因此喪服記作者便取大祥之素縞麻衣——白布深衣，減其升數而加飾衣緣，來作為公子為母的孝服了。減其升數者，即鄭注、孔疏所說的用小功布，服在十升至十二升之間，加飾衣緣者，即喪服記所云「麻衣縓緣」是也。案爾雅云：

一染謂之縓，再染謂之赬，三染謂之纁。

鄭注引此，又加以解釋，謂「縓、淺絳也。」淺絳即淺紅色，「麻衣縓緣」，即於麻衣之邊加以淺紅色之采飾也。

（二）公子父在為妻服

喪服記云：

公子，……為其妻，縓冠，葛絰帶，麻衣縓緣。

案，此公子為妻之服亦麻衣縓緣，其制當與為母之麻衣縓緣同。所異者，此用縓冠與葛絰帶，與為母異耳。鄭康成云：「為妻縓冠，葛絰帶，妻輕。」蓋為妻縓冠，則此冠以淺紅之布為之，有采飾矣。又以葛為絰帶，葛細於麻，是妻之喪輕於母也。

喪服記於公子父在時為母，妻之服已如上述，其帶屨之制，以無明文，亦不可考。

又喪服記云：「皆既葬除之。」鄭注：「諸侯之妾，貴者視卿，賤者視大夫，皆三月而葬。」。

胡氏正義以為鄭此注之文出於大戴禮。若然，則公子父在，為母、妻之服皆於三月葬後除之矣。

八、受服

在前面幾章裏，我們所討論的只是限於各種喪服在既殯成服時的服飾形制而已。事實上，自成服至終喪除服的期間內，並非每種喪服都穿着成服之服以終喪的，其中除了齊衰三月、繐衰、殤大功、殤小功、緦麻、公子爲母妻，這幾種喪服，或因既葬乃除，或因喪未成人而略其文理之節皆以一服終喪之外，其他的幾種喪服，都視其服之輕重，期之長短，在一定的時日而有一次，乃至一次以上的受服的情形。

所謂受服便是指喪服自重服變爲輕服的情形而言，蓋服飾本爲生活表徵之一部分，依儒家對於居喪的理論來說，喪服是用來表現服喪者的哀痛的情緒的，然而哀痛必須有所節制，方不致滅性傷生，因此生活必須依時加以改變，而服飾自然也隨之變除了。這種理論，可以由禮記一書中明白看出。如三年問云：

三年之喪，二十五月而畢，哀痛未盡，思慕未忘，然而服以是斷之者，豈不送死有已，復生有節哉。……故先王焉，爲之立中制節，壹使足以成文理，則釋之矣。

喪服四制云：

三日而食，三月而沐，期而練，毀不滅性，不以死傷生也。喪不過三年，苴衰不補，墳墓不培，祥之日，鼓素琴，告民有終也，以節制者也。

這些理論中所謂的「節」，便是指對於哀痛的節制，而用以節制哀痛的，便是「三日而食，三月而沐，期而練，祥之日，鼓素琴。」這一套的文理方式，也就是服制的變除之節了。

關於居喪生活上的變易情形，將於下文居喪生活中加以說明。在這一章裏，我們承接上文，暫時先將有受服的幾種喪服在服飾上的變除情形，分別敍述於下，而喪服之服飾制度，庶幾可以知其概略了。

（一）斬衰受服

斬衰自成服至終喪，由於喪期達三年之久，故受服次數亦多，並依虞卒哭、練、大祥、禫、吉祭等五個階段以次減輕變除，茲據將此五階段變除情形敍述於下。

1. 虞、卒哭

喪服大功章鄭注云：「凡天子諸侯卿大夫既虞，士卒哭，而受服。」案，虞與卒哭都是葬後的儀節，古者天子七月而葬，諸侯五月而葬，卿大夫士皆三月而葬。葬期不同，則虞卒哭之期亦隨之而異。據鄭注，則天子虞而受服，距成服已七月矣，諸侯則五月，卿、大夫、士皆三月。

喪服記云：

> 衰三升，三升有半，其冠六升。以其冠爲受，受冠七升。

鄭注云：

> 衰，斬衰也。……斬衰正服變而受之此服也。

敖繼公曰：

> 以其冠爲受，謂受衰之布與冠布同也。

間傳也有相同的說法：

> 斬衰三升，既虞卒哭，受以成布六升，冠七升，……去麻服葛，葛帶三重。

鄭注云：

葛帶三重謂男子也，五分去一而四糾之。帶輕，既變，因爲飾也。婦人葛絰不葛帶。舊說云：三糾之，練而帶去一股，去一股則小於小功之絰，似非也。

孔疏云：

葛帶三重者，既虞卒哭，要中之帶以葛代麻，又差小於前，以五分去一，唯有四分見在。三重，謂作四股糾之，積而相重，四股則三重，未受服之前，麻帶爲兩股相合也。此直云葛帶三重，則首絰雖葛，不三重也，猶兩股糾之。

案，喪服記、間傳所說者，僅衰裳、冠、絰受服之制而已，玆將斬衰各種男女服飾既虞卒哭之受服情形敍述於下。

據上文可知男女衰裳當皆受以成布六升。其形制與成服同，唯衰上之負、適、衰用與不用，因無明文，未能詳也。

言男子受冠七升，則婦人亦受以七升之布總可知。又喪服小記云：「箭笄終喪三年。」，喪服：「布總，箭笄，髽，衰，三年。」其布總與衰有變，然箭笄、髽皆當終喪不變也。

成服時絰帶用苴麻，下本在左，今既虞卒哭，男子則變麻爲葛，士虞記云：「丈夫說絰帶于廟門外。」鄭注：「既卒哭，當變麻，受之以葛也。」其首絰、要絰至此皆以葛布代麻爲之。婦人絰帶之變與異子異，士虞記云：「婦人說首絰，不說帶。」鄭注：「不說帶，齊斬婦人帶不說也，婦人少變而重帶，帶，下體之上也。」，檀弓云：「婦人不葛帶。」張爾岐句讀云：「檀弓所言，亦謂婦人服齊斬者。」是婦人斬衰者於旣虞卒哭之後，首絰亦變麻服葛，然要絰則依然用苴麻不變也。斬衰受服之絰帶結束之法，間傳下注疏均說之甚詳。其男子絰帶之粗細又小於成服時五分之一，則首絰約圍七寸二分，要絰圍五寸七分。婦人因說絰而不說帶，則首絰要絰皆圍七寸二分。

斬衰絞帶受服之制，經無明文，賈疏云：「絞帶虞後雖不言所變，案，公士衆臣爲君布帶，變麻服布，與義可也。」賈氏此說雖無明據，而爲推測之論，然說頗近理，著之以供參考可也。

喪服小記云：「祔，杖不升於堂。」，祔在旣虞卒哭之後，故知卒哭，杖不變也。男女皆是。

斬衰菅屨卒哭之後不知受以何屨，檀弓：「練……繩屨無絇。」孔疏云：「繩屨者，謂父母喪菅屨。卒哭，受齊衰蒯藨屨，至小祥受大功繩麻屨也。」，孔疏此說蓋以小祥時受以大功繩屨，遂推而以爲斬衰菅屨於卒哭之後受以齊衰之疏屨。然齊衰三年者成服疏屨，卒哭乃不知當受以何屨矣？今以經無明文，姑存孔疏之說而已。

2. 小祥（練）

間傳云：

期而小祥，練冠縓緣，要絰不除。男子除乎首，婦人除乎帶。男子何爲除乎首也？婦人何爲除乎帶也？男子重首，婦人重帶。

鄭注云：

婦人重帶，帶在下體之上，婦人重之，辟男子也。其爲帶，猶五分絰去一爾。

孔疏云：

期而小祥，練冠縓緣者，父沒爲母與父同也。至小祥又以卒哭後冠受其衰而用練易其冠也。又練爲中衣，以縓爲領緣也。其帶五分絰去一者，以婦人斬衰不變帶，重要故也。旣重要，恐要帶與首絰麤細相似，故云須五分首絰去一分爾。

案，士虞記云：「期而小祥。」鄭注：「小祥，祭名。祥，吉也。」喪服四制云：「父母之喪，期，十三月而練冠。」檀弓云：「練，練衣黃裏縓緣。」孔疏：「練，小祥也，小祥而著練冠，練中衣，故曰練也。」。可知小祥爲三年之喪的第十三個月所舉行的祭祀之名，因至小祥，而著練冠與練帛製成之中衣，故小祥又名曰練。

檀弓云：

練，練衣黃裏縓緣。……角瑱，鹿裘衡長袪，袪，裼之可也。

孔疏云：

練衣者，練爲中衣。黃裏者，黃爲中衣裏也，正服不可變，中衣非正服，但承衰而已，故小祥而爲之。黃袷裏也，縓緣者，縓爲淺絳色，緣謂中衣領及褎緣也。

又云：

冬時吉凶衣裏皆有裘，吉時則貴賤有異，喪時則同用大鹿皮爲之，鹿皮白色，與喪相宜也。

又云：

小祥之前裘狹而短，袂又無袪，至小祥稍飾則更易作橫，廣大者也，又長之，又設其袪也。

又云：

裼，謂裘上又加衣也。吉時裘皆有裼衣，喪已後旣凶質，雖有裘，裘衣上未有裼衣，至小

祥稍文，故加裼之也。案，如此文，明小祥時外有衰，衰內有練中衣，中衣內有裼衣，裼衣內有

鹿裘，鹿裘內自有常著襦衣。

案，孔疏據鄭注：「小祥練冠、練中衣。」以練衣爲練中衣，但承衰而已，其說是也。如檀弓所云，小祥之練衣，鹿裘，裼衣，皆所以稍爲文飾，然皆非小祥之衰也。小祥之衰、前引間傳孔疏以爲：「又以卒哭後冠受其衰。」斬衰卒哭後冠七升，則小祥之衰當七升也。今案，雜記云：

三年之喪，雖功衰不弔。

鄭注云：

功衰，既練之服也。

雜記又云：

有父母之喪尚功衰而附兄弟之殤，則練冠附於殤。

鄭注：

斬衰、齊衰之喪，練皆受以大功之衰，此謂之功衰。

又服問云

三年之喪既練矣，有期之喪既葬矣，則帶其故葛帶，絰期之絰，服其功衰。

孔疏云：

功衰，謂七升，父之衰也，經不云服其父衰，而云功衰者，經稱三年之衰，則父爲長子，及父卒爲母皆是三年，今期喪既葬，反服其服，若言功衰，總道三人，故不得特言父也。

由此諸說，則小祥之衰爲受以七升之大功衰明矣。其男女小祥衰裳受服升數皆如此。

練冠，孔疏以爲：「用練易其冠。」恐非。胡氏正義引沈彤之說云：

> 練冠升數，經傳無文，今以既葬受冠升數推之，則斬衰當八升，齊衰當九升。

案，練冠升數當以沈氏之說爲近理，茲從之。其制則雜記云：

> 喪冠條屬以別吉凶，三年之練冠亦條屬，右縫。

言「條屬右縫」，則練冠之制當與一般喪冠相似也。

男子斬衰練冠七升，則婦人斬衰者小祥之布緫亦七升可知，其箭笄與髽當亦無變。

據間傳：「期而小祥，要絰不除，男子除乎首，婦人除乎帶。」，則男子服斬衰者，至小祥乃除去首絰，僅留要絰，卽檀弓所云：「練……葛要絰。」是也。婦人服斬衰者，至小祥則除去要絰，留首絰，首絰粗細又去五分一，則圍約當五寸七分。

喪服小記云：「練……筮日、筮尸，有司告事畢，而后杖拜送賓。」據此，則練祭之後，斬衰猶有杖也。

檀弓云：「練……繩屨無絇。」孔疏：「繩屨者，謂父母喪菅屨，卒哭受齊衰蒯藨屨，至小祥受大功繩麻屨也。無絇者，絇，屨頭飾也，吉有喪無。」據此，則斬衰之屨，至小祥又受以繩屨無絇矣。又斬衰成服絞帶，既虞卒哭，賈疏以爲受以公士大夫之衆臣之布帶，然至小祥當受以何帶，經傳皆無明文可考，茲從闕焉。

3. 大　祥

士虞記云：

又朞而大祥。

張爾岐句讀云：

初喪至此，二十五月。

案，三年之喪於第十三個月舉行小祥練祭受服之後，又經過一年，於第二十五個月乃舉行大祥之祭，喪服至此又爲一變。

間傳云：

又期而大祥，素縞麻衣。

鄭注云：

喪服小記曰：「除成喪者，其祭也，朝服縞冠。」。此素縞者，玉藻所云：「縞冠素紕。即祥之冠」。麻衣，十五升布深衣也。謂之麻者，純用布，無采飾也。大祥除衰杖。

孔疏云：

謂二十五月大祥祭，此日除脫，則首服素冠以縞紕之。朝服而當大祥之祭，祭訖之後而哀情未除，更反服微凶之服，首著縞冠以素紕之。身著十五升麻深衣，未有采緣，故云「大祥素縞麻衣」也，引喪服小記者，證當祥祭所着之服非是素縞麻衣也。麻衣十五升布深衣者，雜記云：「朝服十五升。」此大祥之祭既著朝服，則大祥之後，麻衣麤細當與朝服同，故知十五升布深衣也。純用布，無采飾，若有采飾，則謂之深衣，深衣篇所云者是也。若緣以素，則曰長衣，聘禮長衣是也。若緣之以布則曰麻衣，此云麻衣是也。

案，注疏之說是也，疏尤詳之。檀弓云：「祥而縞。」注：「縞冠素紕也。」孔疏云：「祥，大祥也。縞謂縞冠，大祥日著之。」。又雜記云：「祥，主人之除也，於夕為期，朝服。祥，因其故服。」注云：「為期，為祭期也。朝服以期，至明日而祥祭亦朝服，始卽吉正祭服也。喪服小記曰：『除成喪者，其祭也朝服縞冠。』是也，祭猶縞冠，未純吉也。既祭，乃服大祥素縞麻衣。」說皆同前。是大祥之祭，主人朝服縞冠而祭，既祭之後，乃廢功衰練衣而服縞冠麻衣也。

此麻衣之制，當如注疏之說，用十五升布之深衣，然純用布而無采飾也。

縞冠之制，則玉藻：「縞冠素紕，卽祥之冠也。」注云：「紕，緣邊也。」，是祥祭之後，卽不再用練冠，而改著素緣之縞冠也。廣雅：「縞，細繒也。」則縞冠當以白繒為質。

據間傳鄭注：「大祥除衰杖。」則大祥之後，但服縞冠麻衣，其餘衰杖至此乃除之矣。案鄭此不言除絰，通典云：「二十五月大祥，……既祥……去腰絰，棄杖，白麻屨無絇。」則男子腰間葛絰至此亦除去矣。

既祥之屨，經無明文，檀弓云：

> 有子蓋既祥，而絲屨，組纓。

鄭注云：

> 譏其早也。禮，既祥白屨無絇，縞冠素紕。

案，檀弓記孔子弟子有若於大祥之後著絲屨，鄭氏以為非禮，謂當白屨無絇，通典亦主鄭說，蓋鄭意以為絲屨組纓皆吉服，非若白屨無絇，縞冠素紕尚有喪而為微凶也。鄭說似較近理，然亦無據。檀弓所記固為事實，却乏旁證，兩存之可也。

以上所言者蓋既祥男子之服，婦人之服經無明文，以意推之，男子縞冠則婦人縞總、箭笄、髽也。男子著麻衣，婦人當亦十五升布深衣，純用布而無采飾。男子去衰杖要絰，則婦人亦去衰杖而脫首絰矣。婦人之屨，其制未詳，亦唯有闕之以待後考而已。

4. 禫

士虞記云：

又朞而大祥，……中月而禫。

鄭注云：

中，猶間也。禫，祭名也，與大祥間一月，自喪至此，凡二十七月。禫之言澹，澹然平安意也。

案，鄭康成以中月為空中間一月，謂禫祭之舉行在始喪後之第二十七個月，蓋以三年之喪期為二十七月矣。然先秦載籍亦有以為二十五月者，禮記三年問云：

三年之喪，二十五月而畢。

春秋閔公二年公羊傳云：

三年之喪，實以二十五月。

檀弓云：

祥而縞，是月禫，徙月樂。

如檀弓所云「是月禫」，則禫與祥同在第二十五月舉行矣，此說王肅主之，與鄭異義。愚以爲二說皆自可通，固不必強定誰是誰非也。三年之喪至此服又一變。

間傳云：

中有而禫，禫而纖，無所不佩。

鄭注：

黑經白緯曰纖，舊說：纖冠者，采纓也。無所不佩，紛帨之屬如平常也。

孔疏云：

禫而纖者，禫祭之時，玄冠朝服，禫祭既訖，而首著纖冠，身著素端黃裳以至吉祭。無所不佩者，吉祭之時，身尋常吉服，平常所服之物無不佩也。黑經白緯曰纖者，戴德變除禮也。舊說「纖冠者，采纓也」者，以無正文，故以舊說言之。紛帨之屬者，此謂禫祭卽畢，吉祭以後始得無所不佩，若吉祭之前，禫祭雖竟，未得無所不佩，以其禫後尙纖冠玄端黃裳。故知吉祭之後始從吉也。

據以上注疏之說，蓋以爲禫祭之後，又易既祥之縞冠麻衣，改著黑經白緯之纖冠與素端黃裳，直至吉祭之後，乃除服復吉，無所不佩也。斬衰婦人既禫之服，經皆無明文及之。若必以意推之，則或纖總，箭笄，髽以對男子之纖冠歟？其餘之制未聞。

5. 吉　祭

既禫之服尚非全吉，須待吉祭之後，始得完全除去喪服，回復平常吉服，吉祭之期，據士虞記云：

是月也，吉祭。

鄭注云：

是月，是禫月也，當四時之祭月，則祭。

據鄭注，則是禫祭之月若正當四時之祭月，便得行吉祭之禮。若是禫月不當四時之祭月，則吉祭之期，鄭以爲當踰月吉祭，即禫之次月也。所以知者，雜記：「祥因其故服」下鄭注云：

玄衣黃裳，則是禫祭玄冠矣。黃裳者，未大吉也，既祭，乃服禫服綅冠，踰月吉祭，乃玄冠朝服，既祭，玄端而居，復平常也。

據此，則吉祭之期有在禫月者，亦有在禫後一月者。吉祭時玄冠朝服，既祭之後，遂玄端而居，復平常之服，而斬衰之喪服亦至此終喪除服矣。

（二）齊衰三年之受服

齊衰三年服自既殯成服至吉祭除服，其時間之長短與斬衰三年相同，且其間受服之次第亦如斬衰，依既虞卒哭、練、祥、禫、吉祭等階段以次變除。

1. 既虞，卒哭

鄭康成云：「齊衰不書受月者，亦天子、諸侯、卿、大夫、士，虞卒哭異數。」據此，則天子虞而受服，距成服七月，諸侯五月，而虞卿、大夫皆三月而虞，士三月卒哭，其受服距成服月數有異也。

喪服記云：

> 齊衰四升，其冠七升，以其冠爲受，受冠八升。

據此，則服齊衰三年者於既虞卒哭之後，其男女衰裳當皆受以成布七升，形制與成服時同，唯衰上之負、適、衰用與不用，以經無明文，未能詳也。

間傳云：

> 爲母疏衰四升，受以成布七升，冠八升，去麻服葛，葛帶三重。

言男子受冠八升，則婦人亦受以八升之布總可知。又喪服小記云：「齊衰惡笄以終喪。」則婦人齊衰者，當惡笄終喪無變也。據喪服小記：「男子免而婦人髽。」鄭注云：「髽形有多種，有麻、有布、有露紒，男子括髮用麻，則婦人亦用麻，男子爲母免用布時，則婦人布髽。三年之內，男子不恆免，則婦人恆露紒。」。是鄭玄以爲婦人齊衰者恆露紒而髽以終喪也。

齊衰之絰帶，成服時用牡麻爲之，右本在上，今既虞卒哭，男子則變麻爲葛，其粗細又小於成服時五分之一，首絰約圍五寸七分，要絰約圍四寸五分。婦人首絰亦變麻以葛，唯要絰不改，仍用麻也。其首絰要絰均圍約五寸七分。至於絰帶結束之法，亦「葛帶三重」，詳前斬衰節。

齊衰布帶受服之制，經無明文，據喪服傳「帶緣各視其冠。」推之，則齊衰布帶，既虞卒哭或亦受以成布八升歟？

鄭康成以爲「大祥除衰杖。」則齊衰三年之杖，於既虞卒哭之後當仍有之。

齊衰三年成服時著疏屨；既虞卒哭後當受以何屨，經傳皆無明文，無從考知，唯有闕之而已。

2. 小祥（練）

間傳云：

期而小祥，練冠縓緣，要絰不除，男子除乎首，婦人除乎帶。男子何爲除乎首也，婦人何爲除乎帶也？男子重首，婦人重帶。

孔疏云：

期而小祥，練冠縓緣者，父沒爲母與父同也。

案，據孔疏，則服齊衰三年者，至小祥亦同於斬衰以練冠縓緣爲受服。間傳此文注疏之說已見前斬衰小祥下，此不具引。

孔疏云：「至小祥又以卒哭後冠受其衰。」服問：「三年之喪既練矣……服其功衰。」孔疏云：「功衰，謂七升，父之衰也。」雜記：「有父母之喪尙功衰……」鄭注云：「斬衰，齊衰之喪，練皆受以大功之衰，此謂之功衰。」案，齊衰之喪，卒哭後受冠八升，至小祥又以卒哭後冠受其衰，則小祥受衰八升是也。間傳云：「大功七升、八升、九升。」功衰七升者是爲父斬衰既練之衰，則爲母齊衰既練當受以大功衰八升也。其男女服齊衰者，小祥受服衰裳升數皆如此。

齊衰之練冠升數，據沈彤之說：「齊衰當九升。」其制則亦條屬右縫，參前斬衰之練冠。

男子齊衰者練冠九升，則婦人齊衰者小詳亦受以九升之布總可知，其惡笄與髽當亦無變。齊衰之練衣當如檀弓所云：「練衣黃裏縓緣。」其制已見前斬衰練衣。

男子齊衰者，至小祥乃除去首絰，僅留要中葛絰，婦人則除去要絰，留首絰，其粗細又去五分之一，約圍四寸五分。結絰之法當亦「葛帶三重」無改也。

齊衰既練後之布帶與屨，經傳皆無明文可徵，均未能詳其何制，玆從闕焉。

3. 大　祥

間傳云：

又期而大祥，素縞麻衣。

案、三年之喪，其既祥、既禫之服飾，經傳皆未有斬衰、齊衰之分，然則，齊衰三年與斬衰者同歟？齊衰三年既禫之服詳前斬衰大祥下。

4. 禫

間傳：

又期而大祥……中月而禫、禫而纖，無所不佩。

案，齊衰三年既禫之服與斬衰同，詳前。

5. 吉　祭

齊衰三年服，吉祭除服之制當與斬衰同，詳前。

(三)　齊衰杖期之受服

喪服：

疏衰裳，齊，牡麻絰，冠布纓，削杖，布帶，疏屨，期者。

案，此服於既殯成服後之服飾與齊衰三年服全同，所異者，葢此服之喪期止有一期耳。雜記云：

期之喪，十一月而練，十三月而祥，十五月而禫。

鄭注云：

此謂父在為母也。

孔疏云：

此禫杖期主謂父在為母，亦備二祥節也。

案，此服雖名之曰期，然喪期實不止一年，喪服小記云：「再期之喪，三年也；期之喪，二年也。」三年之喪，實為二十五月（或曰二十七日），不足三年；期之喪，實為十五月，又不止一年矣。喪服小記又云：「宗子母在為妻禫，……為父母妻長子禫，」皆可證為母為妻之期與為父為長子之三年皆同有禫，則齊衰杖期服當如雜所言，亦有練祥、禫等節也。

如上所述，則此服之受服當亦依虞卒哭、練、祥、禫、吉祭等階段以次變除，其與齊衰三年異者。僅為練、祥、禫、吉祭舉行之期月數不同而已。然則，其受服之情形皆與齊衰三年無異也。此服之受服皆參上齊衰三年之受服節。

（四） 齊衰不杖期之受服

齊衰不杖期與齊衰杖期，其服之異者僅為杖與不杖之別，其餘則皆同也。此服除無杖外，其餘受服變除之節皆與齊衰杖期同，參與齊衰三年與齊衰杖期二節。

（五）成人大功之受服

喪服：

大功布衰裳，牡麻絰，纓，布帶。三月受以小功衰，即葛，九月者。

鄭注云：

受猶承也。凡天子諸侯卿大夫既虞，士卒哭，而受服，正言三月者，天子諸侯無大功，主於大夫士也。此雖有君爲姑姊妹，女子子嫁於國君者，非內喪也。

張爾岐句讀云：

非內喪，則彼國自於五月葬後受服，此自三月受服，同於大夫士也。

案，君爲姑姊妹，女子子嫁於國君者，以尊同不降，仍服大功九月。此雖非內喪，然彼國於夫人之喪於五月葬後受服，而此君爲姑姊妹，女子子乃自三月受服，同於大夫士。此說不知鄭康成，張爾岐據何而言，今以經傳皆無明文，存疑可也。

大功無練、祥、禫等節、其受服唯於三月葬後卒哭行之。

據喪服：「三月受以小功衰。」喪服傳云：「小功布十一升。」則男女大功受服之衰爲小功衰十一升也。

成服大功之冠爲十升，則受冠當爲十一升。婦人之總當亦受總十一升。笄之變除，經傳皆無明文，未能詳之。孔疏云：「大功以下無髽。」

卽葛者，謂卒哭之後，經帶變麻服葛也。士虞記：「丈夫說經帶于廟門外。」鄭注云：「既卒哭，當變麻受之以葛也。」是男子大功者，卒哭之後，首經要經皆改麻服葛也。士虞記又云：「婦人說首經，不說帶。」鄭注云：「不說帶，齊斬婦人帶不說也。婦人少變而重帶。帶，下體之上也。大功、小功者葛帶，時亦不說者，未可以輕文變於主婦之質，至祔，葛帶以卽位，檀弓曰：婦人不葛帶，」張爾岐句讀云：「檀弓所言，亦謂婦人服齊斬者，大功以下，是日雖不說麻，明日祔祭，則葛帶以卽位矣。」。據此。則大功以下婦人卒哭之日已去首經，要經之麻未說，然次日祔，則要經亦變麻服葛矣。

大功布帶與繩屨變除之制，皆未詳，闕之可也。

以上所言者爲大功三月受服之節，受服之後，卽服所受之服，至九月喪期屆滿，服遂除之矣。

(六) 成人小功之受服

喪服：

小功布衰裳，牡麻經，卽葛，五月者。

鄭注云：

卽，就也，小功輕，三月變麻，因故衰以就葛經帶而五月也，間傳曰：「小功之葛與緦之麻同。」

案，據鄭注，則小功服輕，自成服至除喪，其間三月既葬卒哭所變者僅經帶變麻服葛而已。其餘則仍成服時之服，未有變，至五月終喪乃除服也。

小功絰帶之變與大功同，亦於卒哭後，男子脫麻絰帶，改著葛布之首絰與要絰，其婦人則於卒哭之日除首絰，要絰之麻未說，至次日祔祭，乃服葛要絰矣。據閒傳：「小功之葛與緦之麻同。」則小功之葛粗細與緦之麻同矣。

乙、居喪生活

一、斬衰之喪的生活情形

斬衰是五服之中，服制最爲粗重的喪服。由於服此服的人與死者的關係至爲親近，因此服喪的人所感受的哀痛必然極鉅，哀痛愈深，則生活上的表現自然也就去平時愈遠，喪服制度，對於斬衰者生活上的規定也因而顯得特別嚴苛，禮記三年問說：

三年之喪，何也？稱情而立文，因以飾羣，別親疏貴賤之節，而弗可損益也，故曰，無易之道也。創鉅者其日久，痛甚者其愈遲，三年者，稱情而立文，所以爲至痛極也，斬衰，苴杖，居倚廬，食粥，寢苫，枕塊，所以爲至痛飾也。

由三年問這段話裏，我們可以知道，依儒家的觀念，服制的規定是因人而設的，其輕重之別，正可以表現生人之於死者親疏貴賤的關係與哀痛的深淺，並且這些規定竟是「弗可損益」而制度化了。現在，讓我們來看看經傳上對於斬衰的生活，究竟是有些什麼規定。

喪服：

居倚廬，寢苫，枕塊。哭，晝夜無時。歠粥，朝一溢米，夕一溢米。寢不脫絰帶。既虞，剪屏柱楣，寢有席。食疏食，水飲，朝一哭夕一哭而已。既練，舍外寢，始食菜果，飲素食，哭無時。

根據喪服此一規定，我們可以知道，居喪生活主要的有飲食、居處、哭泣三個大節，玆分別敘述於下：

(一) 飲食

關於斬衰居喪的飲食規定，經傳上記載頗多，玆著之於下。既夕記云：

歠粥，朝一溢米，夕一溢米，不食菜果。

間傳云：

斬衰三日不食……故父母之喪，既殯，食粥，朝一溢米，莫一溢米，……不食菜果。

又云：

父母之喪，既虞卒哭，疏食水飲，不食菜果。期而小祥，食菜果。又期而大祥，有醯醬，中月而禫，禫而飲醴酒，始飲酒者先飲醴酒，始食肉者，先食乾肉。

問喪云：

親始死，水漿不入口，三日不舉火，故鄰里爲之糜粥以飲食之。

喪大記云：

君之喪，大夫、公子、衆士皆三日不食，子、大夫、公子、衆士，食粥納財，朝一溢米，莫一溢米，食之無算。士疏食水飲，食之無算。夫人、世婦、諸妻，皆疏食水飲，食之無算。

又云：

大夫之喪，主人、室老、子姓，皆食粥，衆士疏食水飲，妻妾疏食水飲。士亦如之。

又云：

既葬，主人疏食水飲，不食菜果，婦人亦如之，君大夫士一也。練而食菜果，祥而食肉。食粥於盛不盥，食於篹者盥，食菜以醯醬，始食肉者先食乾肉，始飲酒者先飲醴酒。

由以上所引的條文看來，可以知道，不論是爲父或爲君的斬衰，在居喪的飲食上是有相同的規定的。將之歸納起來，我們便可以得到下述的瞭解。

首先我們可以知道斬衰者在君父始死，便得絕食三天，此一情形，從經傳上的記載也可以得到事實的佐證。檀弓云：

曾子謂子思曰：「伋，吾執親之喪也，水漿不入於口者七日。」子思曰：「先王之制禮也，過之者俯而就之，不至焉者跂而及之，故君子之執親之喪也，水漿不入於口者三日，杖而后能起。」

又云：

樂正子春之母死，五日而不食，曰：「吾悔之，自吾母而不得吾情，吾惡乎用吾情？」。

曾子是孔門中聞名的孝子，爲執親之喪，竟然七日不食，子思以爲過禮，認爲只要「水漿不入於口者三日」才合於禮。從其言稱「先王」來看，則親始死三日不食，似乎當時通行的禮俗觀念，而不是子思個人發明的主張了。至於樂正子春喪母五日不食而以爲悔，很可能是悔不及其師曾子之七日不食，也可能是悔自己行爲之矯揉勉強。從喪服三日成服而開始食粥的規定與子思之言看來，似當以三日不食才是正禮了。

到了成服以後開始可以吃一點東西了，不過限制仍嚴，只能早晚各吃一溢米做成的粥。「一溢」的份量，鄭康成說是「二十兩曰溢。」，王肅則以爲「滿手曰溢。」，讀禮通考卷五十四引楊梧曰：「溢，一手所握也。握容溢，必有溢於外者，故云溢米。」。溢之制度究竟多少已不可考，楊梧之說與王肅同，其解釋亦甚合理，則一溢米猶今之謂「一把米」，份量甚少，可見斬衰生活之苦了。檀弓云：

> 悼公之喪，季昭子問於孟敬子曰：「爲君何食？」，敬子曰：「食粥，天下之達禮也，吾三臣者之不能居公室也，四方莫不聞矣，勉而爲瘠則吾能，毋乃使人疑夫不以情居瘠者乎哉？我則食食。」。

案，孟敬子於其君魯悼公之喪，雖不盡禮而食飯食，但由其回答季昭子以「食粥，天下之達禮也。」的話看來，臣居君喪應當食粥，似爲春秋時代通行的禮俗，且左傳襄公十七年記晏嬰爲其父晏桓子斬衰。也說是「食粥」。臣爲君與子爲父都是斬衰，則斬衰食粥的規定，是有其事實上的根據了。孟子云：「三年之喪，齊疏之服，飦粥之食，自天子達于庶人，三代共之。」，由孟子此一說法看來，戰國之世，儒家還是主張三年之喪食粥之禮的。

斬衰固當食粥，然又因服喪者的身份地位與男女體質之異而有可以改食疏食水飲的權宜辦法，故喪大記云：「君之喪，……士疏食水飲，食之無算，夫人、世婦、諸妻皆疏食水飲，食之無算。」，孔疏云：「疏謂所食之米也，食之無算者，言居喪困病，不能頓食，隨須而食，故云無算也。疏，麤也，食飯也。士賤病輕，故麤米爲飯，水爲飲。婦人質弱，恐食粥傷性，故亦疏食水飲也。」喪大記又云：「大夫之喪，主人、室老、子姓皆食粥，衆士疏食水飲，妻妾疏食水飲，士亦如之。」鄭注云：「室老，其貴臣也，衆士，所謂衆臣。」據此，則士爲國君，公卿大夫之衆臣爲其君，以及妻爲夫，妾爲君，皆因身份低賤或體質柔弱，而可以不必食粥，改食粗飯水飲了。

到了既虞之後，規定又放寬了些。不論男女，也不分地位高低，都可以「食疏食，水飲。」了。「疏食」是粗糙的米飯，「水飲」者，據賈疏云：「未虞以前渴亦飲水，而在既虞後與疏食同言水飲者，恐虞後飲漿酪之等，故云飲水而已。」賈疏這個推論雖然沒有根據，然尚合理，是否如此，則不敢妄斷了。

既練以後，規定再放寬，可以「食菜果」，鄭注云：「果，瓜桃之屬。」，則既練之後，乃有疏菜水果之類的食物了。

依間傳的規定，既祥而有醯醬，禫以後便可以飲酒食肉，恢復平常的飲食。然依喪大記之說，則是既練食菜果已有醯醬，祥後便可飲酒食肉了。這兩個不同的主張，孔疏說是：「異人之說，故不同也。」，我想孔疏的看法是對的。至於「始飲酒者先飲醴酒，始食肉者先食乾肉。」的規定，孔疏說是：「醴酒味薄，乾肉又澀，所以先食之，以喪初除，孝子不忍卽御醇厚之味，故飲醴酒食乾肉也。」這又是基於儒家仁孝的不忍之心所作的解釋了。

以上所說的都是一般情況下對於斬衰居喪飲食的規定。不過，在一些特殊的情形之下，也是可以權宜行事的。如雜記云：

三年之喪，如或遺之酒肉，則受之，必三辭，主人衰經而受之。

鄭注云：

受之必正服，明不苟於滋味。

孔疏云：

衰經而受之者，雖受之而不得食也，尊者食之乃得食肉，不得飲酒。故喪大記云：「不辟粱肉，若有醴酒則辭。」是也。

雜記又云：

喪食雖惡，必充飢，飢而廢事，非禮也。飽而忘哀，亦非禮也。視不明，聽不聽，行不正，不知哀，君子病之，故有疾飲酒食肉。五十不致毀，六十不毀，七十飲酒食肉，皆爲疑死。

鄭注云：

君子病之，病猶憂也。疑死，疑猶恐也。

曲禮云：

居喪之禮……有疾則飲酒食肉，疾止復初，不勝喪，乃於不慈不孝。五十不致毀，六十不毀，七十唯衰麻在身，飲酒食肉處於內。

雜記又云：

功衰食菜果、飲水漿，無鹽酪，不能食，食鹽酪可也。

鄭注云：

功衰，齊斬之末也。

喪大記云：

不能食粥，羹之以菜可也。有疾，食肉飲酒可也。

又云：

既葬，若君食之則食之、大夫。父之友食之，則食之矣，不辟粱肉，若有酒醴則辭。

由雜記與喪大記這些說法可知居喪之時，若有尊者遺以酒肉，爲了表示尊敬之意而不得不食時，是可以食肉的，但不能飲酒。如果有了疾病或年事已大，爲恐不能擔當送死的大事，也是可以飲酒食肉以營養保健的。故檀弓記曾子之言云：「喪有疾，食肉飲酒，必有草木之滋焉。」可見得服制雖嚴，在有所不能行時，也不加以勉強。這正是儒家基於「立中制節」，「過之者俯而就之，不至焉者跂而及之。」的態度所提出的權宜之法了。

(二) 居處

斬喪衰居生活中居處之制，經傳上記載者多處。喪服云：

斬衰……居倚廬，寢苫枕塊，……寢不脫絰帶。既虞，翦屏柱楣，寢有席，……既練，舍外寢。

既夕記云：

喪大記云：

居倚廬，寢苫枕塊，不說絰帶。

父母之喪，居倚廬，不塗，寢苫枕塊……君爲廬宮之，大夫士襢之。既葬，柱楣塗廬，不於顯者，君大夫士皆宮之。凡非適子者，自未葬，以於隱爲廬。……既練，居堊室，不與人居，……既祥，黝堊。……禫而從御，吉祭而復寢。……婦人不居廬，不寢苫。

雜記云：

大夫次於公館以終喪，士練而歸，士次於公館。大夫居廬，士居堊室。

又云：

三年之喪，廬、堊室之中不與人坐焉。在堊室之中，非時見乎母也，不入門。

間傳云：

父母之喪，居倚廬，寢苫枕塊，不說絰帶。

又云：

父母之喪，既虞卒哭，柱楣翦屏，苄翦不納。期而小祥，居堊室，寢有席。又期而大祥，居復寢。中月而禫，禫而牀。

問喪云：

成壙而歸，不敢入處室，居倚廬，哀親之在外也。寢苫枕塊，哀親之在土也。

綜合以上經傳的記載，我們對於斬衰生活上居處的規定可以得到下述的瞭解。

在未葬之前，孝子所居之處謂之「倚廬」，賈疏云：「居倚廬者，孝子所居，在門外東壁，倚木爲廬。故既夕記云：『居倚廬。』鄭注云：『倚木爲廬，在中門外東方北戶。』」是也。此爲適子所廬之處，若是庶子，則因無須應接弔喪賓客，乃廬於東南角隱蔽不顯之處。此時倚廬但以草夾障，不以泥塗之。國君爲廬則於廬外以帷障之，如宮牆，大夫士則袒露其廬，不加帷障。就寢時無席，只用草編成個墊子，以土塊爲枕，卽所謂「寢苫枕塊」也。不脫經帶而寢。案，左傳襄公十七年記晏嬰爲父斬衰，亦言「居倚廬」。又孟子滕文公篇之：「滕文公居廬五月，未有命戒。」可證先秦之世孝子服喪，有居倚廬的禮俗，喪服所載的規定，也有其事實做爲根據了。

婦人不居倚廬不寢苫，此可由喪大記之文知之。又喪大記云：「期，居廬，終喪不御於內。」此期據吳澄所說，是齊衰杖期，齊衰杖期終喪不御於內，則斬衰至少亦於小祥前男女分居，男子不御於內，內當是指內寢而言，則婦人當居於內寢也。

既虞之後，「翦屏柱楣」，賈疏說是：「既虞之後，乃改舊廬，西鄉開戶，翦去戶傍兩廂屏之餘草。柱楣者，前梁謂之楣，楣下兩頭豎柱，施梁，乃夾戶傍之屏也。」據喪大記：既葬之後，又以泥塗廬，以避風寒，塗只在廬之隱蔽處，不於顯者，此時君大夫士之廬又皆得以帷爲障，與葬前不同。喪服言此時「寢有席」，而間傳則以爲在小祥之後才「寢有席」，可能是異人主張不同之故。案，間傳云：「既虞卒哭，柱楣翦屏，苄翦不納。」注云：「苄，今之蒲苹。」孔疏云：「以蒲苹爲席，翦頭爲之，不編納其頭而藏於內也。」是既虞而不復寢苫，改以蒲苹之草爲席，唯不編納草頭而已，則似爲寢有席矣，徐乾學云：「意者此條『寢有席』句原在『苄翦不納』之下，而記者脫誤與？」，徐氏此一揣測，雖無根據，倒也近理，姑存此疑以待後考。

既練以後，居處又改，喪服云：「既練舍外寢。」鄭注云：「於中門之外，屋下壘墼爲之，不塗墍，所謂堊室也。」喪大記與間傳亦皆以爲既練居堊室。賈疏云：「以爲堊室，明非正寢，但於中門外舊廬處爲屋以居而已。」喪大記孔疏云：「堊，白也，新塗堊於牆壁令白，稍飾也。」爾雅釋宮云：「地謂之黝，牆謂之堊。」郭注云：「黑飾地，白飾牆也。」釋名曰：「堊，亞也，亞次也，先泥之，次以白灰飾之也。」案，黝地以黑飾地也，大祥之後爲之，既練但於舊廬之處爲屋，以白灰飾牆，稍加飾而已。據喪大記：「既練居堊室，不與人居。」則斬衰男子猶不御於內也。

大祥之後，不居堊室，而移居正寢，然仍無牀。既禫以之後，乃寢於牀，遂復平日起居之節矣。

(三) 哭泣

孝子喪親，思慕哀痛而哭乃人情所必然，但哭亦須有節文規定，以免傷生，故喪服於哭泣之節云：

斬衰……晝夜哭無時……既虞……朝一哭，夕一哭而已。……既練……哭無時。

賈疏云：

哭有三無時：始死未殯已前，哭不絕聲，一無時；既殯已後，卒哭祭已前，阼階下爲朝夕哭，在廬中思憶則哭，二無時；既練之後無朝夕哭，唯有廬中或十日、或五日，思憶則哭，三無時也。朝一哭、夕一哭而已者，此當士虞禮卒哭之後，彼云卒哭者，謂卒去廬中無時之哭，唯朝夕於阼階下哭。喪中三無時哭外，唯此卒哭之後，未練之前，是有時之哭，故云而已。

案，賈疏之說是也。其祥後哭泣之節，則喪大記云：「祥而外無哭者，禫而內無哭者，樂作矣故也。」據此，則祥而門外不哭。入於門內或思憶而哭，或有弔者來則即位而哭，禫以後復平時，可以作樂，樂作則不復有哭者矣。

二、齊衰之喪的生活情形

齊衰之喪輕於斬衰，其中父卒爲母居喪三年，其生活情形或同於斬衰三年外，其杖期以下皆與斬衰不同。茲據經傳所言者，分爲飲食與居處兩方面加以敍述。

(一) 飲　食

間傳云：

齊衰二日不食，……齊衰之喪，疏食水飲，不食菜果。

喪大記云：

期之喪三不食，食疏食水飲，不會菜果。三月既葬食肉飲酒。期，終喪不食肉，不飲酒，父在爲母、爲妻，九月之喪，食飲猶期之喪也。食肉飲酒，不與人樂之。

案，關於齊衰飲食之制，經傳所載者止此二條。於始死絕食一節，間傳說是「二日不食」，喪大記則云：「三不食」，「三不食」只是絕食三餐，與二日不食相去甚遠。孔疏云：「三不食者，謂義服也，其正服則二日不食也，故間傳云：『齊衰二日不食。』」，我想，間傳與喪大記之說所以不同，乃是由於異人之說，主張有別之故。孔疏以義服，正服之說強通之，實屬附會。

齊衰服分有齊衰三年，齊衰杖期，齊衰不杖期，齊衰三月四種。其三年者已見前斬衰。其齊衰杖期者，據喪大記：「期，終喪不食肉不飲酒，父在爲母、爲妻。」，則終喪疏食水飲，不食肉，亦不飲酒。其齊衰不杖期者，則葬前疏食水飲；不食菜果，既葬而食肉飲酒，唯不以酒肉與人共食爲歡樂而已。其齊衰三月者，葬前亦疏食水飲，不食菜果，三月葬後除服，當可食肉飲酒，復平生之食也。齊衰之喪，其飲食亦當有權宜之節。詳見前斬衰飲食節。

(二) 居處

間傳云：

齊衰之喪居堊室，苄翦不納。

喪大記云：

期，居廬，終喪不御於內者，父在爲母、爲妻。齊衰期者，大功布衰九月者，皆三月不御於內。婦人不居廬，不寢苫。喪父母，既練而歸。

案，間傳以爲父母之喪居倚廬，齊衰之喪居堊室，而喪大記則謂齊衰期者居廬。異人之說不同。然雜記云：「疏衰皆居堊室，不廬。廬，嚴者也。」鄭注云：「言廬，哀敬之處，非有其實則不居。」陳澔禮記集說云：「疏衰，齊衰也。齊衰有三年者，有期者，有三月者，皆居堊室，廬乃哀敬嚴肅之所，服輕者不得居也。」。我想，雜記此一說法是比較合理的，否則斬衰齊衰皆居倚廬，便不足分別服制之輕重了。至於父卒爲母雖是齊衰，然亦爲三年之喪，似可從間傳之說，亦爲居倚廬，若是父在爲母，則與其他齊衰者皆居堊室矣。

齊衰三年居倚廬之節當與斬衰同，詳已見前。喪大記云：「期，居廬，終喪不御於內者，父在爲母、爲妻。」此所云之期，當是齊衰杖期，既云「終喪不御於內」，則齊衰杖期當終喪居於堊室不改可知。據間傳：「齊衰之喪居堊室，芐翦不納。」則齊衰者亦以蒲苹之草爲席也。

喪大記云：「齊衰期者，大功布衰九月者，皆三月不御於內。」，此齊衰期當是指齊衰不杖期者，言「三月不御於內」，則男子齊衰不杖期者於葬前皆居堊室，亦芐翦不納。至三月葬後乃居復正寢，可以御婦人矣。

齊衰婦人亦不居堊室，不寢苫。「既練而歸」者，鄭注云：「歸，謂歸夫家也。」案，喪服記：「女子子適人者，爲其父母，婦爲舅姑，惡笄有首以髽。卒哭，子折笄首以笄，布總。」鄭玄於此記下喪服傳之注云：「卒哭而喪之大事畢，女子子可以歸於夫家。」與此不同，胡培翬儀禮正義云：「既練而歸是正法，卒哭後容有事而歸，以其喪之大事已畢，故亦可權許之也。」我想胡氏這個說法是對的，茲從之。

齊衰三月者，所服喪期雖短，然亦是齊衰服，據間傳與雜記之說，其男子亦「居堊室，芐翦不納。」，既葬除服後，遂復平日起居。

三、大功之喪的生活情形

大功以下因服制較輕，故其居喪生活之節文均較斬衰、齊衰簡略，茲據經傳所記，述大功居喪生活之制於下。

在飲食方面，據間傳云：

大功三不食，……大功之喪，不食醯醬。

喪大記云：

期之喪，三不食，食疏食水飲，不食菜果。三月既葬，食肉飲酒，……九月之喪，食飲猶期之喪也。食肉飲酒，不與人樂之。

據間傳與喪大記所言，則服大功者於死者始死須絕食三餐，卽所謂「三不食」是也。不過間傳於大功之喪但言「不食醯醬」，不及其他。據喪大記，則大功之飲食與齊衰不杖期同，卽葬前疏食水飲，三月葬後乃食肉飲酒，唯不以酒肉之食共人歡樂而已。

案，間傳但言「食醯醬」，與斬衰既祥之食同。而喪大記則謂葬前疏食水飲，不食菜果，三月葬後卽可食肉飲酒，二說差異甚大。今考於雜記之文云：

喪者不遺人，人遺之，雖酒肉，受也。從父昆弟以下，既卒哭，遺人可也。

又云：

有服，人召之食，不往：大功以下，既葬適人，人食之，其黨也食之，非其黨弗食也。

所謂「喪者不遺人，人遺之，雖酒肉，受也。」據鄭康成所說，喪者是指服斬衰之喪者而言，從父昆弟以下，是大功以下之服，既卒哭而可以遺人，自指遺人酒肉之事。且大功以下既葬往見人，人食之，必指食酒肉，鄭注云：「往而見食則可食也，爲食而往則不可。」由此看來，大功以下既葬之後，似可食肉飲酒矣，與喪大記合，至於間傳言「食醯醬」，或爲葬前之食與？唯喪大記言葬前不食菜果，自無醯醬可食之理，與間傳不合，可能是異人之記，主張不同的緣故吧。

至於居處方面，間傳云：

大功之喪，寢有席。

喪大記云：

齊衰期者，大功布衰九月者，皆三月不御於內。

案，此皆不明言大功居於何所，然據喪大記：「三月不御於內。」之文，則大功似與齊衰杖期者皆居於外，齊衰居堊室，大功或亦於葬前居堊室，唯齊衰居堊室，芐翦不納寢無席。大功雖居堊室，寢則可以有席也。葬前婦人大功者當不居堊室而居於內，三月葬後，男子可以御於內，明改居於正寢可知。

四、小功緦麻之喪的生活情形

小功、緦麻之服制，又輕於大功。經傳於小功、緦麻二種服制之飲食起居皆並言之，其差異甚小，故本文亦合爲一章加以敍述。

在飲食方面，間傳云：

小功、緦麻，再不食。……小功、緦麻，不飲醴酒。

喪大記云：

五月、三月之喪，壹不食，再不食可也。比葬，食肉飲酒，不與人樂之。叔母、世母、故主、宗子，食肉飲酒。

案，間傳以爲小功、緦麻之喪，始死皆爲之絕食二餐，所謂「再不食」是也，而喪大記則以爲小功五月者再不食，緦麻三月者壹不食。異人之說又有不同，然以服之輕重衡之，似當以喪大記所云小功再不食，緦麻壹不食爲近理。

又，間傳於小功、緦麻皆言「不飲醴酒」，則似爲可以食肉矣。喪大記言葬後食肉飲酒，不與人樂之，與大功葬後同，則葬前或如間傳所云「不飲醴酒」與？故主者，鄭康成云：「故主，謂舊君也，言故主者，關大夫及君也。」若然，則世母，叔母、故主、宗子等人以身份特殊，於小功、緦麻之喪，皆可以飲酒食肉矣。

至於居處之節，則間傳云：

小功、緦麻，牀可也。

案，小功、緦麻服制均輕，間傳謂寢可有牀，則與斬衰禫而有牀同。斬衰大祥居已復寢，則小功、緦麻當皆居於正寢有牀明矣。

五、其他生活上的小節

以上四章所說的，都是五服居喪生活的大節目，此外居喪生活中尚有一些小節，總在此章略爲加以說明，以爲補充。

在居喪容體方面，據間傳云：

斬衰貌若苴，齊衰貌若枲，大功貌若止，小功、緦麻、容貌可也。此哀之發於容體者也。

孔疏云：

苴是黧黑色，止平止不動也。大功轉輕，心無斬刺，故貌不爲之變，又不爲之傾，止於二者之間。小功、緦麻，其情既輕，哀聲從容，於理可也。

曲禮云：

居喪之禮，毀瘠不形，視聽不衰。

雜記云：

子貢問喪，子曰：「敬爲上，哀次之，瘠爲下，顏色稱其情，戚容稱其服。」

檀弓云：

始死充充如有窮，既殯瞿瞿如有求而弗得，既葬皇皇如有望而弗至，練而慨然，祥而廓然。

案，以上這些說法，無非都是講求內在的情感須得配合外在的容體，所謂「表裏一致，內外如一。」是也。周禮地官保氏云：「養國子以道，教之六儀……四曰喪紀之容。」由此可見五服之居喪容禮在儒家的理想中，也要求有其標準了。

在言語方面，則間傳云：

斬衰唯而不對，齊衰對而不言，大功言而不議，小功緦麻議而不及樂，此哀之發於言語者也。

雜記云：

三年之喪，言而不語，對而不問。

鄭注云：

言，言己事也，爲人說爲語。

喪大記云：

父母之喪，非喪事不言。既葬，與人立。君言王事，不言國事；大夫士言公事，不言家事；既練，君謀國政，大夫士謀家事。

曲禮云：

居喪不言樂。

既夕記云：

非喪事不言。

孝經云：

言不文。

案，以上這些關於言語的規定，當以白虎通義所說：「喪禮不言者何？思慕盡情也。」最能道出制禮的用意，不過此一規定恐怕不是人人所能夠容易做到，只能說是儒家的理想罷了。

除了容貌言語之外，居喪生活中對於沐浴與作樂也有所限制。

雜記云：

凡喪，小功以上，非虞、祔、練、祥，無沐浴。

檀弓云：

孰有執親之喪而沐浴佩玉者乎。

喪服四制云：

三月而食，三月而沐。

由這些記載可知小功以上居喪之中不得沐浴，沐浴必視虞、附、練、祥諸祭而爲之，無怪乎斬衰貌若苴，齊衰貌若枲，有大憂者面目汚垢，顏色黧黑了。不過在有疾的情形下也可以從權的，曲禮云：「居喪之禮，頭有創則沐，身有瘍則浴。」這又是儒家「毀不滅性，不以死傷生。」的一貫主張了。

古人對於音樂極爲重視，故樂記云：「君子曰：禮樂不可斯須去身。」曲禮云：「君無故玉不去身，大夫無故不徹縣，士無故不徹琴瑟。」然有故則須去樂，曲禮此所謂「故」，鄭康成云：「故謂災患喪病。」曲禮云：居喪不言樂。

既夕記云：

有疾……徹琴瑟。

雜記云：

父有服，宮中子不與樂。母有服，聲聞焉，不舉樂。妻有服，不舉樂於其側。大功將至，辟琴瑟。小功至，不絕樂。

喪大記云：

疾病，外內皆掃，君大夫徹縣，士去琴瑟。

由以上這些記載看來，當可知道父母之喪是不能舉樂的，便是齊衰大功之喪，也有所忌諱。

喪服四制云：

祥之日，鼓素琴。

檀弓云：

魯人有朝祥而莫歌者，子路笑之。夫子曰：「由，爾責於人，終無已夫？三年之喪，亦已久矣夫。」子路出，夫子曰：「又多乎哉？踰月則其善矣。」

又云：

孟獻子禫，縣而不樂，比御而不入。夫子曰：「獻子加人一等矣。」

又云：

孔子既祥，五日彈琴而不成聲，十日而成笙歌。

將喪服四制的說法參照檀弓所記載的三件事實看來，父母之喪似當於既祥之後，便可以恢復作樂了。祥以前還是不得舉樂的。

以上所說的都是一些居喪生活上的小節，可是將這些小節與衣服、飲食、居處等大節合而觀之，我們可以發現在整個的服制，不但是有着制度化了的標準規定，也有着本乎人情的權宜措施。喪服制度云

凡禮之大體，體天地，法四時，則陰陽，順人情，故謂之禮。訾之者，是不知禮之所由生

也。……父母之喪，衰冠、繩纓、菅屨，三日食粥、三月而沐，期十三月而練冠，三年而祥。比終茲三節者，仁者可以覩其愛焉，知者可以觀其理焉，強者可以觀其志焉。禮以治之，義以正之。孝子、弟弟、貞婦，皆可得而察焉。

由這一段話裏，我們可以發現，經傳所載的喪服制度在儒家的思想中，不但是本於自然，順乎人情的禮法制度，同時也拿它來做爲衡量人們道德行爲的準繩工具了。

主要參考書目

十三經注疏附校勘記　清嘉慶二十年江西南昌學府刊本　藝文印書館影印
儀禮鄭注句讀　漢鄭玄注　清張爾岐句讀　清乾隆八年刊和衷堂藏板　藝文印書館影印
儀禮正義　清胡培翬撰　清光緒十四年刊皇清經解續編本卷六九八至七三七　藝文印書館影印
讀禮通考　清徐乾學撰　清康熙三十五年刊冠山堂本
五禮通考　清秦蕙田撰　清乾隆十八年味經齋原刊本
儀禮經傳通解　宋朱熹撰　清初刊本
儀禮經傳通解續　宋朱熹撰　清初刊本
儀禮集說　元敖繼公撰　通志堂經解本
儀禮集編　清盛世佐撰　清刊本
儀禮經傳參義　清姜兆錫撰　清雍正十一年寅青樓刊本
儀禮義疏　清鄂爾泰等撰　清同治六年浙江刊本
儀禮古今文疏義　清胡承珙撰　清道光五年刊本
喪服經傳補疏　清葉大莊撰　清玉屏山莊原刊本
禮經校釋　清曹元弼撰　清光緒十八年吳縣曹氏刊本
禮經學　清曹元弼撰　清宣統元年吳縣刊本

儀禮述註　清李光坡撰　清刊本
學禮質疑　清萬斯大撰　清道光九年刊皇清經解本卷四十八至四十九　藝文印書館影印
深衣考證　清江永撰　皇清經解本卷二五一
儀禮章句　清吳廷華　皇清經解本卷二七一至二八七
儀禮小疏　清沈彤撰　皇清經解正編卷三一六至三一八
儀禮喪服足徵記　清程瑤田撰　皇清經解正編卷五二五至五三四
禮經釋例　清凌廷堪撰　皇清經解正編卷七八四至七九六
儀禮釋例　清江永撰　清光緒十四年刊皇清經解讀編卷五六至六六
儀禮圖　宋楊復撰　通志堂經解本第三五五至三六〇冊
儀禮圖　清張惠言撰　皇清經解續編卷三一三至三一八
新定三禮圖　宋聶崇義撰　清通志堂經解本
喪服經傳約　清吳卓信撰　皇清經解續編卷七七七
大戴禮記　北周盧辯注　清盧見曾校　清德州盧氏刊雅雨堂叢書本
大戴禮記審議　清葉大莊撰　清玉屏山莊刊本
禮書　宋陳祥道撰　清嘉慶間郭氏校經堂重刊本
三禮考註　元吳澄撰　明焦竑校刊本
周禮正義　清孫詒讓撰　清光緒三十一年排印本

周禮漢讀考　清段玉裁撰　清經韵樓刋本
廣雅疏證　清王念孫撰　皇清經解正編卷六六七至六七六
經義述聞　清王引之撰　皇清經解正編卷一一八〇至一二〇七
經傳釋詞　清王引之撰　皇清經解正編卷一二〇八至一二一七
日知錄　清顧炎武撰　皇清經解正編卷十一至十九
說文解字注　漢許愼撰　清段玉裁注　藝文印書館影印經韵樓藏板
釋名疏證　漢劉熙撰　清畢沅疏證　清乾隆五十五年經訓堂刋本
白虎通坿闕文校勘補遺　漢班固撰　闕文清莊述祖輯　清盧文弨校並撰補遺　清乾隆四年盧氏抱經
堂刋本
荀子集解　唐楊倞注　清王先謙集解　藝文印書館影印本
校補定本墨子閒詁　清孫詒讓撰　藝文印書館影印本
國語　唐韋昭注　清嘉慶庚申讀未見書齋重雕宋天聖明道本　藝文印書館影印
史記　漢司馬遷撰　唐司馬貞索隱　宋裴駰集解　清乾隆四年校刋本　廣文書局影印
漢書　漢班固撰　唐顏師古注　藝文印書館影印武英殿本
後漢書　南北朝范曄撰　藝文印書館影印武英殿本
淮南子集解　漢高誘注　清王先謙集解　藝文印書館影印本
說苑　漢劉向撰　世界書局

四書集註　宋朱熹撰　世界書局
東壁遺書　清崔適撰　世界書局
觀堂集林　王國維撰　世界書局
中國文化史　梁啓超撰　中華書局
中國文化史　柳詒徵撰　世界書局
胡適文存　胡適著　遠東書局
傅斯年選集　傅斯年著　文星叢刊第一一八號
中國古代社會史　李宗侗著　現代國民知識叢書第二輯　中華文化出版事業社出版
文化人類學　林惠祥著　商務印書館
尚書釋義　屈萬里著　現代國民知識叢書第四輯
論儒家之禮　孔德成著　民主評論第七卷十三期
儀禮十七篇之淵源及傳授　孔德成著　東海文薈第八期
武威漢簡　中國東亞學術研究計劃委員會印行
武威漢簡儀禮校補　劉文獻編著　民國五十四年中國東亞學術研究計劃委員會印行
通典　唐杜佑撰　新興書局印行
文獻通考　宋馬端臨撰　新興書局印行
民俗學概論（The Handbook of Folklore）　英國 Charlotte Sophia Burne 編著　日人岡正雄譯岡書

院版
R. Rivers: Social Organization
H. Maine: Ancient Law
H. Spencer: Principles of Sociology.

中華社會科學叢書
士昏禮服飾考　先秦喪服制度考
（儀禮復原研究叢刊）

作　　者／陳瑞庚、章景明　著
主　　編／劉郁君
美術編輯／鍾　玟

出 版 者／中華書局
發 行 人／張敏君
副總經理／陳又齊
行銷經理／王新君
地　　址／11494 臺北市內湖區舊宗路二段181巷8號5樓
客服專線／02-8797-8396　　傳　　真／02-8797-8909
網　　址／www.chunghwabook.com.tw
匯款帳號／兆豐國際商業銀行　東內湖分行
067-09-036932　中華書局股份有限公司

法律顧問／安侯法律事務所
製版印刷／維中科技有限公司　海瑞印刷品有限公司
出版日期／2017年3月三版
版本備註／據1986年9月二版復刻重製
定　　價／NTD 560

國家圖書館出版品預行編目（CIP）資料

士昏禮服飾考 ； 先秦喪服制度考 / 陳瑞庚,
章景明著. -- 三版. -- 臺北市 : 中華書局,
2017.03
面 ; 公分. -- (中華社會科學叢書)(儀禮
復原研究叢刊)
ISBN 978-986-94068-1-9(平裝)
1.儀禮 2.服飾習俗
531.1　　105022795

NO.F2004
ISBN 978-986-94068-1-9（平裝）